21世纪高职高专规划教材·专业基础课系列

"互联网＋"创新型教材

"课程思政"建设特色教材

管理学基础

——理论、职能、方法

（第2版）

主　编　崔国成　张兴梅

副主编　徐黎源　郑淑娟

主　审　闫秀峰　徐　建

武汉理工大学出版社

·武汉·

内 容 提 要

本教材是按教育部对高职高专人才培养目标的要求编写的管理类专业规划教材。全书分为三个单元:管理理论发展与创新,包括管理学概述、管理理论的演进、管理理论的创新与发展;管理职能熟悉掌握,包括计划与目标、预测与决策、组织、领导、控制与协调、激励与沟通;方法艺术熟练运用,包括管理方法、管理艺术。

本教材适用于高职高专经济管理类各专业,也可作为广大经济管理爱好者的自学参考书以及企业管理人员的培训和学习教材。

图书在版编目(CIP)数据

管理学基础:理论、职能、方法/崔国成,张兴梅主编.—2版.—武汉:武汉理工大学出版社,2022.3

ISBN 978-7-5629-5979-3

Ⅰ.①管… Ⅱ.①崔… ②张… Ⅲ.①管理学-高等职业教育-教材 Ⅳ.①C93

中国版本图书馆 CIP 数据核字(2022)第 048746 号

项目负责人:楼燕芳   责 任 编 辑:向玉露
责 任 校 对:楼燕芳   封 面 设 计:芳华时代
出 版 发 行:武汉理工大学出版社
社   址:武汉市洪山区珞狮路 122 号
邮   编:430070
网   址:http://www.wutp.com.cn
经   销:各地新华书店
印   刷:武汉市籍缘印刷厂
开   本:787×1092 1/16
印   张:13
字   数:329 千字
版   次:2022 年 3 月第 2 版
印   次:2022 年 3 月第 1 次印刷
印   数:2000 册
定   价:35.00 元

凡使用本教材的教师,可通过 E-mail 索取教学参考资料。
E-mail:10124159@qq.com

前言
QIAN YAN

"管理学基础"是高职院校经济管理类专业的基础课程之一。第2版教材通过管理过程与职能方法的运用，结合产教融合、校企合作等教学改革特点，充分体现了"三教"改革思想及教学内容和课程思政改革的思路。为了适应高职教育发展的需要，依据高职教育的培养目标，紧紧围绕管理专业的要求，以培养学生具备基础管理知识为前提，以培养学生的综合管理能力为主线，尽可能实现管理教学与学生应职岗位零距离对接，我们组织编写了本教材。在编写本教材时，我们考虑到了高职教育的一些特点，所以在体例上突破了传统的编写顺序和结构，根据管理者的工作思路，从管理理论发展与创新、管理职能熟悉掌握、方法艺术熟练运用等三个单元入手，简明扼要、通俗易懂。

本教材的具体结构编排如下：

第一单元，管理理论发展与创新，共分三章。其中，第一章为管理学概述，第二章为管理理论的演进，第三章为管理理论的创新与发展。

第二单元，管理职能熟悉掌握，共分六章。其中，第四章为计划与目标，第五章为预测与决策，第六章为组织，第七章为领导，第八章为控制与协调，第九章为激励与沟通。

第三单元，方法艺术熟练运用，共分两章。其中，第十章为管理方法，第十一章为管理艺术。

本教材突出了以下特点：

一、实用性与综合性。教材内容以"实用、适用、够用"为原则，注重讲清基本概念、基本理论、基本职能和基本方法，不追求理论的系统性和完整性，而强调实用性、综合性。在内容上既要简明实用，让学生易于理解、掌握和实践，又要科学合理，使学生所掌握的职业技能符合规范要求。

二、层次性与系统性。高职教材的深度和广度均高于中职教材，但又不能照搬本科教材，否则内容偏多，理论偏深，给教和学带来困难。通过本教材的学习，学生不仅能获得提高职业岗位技术应用能力所必需的专业理论知识，而且能提升非技术职业素质。

三、实践性与灵活性。高等职业教育培养的是一线岗位的高素质、高技术应用型人才，他们往往是现场作业的骨干、组织者甚至领导者。他们的职业能力不仅体现在实践操作能力上，而且体现在合作协调能力、沟通公关能力、解决矛盾的能力以及心理承受能力等非技术的灵活的职业素质上。管理学基础课程正是为了满足他们的这些素质要求而开设的。

四、思想性与教育性。根据教育部《高等学校课程思政建设指导纲要》等文件精神，我们结合管理学课程的教学内容，在章节"学习目标"中列出了相应的思政学习要求，并积极挖掘与该课程密切相关的思政元素（素材），以"经典语录""经典导读""经典解读""知识拓展""阅读思考""榜样人物"等栏目（名称）通过二维码嵌入教材中，供教师教学采用和学生学习参考，以有助于管理学课程和其他课程一道"与思政课程同向同行，形成协同效应"，进而推进高校以育人和育才为目的的人才培养系统建设。

此外，本教材还结合管理学课程教学要求，以二维码嵌入方式，进行随机测试（测试题）、辅助讲授(小视频)以及课后练习检测(习题答案)等,既方便和辅助教师教学,也有助于学生自主学习和自我测试。

本教材由嘉兴职业技术学院崔国成教授与张兴梅副教授任主编,嘉兴职业技术学院徐黎源与郑淑娟任副主编。具体编写分工如下:崔国成编写第一章、第二章、第三章、第十章、第十一章;张兴梅编写第六章、第七章;徐黎源编写第四章、第五章;郑淑娟编写第八章、第九章。崔国成教授拟定本书编写大纲并负责统稿、定稿,张兴梅副教授协助统稿、定稿并承担课程思政资料及案例的选编工作。扬州工业职业技术学院闫秀峰教授与浙江雨露空间果品有限公司徐建总监担任本书主审。测试题与教案由嘉兴职业技术学院杨璇编写;授课视频由嘉兴职业技术学院徐黎源、杨璇、徐思贤录制。本书在编写过程中参考和引用了大量有关著作和资料,在此对有关作者表示谢意。

由于编者水平有限,时间仓促,书中难免有疏漏和不足之处,敬请广大读者批评指正。

编　者
2022 年 2 月

目录
MU LU

第二单元　管理职能熟悉掌握

第一单元 管理理论发展与创新

第一章 管理学概述

学习目标

1. 了解管理的含义、特征；
2. 了解管理者的素质与职责；
3. 理解现代社会"企业家精神"的内涵；
4. 掌握管理学的研究对象与研究现状；
5. 掌握管理学的理论体系与特点；
6. 了解并领悟中国传统文化的精髓和管理之道。

能力目标

1. 熟悉管理中的人的重要性；
2. 熟悉管理者的职责，培养自身的管理素质。

引入案例

齐鲁石化的 HSE 管理体系(2021 版)手册正式发布

2021 年 7 月 30 日,齐鲁石化召开 HSE 管理体系(2021 版)发布会。齐鲁石化党委书记张绍光宣布《齐鲁石化公司 HSE 管理体系手册》正式发布。该手册是依据集团公司对 HSE 工作的新部署、新要求,结合公司生产经营实际编制的,是公司深入贯彻落实习近平总书记生态文明思想和关于安全生产重要论述的实际行动,是推进 HSE 管理现代化,坚定不移地走低碳、绿色、安全、负责任的可持续发展道路的必然要求,更是推进基业长青、共建美好家园、率先打造一流炼化企业的重要保障。

手册发布后,公司要求各部门、各单位认真组织学习,严格贯彻执行。

一是思想上高度重视。手册是公司 HSE 管理的纲领性、强制性文件,是公司各级管理者和全体员工在生产经营管理中必须遵循的准则,也是公司对内对外的 HSE 管理承诺。安全环保部和各要素牵头部门要抓好体系手册的宣贯工作,组织全体干部员工深入学习手册内容,强化系统思维、体系思维,持续增强安全环保意识。

二是措施上融会贯通。要结合公司一体化管理体系建设，对照 HSE 管理体系要素要求，修订完善相关制度，将"谁来干""干什么""怎么干"充实到规章制度、技术规程和操作流程中，确保制度、规程与手册要求保持一致，覆盖到生产经营管理全过程、各环节。三是执行上狠抓落实。要建立体系运行的动态监测机制，完善要素运行监测指标，以最严的工作标准、最严的管理措施、最严的考核问责，推动 HSE 管理体系内化于心、外化于行，落实到位、执行到位，筑牢安全环保底线，以一流的 HSE 业绩保障公司安全绿色高质量发展。

据了解，齐鲁石化公司 HSE 管理体系（2021 版）手册以"领导承诺和责任"为核心，包括 6 个一级要素、34 个二级要素、162 个三级要素，共 779 条，按照 PDCA 动态循环，利用体系思维对风险进行管控。手册提出了 HSE 先于一切、高于一切、重于一切的管理理念，完善了 HSE 禁令和保命条款，目的在于推动 HSE 管理体系有效运行，压实各层级安全环保责任，让遵章守纪真正成为全体干部员工的自觉行为和习惯。

（资料来源：腾讯网：https://mp.weixin.qq.com/s/VEsNk0va4a-CmIXncPAaeA？有删改）

案例思考题：

1. 齐鲁石化的"HSE 管理体系"包含哪些内容？
2. 从齐鲁石化这一案例分析企业应如何利用 HSE 管理体系对风险进行管控？

测试题

管理是人类社会永恒的主题，管理无处不在。无论是企业、事业单位、机关、团体，还是家庭及个人，都需要管理。管理的核心是对人的管理，要以人为中心，把人放在首位。这样，管理又离不开高明的管理者，因为管理者素质的高低直接影响着管理的好坏，决定着管理的成败。

第一节 管理与管理者

一、管理的概念与特征

为了说明管理学的研究对象，有必要首先明确"管理"的概念和特征。因为对概念和特征的不同理解会导致对研究对象的不同理解。

（一）管理的概念

管理作为一种普遍的社会活动，其产生已有久远的历史。但是，管理作为一个科学概念，至今人们对它众说纷纭，尚无统一的认识。出现这种情况的一般原因是人们对任何事物的认识总要有一个过程，理论落后于实践是正常的事；特殊原因在于管理科学是一类涉及面广、内涵十分丰富的新兴学科和边缘学科，人们从各个方面进行研究，必然会对管理的概念有不同的认识和不同的概括。

随着管理学的产生与发展，在不同时期，不同学者对管理做出了不同的描述，有代表性的主要有以下几种：

一是工作任务说。如"科学管理之父"泰罗认为：管理就是要确切地知道要别人干什么，并注意让他们用最好、最经济的方法去干；管理的主要目的应该是使雇主实现最大限度的富裕，也联系着使每个雇员实现最大限度的富裕。他强调的是寻求最经济的方法完成工作任务。

二是职能过程说。如法国的管理学家法约尔认为："管理,就是实行计划、组织、指挥、协调和控制。""是一种分配于领导人与整个组织成员之间的职能。"美国的管理学家约瑟夫·梅西等基本上同意这一观点,把管理视为"一个合作的群体将各种行动引向共同目标的过程"。

三是组织效果说。如苏联的管理学家波波夫认为:管理同土地、劳力和资本一样,都是一种生产资源。一个公司的管理,将在很大程度上决定其生产率和盈利能力。因此管理是"生产的第四要素"。

四是文化价值说。如美国的管理学家德鲁克认为:"管理不只是一门学问,还应是一种'文化',它有自己的价值观、信仰和语言。"管理"根植于一种文化,一种价值传统、习惯和信念之中,根植于政府制度和政治制度之中"。

五是决策地位说,即把管理与决策等同起来。如诺贝尔经济学奖获得者西蒙就提出:"管理过程是决策的过程。"

可见,上述这些不同的定义均强调或突出了管理活动某一方面的特性,各有道理,也各执一端。所以综合地看,我们认为:管理就是在特定的环境下,对组织所拥有的资源进行有效的计划、组织、领导、协调与控制,以便完成组织的既定目标的过程。

应从以下四个方面理解这个定义:

(1)管理是为实现组织目标服务的,是一个有意识、有目的进行的过程。对任何一个组织而言,管理都是不可或缺的,但又不是独立存在的。管理不具有自己的目标,不能为管理而管理,而只能使管理服务于组织目标的实现。

测试题

(2)管理要通过组织中各种资源的综合运用来实现组织的目标。

(3)管理过程由一系列相互关联、连续进行的活动所构成。这些活动包括计划、组织、领导、控制等,它们是管理的基本职能。

(4)管理是在一定环境下进行的,有效的管理必须充分考虑组织内、外部环境的影响。

(二)管理的特征

根据上述对管理概念的理解,综合传统管理与现代管理的基本情况,一般地说,管理有以下特征:

1.管理的二重性

管理的二重性特征是由马克思在《资本论》中首先提出的。马克思指出:"凡是直接生产过程具有社会结合过程的形态,而不是表现为独立生产者的孤立劳动的地方,都必然会产生监督劳动和指挥劳动。不过它具有二重性。"

管理的二重性指自然属性和社会属性。自然属性是指管理任何社会劳动或社会化大生产的共同要求,它要从有效组织共同劳动和社会化大生产的规律出发来发挥职能、采取措施。这一点不以国家制度和阶级属性的不同而转移。社会属性是指管理既然是人类的一种社会活动,在阶级社会中,它又要体现一定阶级的意志,并为一定的阶级利益服务,因此必然受一定的社会制度和阶级关系所制约。认识管理的二重性,不但有利于认识管理的特征,而且对于管理科学的研究和建立,对于如何正确地学习和借鉴别国的管理经验都有十分重要的指导意义。

2.管理的目的性

管理是人类的一种有意识、有目的的活动,因此它有明显的目的性。首先,它区别于人类社会中那些盲目的、没有明确目的的活动;其次,它区别于自然界有些看起来是有组织、有目的,其实纯属是由生理功能所驱使、无意识的本能活动,如某些鸟类和昆虫的群体活动;最后,就多数情况来说,管理的目的性一般表现为社会劳动和社会团体的共同目的,而不是表现为某个成员或管理者单方面的目的,否则就难以形成协作的意愿,也就很难进行有效的管理。

在实际中,管理的目的往往具体表现为管理目标。管理目标是管理的出发点和归宿点,也是指导和评价管理活动的基本依据。为此,任何管理活动都必须把制定管理目标作为首要任务。

3.管理的综合性

任何管理活动都要受多种因素的综合影响,并要通过综合解决各种复杂的矛盾以达到系统的协调和管理目标的实现,这就是管理的综合性。管理的综合性表现在各个方面,例如,分析问题、进行决策要综合考虑管理系统内外的各种影响因素;组织实施和进行调节要综合运用各种管理方法;调动人的积极性要综合分析各种不同人员的心理和思想状态,等等。管理活动这种综合性的特点,也决定了管理科学研究的复杂性和边缘性。从各个不同的角度对各种管理活动进行综合研究,才能正确地认识和把握管理规律,并提出普遍适用、行之有效的管理原则和管理措施。

4.管理的人本性

在任何管理中,人是决定性因素。因此,任何管理都要以人为中心,把提高人的素质,处理人际关系,满足人的需求,调动人的主动性、积极性、创造性的工作放在首位。这就是管理的人本性。管理的这一特征,不但要求管理者在管理中贯彻人本原则,而且在管理理论的研究中也要坚持以人为中心,把对人的研究作为管理理论研究的重要内容。在西方管理理论的研究中,差不多所有的管理理论都建立在人的假设理论基础上,各个学派管理理论的不同,主要是出于各自对人的心理、本性、行为等的认识不同。抛开西方管理理论中各种关于人性的具体观点不谈,它们从人的假设理论出发,进而进行深入的管理理论研究的思路和方法,是符合管理的人本性的实际的,因而也是值得我们借鉴和效仿的。

5.管理的创新性

实践证明,管理本身就是一种劳动。这种劳动不但参与创造价值,而且能够推动社会生产力的发展。但是,管理的创新性特征远不只表现于此。它的真正含义还在于管理本身也是一种不断变革、不断创新的社会活动。管理的变革,不但能推动社会和经济的发展,在一定的条件下,还可以创造新的生产力。实际上,技术革命必然会要求管理的变革,而只有技术革命和管理变革的合力,才能真正推动社会生产力的发展。18、19世纪资本主义国家的技术革命和产业革命,无疑大大推动了资本主义生产力的发展。到了19世纪末、20世纪初,由于泰罗等人对管理制度和管理方法进行变革,完成了由经验管理向科学管理的转变,才使劳动生产率大大提高,从而使新技术的潜力得到充分的发挥。这一整合充分体现了管理的创新性。

6.管理的科学性

管理的科学性是指管理系统化的理论知识体系,是由一系列概念、原理、原则和方法构成的科学体系,有它内在的规律可循。自19世纪末、20世纪初泰罗等人经过大量科学实验,提出了科学管理原理以后,管理发展到今天,已经形成了比较系统的理论体系,揭示了一系列具有普遍应用价值的管理规律,总结出了许多管理原则。有了系统化的科学的管理知识,人们才能对组织中存在的管理问题提出可行的、正确的解决办法。这就要求管理者在管理过程中,必须遵循管理的规律,运用科学的管理理论和方法来指导实践,只有这样,才能使管理活动更为有效。

7.管理的艺术性

管理之所以有艺术性,主要是因为影响管理的因素不仅有确定性的因素,而且有非确定性的因素;不仅有相对确定的因素,而且有突发性、偶然性的因素。这些因素复杂多变,就决定了管理者不仅要依靠相对稳定的规章制度,而且要有随机应变的能力和灵活发挥的艺术。管理所具有的艺术性,为管理者搞好管理提出了更高的要求。实践证明,高超的管理艺术来自于丰富的实践经验和渊博的科学知识。因此,只要勇于实践、努力学习、善于探索,管理艺术也并不是高不可攀的。

如何进行管理

某宾馆的经理接到处分职工王大成的报告,觉得问题不太清楚,就做了一番调查。事实是这样的:王大成的母亲患病住院时想喝鸡汤,而王大成白天上班,晚上去医院陪母亲,连去市场买鸡的时间都没有,在这种情况下,他在餐厅里偷了一只鸡,犯了错误。经理了解了情况以后,批准了餐厅对王大成做出的记大过一次、扣发当月奖金的处分决定,然后带着慰问品去医院看望王大成的母亲,并对他母亲说:"王大成在工作中的表现很好,在家里对您也很孝顺,他是您的好儿子。"患病的母亲含笑听着。次日,经理找王大成谈话,先肯定他的工作,接着指出偷公家东西是错误的,并询问其对处分的想法。

王大成认为领导的处理赏罚分明、合情合理,并表示自己错了,愿意接受这种处分。这时,经理离开座位说:"你母亲生病半个多月,我们都不知道,没有给予关心,我们很对不起你。"说后,经理毕恭毕敬地向王大成鞠了一个躬。

分析问题:

1.从管理与道德的关系角度分析王大成的行为。

2.评价经理对这件事的处理。

经典语录

二、管理者的职责与素质

(一)管理者的含义

管理是一个动态的过程,作为管理者,在这个过程中肩负着独特的任务和职能。彼得·德鲁克认为管理者要"创造出一个大于其各组成部分的总和的真正的整体,创造出一个富有活力的整体,他把投入于其中的各项资源转化为较各项资源的总和更多的东西"。正因为如此,作为一个管理者,就必须具有不同于一般工作人员的特殊的素质与能力,就要有其特定的心理特征和行为特征,就要掌握管理者必需的方法和手段,就要密切注视着未来对管理工作的新要求。那么,究竟管理者是怎样的人呢? 管理学家们说法不一。

泰罗从企业管理的角度,认为一个合格的管理者必须具备九个方面的条件:健全的脑力,一定的教育,专门的或技术的知识,机智灵敏,充沛的精力,坚强的毅力,忠诚老实,判断力和一般常识,良好的健康状况。

法约尔认为作为一个管理人员一般应具备以下素质和能力:①体力方面——身体健康,精力充沛,反应灵敏;②智力方面——有理解、学习和判断的能力,思想开阔,适应性强;③品德方面——干劲大,坚定,愿意承担责任,有主动性,有首创精神,忠诚、机智、自尊;④一般文化方面——对于不属于所执行职能方面的事物有一般的了解;⑤专业知识方面——对于行业技术、经营、财务管理等领域的专业知识有深入的了解;⑥经验方面——具有从工作本身产生的知识、经验、教训。

赫茨伯格认为,一个管理者一般都担任十种角色。其中,人际关系方面的角色有三种——代表人、领导者、联络者;决策方面的角色有四种——企业家、故障排除者、资源分配者、谈判者;信息传递方面的角色有三种——监督者、传播者、发言人。

小视频

日本某大学的管理教材《管理者》把理想的管理者素质归纳为:具有能适应各个领域的管理技术方面的专业知识,能起到承上启下的中枢作用;能运用科学手段,充分运用自己的经验和直觉;决策迅速、指挥正确;人际关系处理得好;能不断地提高自身的管理水平。

布莱克和穆顿在《管理方格》一书中则认为,理想的管理者既能关心工作,同时又能对人采取体谅态度,即既能管好事又能管好人。

无论对于管理者的具体职能怎样描述,有一点是确信无疑的,即管理者是任何一个组织都不可缺少的要素。

一个真正的管理者,特别是管理的领导者,应当成为他所管辖的组织的灵魂。他除了运用法律赋予的权力外,还必须以自己的品格、能力和思想对组织和成员产生强大的影响力。

(二)管理者的职责

作为一个现代管理者,他的职责必须符合现代社会发展的客观要求,具体有以下几个方面:

1.提出管理目标

一个地区、一个部门、一个单位的管理能否取得成效及所取得成效的大小,关键取决于能否制定出本系统、本组织发展的总目标。科学的、切合实际的总目标,对组织的发展具有战略意义,决定着管理活动的方向,体现着管理者和大多数成员的意志以及社会发展的要求。因此,管理者要能够为组织制定一个切实可行、足以激发组织和成员奋发向上的发展目标。

2.制订发展计划

制订计划是管理者的首要任务,也是管理者指引组织发展、调动成员力量的重要手段。一个管理者必须高度重视计划,并善于制订计划。亨利·法约尔说:"缺乏计划或一个不好的计划是领导人员无能的标志。"管理者制订计划,要认真调查研究,广泛征求群众的意见,特别是专家的意见和建议;要从实际出发,实事求是,量力而行;要有严格的科学态度,采取科学的方法,力求符合客观事物的发展规律,从而保证计划的科学性。

3.设置组织机构

组织是保证管理活动顺利进行的必不可少的条件,因而设置组织机构是管理者的重要职责。组织,就是把管理活动的各个要素、各个环节和各个方面,从劳动的分工和协作上,从时间和空间的相互联结上,从上下左右的相互关系上,做到较好的结合。因此,作为一个组织者,根本的职责是保持组织的统一、精干、高效。首先,要根据实际需要设置组织机构,明确职责和分工,配备工作人员。其次,要通过对外界环境和内部条件的分析与预测,及时调整组织结构,以使组织不断地适应客观条件的变化。

4.选拔配备人员

管理者特别是管理的领导者,要想使自己确定的目标、方向、决策得以正确贯彻执行和组织实施,必须恰当地选拔干部和配备人员。管理者只有知人善任,并恰当地进行人员配备,才能从根本上提高管理效率,达到管理目的。因此,管理者特别是领导者,必须亲自对下属各部门、各岗位的领导干部进行选拔任用。

5.指挥监督检查

管理者要不断地在管理过程中发布命令,下达指示,制定措施,以此来统一组织及其成员的意志和行为,所以,管理者又是指挥者。指挥者的任务就是要在严密组织的基础上,按照预定的计划,对所属组织和人员指明目标和计划,合理地分配任务或布置工作,并督促和检查执行情况,及时指导和处理管理中出现的问题。管理者只有从系统的整体出发,纵观全局,对管理过程实行统一指挥,才能达到组织的目标,实现有效的管理。

6.协调理顺关系

管理要有成效,各要素、各功能之间必须保持高度的协调性。这种协调的实现,需要管理者在管理活动中不断地进行统筹和调节,所以,管理者又是一个协调者。作为一个协调者,他的任务就是围绕组织目标,进行统一安排和调度,使其相互配合、紧密衔接,既不产生重复,又不出现脱节,更不相互矛盾。协调包括纵向协调和横向协调,内部协调与外部协调,也包括对人、财、物的协调及各部门、各环节关系的协调等。

（三）管理者的素质

在社会主义市场经济条件下,人、财、物、信息等资源的有效配置是市场经济有效运行的必备条件,而这些资源如何进行有效的配置的实质是管理问题。管理的主体是人,管理者的素质决定管理的绩效。管理者应具备如下素质:

经典语录

1.政治素质

管理者是国家方针、政策的宣传者、贯彻者和实施者,要正确处理国家、企业和个人三者之间的利益关系。因此,管理者必须学习和掌握政策理论和国家的大政方针,提高自身的政治觉悟;在管理实践中讲学习、讲政治、讲正气;努力学习"三个代表",增强自身的政治素质,牢固树立全心全意为人民服务的思想,提高工作责任心,勤勤恳恳,无私奉献。

2.思想素质

管理者不仅要会处事和处人,而且要善于思考。优秀的管理者应该具有把自己要实现的愿望,尤其是要达到的管理目标清晰地描绘出来的能力;能够清楚地表明自己的思想;有强烈的信息观念,善于运用和捕捉信息,注意提高信息的数量和质量,以促进管理工作的高质、高效。提高思想素质要求企业管理者做到以下三点:一是要具备能够了解某一事物或事件的整体或全貌的能力;二是能够了解和掌握某一事物或事件对整个组织所起的作用;三是能够预见这一事物和事件的未来发展趋势。

3.个性修养

管理者的个性是影响管理工作成效的一个重要因素,不可低估和轻视。一个成功的管理者必须自信、谦虚、诚实、心胸开阔和具有吃苦耐劳的精神。

4.知识和技术素质

专业知识是管理者知识结构中不可缺少的组成部分,尤其是科技管理者。只有懂专业的管理者,才能在管理过程中有的放矢,灵活机动,遵循事物的发展规律,按客观规律办事,避免官僚主义。

5.公关素质

公共关系在市场经济的大潮中将理所当然地成为社会各组织发展运营中不可忽视的关键环节。首先,要培养和树立公关意识;其次,要具有较强的与人相处的能力;最后,就是要掌握一定的公关技巧。

6.创新能力

创新是管理的灵魂。有创新,整个管理工作才充满生机和活力。创新贯穿于计划、组织、领导和控制的管理职能中。

7.心理素质

在知识经济时代,管理者应具备以下心理素质:①敏锐的信息观念;②强烈的竞争意识;③创新精神;④有效的时间观念;⑤宽容大度的胸怀;⑥执著的求知欲;⑦坚忍不拔的意志;⑧稳定而乐观的情绪。

8.强健的体魄和充沛的精力

市场如战场。没有好的身体,将会力不从心。因此,管理者必须具有强健的体魄和充沛的精力,才能肩负起繁重的生产、行政、指挥任务。

上述几点说明,合格的管理者对本单位和本部门的发展起到很重要的辅助促进作用。作为管理者,尤其是年轻一代的管理者,应在新世纪的大环境中不断完善自我,提高自身素养及素质,为本单位和本部门提供更高水平、更高质量的管理和服务,不断提高工作效率和经济效益。

第二节　管　理　学

一、管理学的研究对象及其研究意义

(一)管理学的研究对象

以上分析了管理的概念及其特征。在这个基础上,进一步分析管理学的研究对象。

测试题

一般来说,一门学科的研究对象是某一特定领域中的矛盾的特殊性和特殊规律。从管理活动的实际来看,管理活动是人类一种普遍的社会活动。在各个领域,管理活动相对有许多特殊矛盾性,即特殊规律,但是从总体上看,它总有一些应普遍遵守的共同原理和共同规则,这些共同的东西就是管理的基本原理,也是管理学一般规律的普遍反映。

(二)管理学的基本原理

由上可知,管理学的研究对象是现代管理的一般规律,它具体表现为现代管理的基本原理。为此,要进一步阐明管理学的研究对象,就需要具体说明何为管理学的基本原理。

管理学的基本原理,既不是指管理者本身的运行原理,又不是指被管理者本身的运行原理,而是指在一定的管理环境和条件下,管理者为了达到一定的目的,对被管理者施加影响

和进行控制的原理。

管理的基本原理包括的内容比较丰富,如果进行分类,至少有以下几种类型:

1.共有性原理

共有性原理是指所有管理活动都共有的原理,也是一些具有一般性、普遍性的原理。这些原理不受社会条件或范围领域的限制,反映管理活动普遍的内在联系,其中主要有:

(1)人本性原理。任何管理都必须研究人的心理、动机和需要,考虑如何调动人的积极性和创造性,以形成强大的生产或工作动力。

(2)系统性原理。系统思想自古有之。管理科学的建立与发展从一开始就体现了系统思想。管理实践与理论发展至今,系统思想观念已被人们普遍接受。管理的系统性原理的提出正是管理实践中系统思想发展的结果。

(3)权变性原理。权变,乃权宜应变之意。管理之"变",是指结合变化了的情况,做到以变应变,以提高管理的适应性、有效性。权变性原理可为管理活动提供正确的行动指导和思想武装。

(4)整体性原理。系统要素之间的相互关系及要素与系统之间的关系以整体为主进行协调,局部服从整体,使整体效果为最佳。

(5)动态性原理。系统作为一个运动着的有机体,其稳定状态是相对的,运动状态则是绝对的。

(6)开放性原理。明智的管理者都应当从开放性原理出发,充分估计外部与本系统的联系,努力使本系统从外界吸收更多的物质、能量和信息。

(7)循环性原理。任何管理都要经过计划、实施、检查、处理等几个基本阶段的循环,也就是美国管理学家戴明所说的 P、D、C、A 循环。这是一种大循环套小循环的循环,是螺旋式上升的循环。

(8)择优性原理。任何管理为达到管理目的,都要千方百计地选择较好的方案,达到满意的结果。

(9)组织性原理。任何管理都要有一定的组织形式,并不断地使之向有序化、协调化、高效化发展。

(10)反馈性原理。管理一般都是闭环式的控制,都要具有反馈机制,收集、利用反馈信息,以不断保证既定目标的实现和管理水平的提高。

(11)封闭性原理。任一系统内的管理手段必须构成一个连续封闭的回路。

(12)能级性原理。将不同的个人,根据其能力大小,分别安排在适当层次的组织机构中,做到人尽其才,能者多劳。

(13)弹性原理。管理必须保持充分的弹性,以适应各种可能的变化,实现动态管理。

(14)动力性原理。管理必须有强大的动力,包括物质动力、精神动力、信息动力,才能持续有效地进行。

(15)责任性原理。主要包括明确每个人的职责,合理设计职位和委授权限,奖惩要分明、公正而及时等观点。

(16)伦理性原理。一个组织要想维持足够长的生命力,不仅需要遵守法律,而且需要遵守伦理规范或讲究伦理。

(17)综合性原理。把系统的各部分、各方面和各种因素联系起来,考察其中的共同性和规律性。

2.派生性原理

派生性原理主要是指从共有规律中派生出的原理。如从循环性原理中派生出的如何发挥各种管理职能的原理;从人本性原理中派生出的利用非正式组织和不断满足人的需要等原理;从组织性原理中派生出的控制幅度原理、协调统一原理、信息传递原理等。

3.特殊性原理

特殊性原理主要是指管理的共有性原理、派生性原理在各个不同社会条件、管理领域、管理业务中的特殊表现。如经济管理中的追求经济效益的原理、供需平衡原理、运用经济杠杆的原理,以及在生产管理、分配管理、市场管理、宏观经济管理、微观经济管理等方面所表现出的种种特殊管理原理。又如,行政管理中追求行政效率的原理、集权分权原理,以及在行政组织、行政领导、行政人事、行政监督等方面所表现出的种种特殊管理原理。

4.技巧性原理

在管理中,有些科学的管理方法和管理技巧由于抓住了事物发展的普遍矛盾,对解决管理问题具有普遍适用性和规律性,我们把这一类的原理给予特殊分类,称之为管理的技巧性原理。目前,能够反映技巧性原理的管理方法很多,如泰罗提出的工龄标准化、操作标准化,德鲁克等人提出的目标管理,洛伦茨等人在巴雷特曲线的基础上提出的ABC分析法以及网络计划技术及投入产出法等。

(三)研究与学习管理学的意义

以上分析了管理学的研究对象。那么,从实际出发,研究和学习管理学有什么重要意义呢?归纳起来,主要有以下四点:

1.有利于推动管理科学的发展

研究和学习管理学不仅意味着了解管理科学的学科体系,而且能够利用管理科学发展社会经济中的各个学科。这是因为,管理学所研究和抽象的一般管理原理,一方面有赖于管理科学其他各个学科的深入研究;另一方面它又对其他各个学科的学科建设和研究具有很大的指导作用。管理学与其他各个学科在科学研究中的这种相互依赖、相互促进的作用,有利于推动整个社会科学的蓬勃发展。

2.有利于社会各界对于管理理论的学习

认真学习和掌握管理理论,对于提高管理者素质和实际管理水平是至关重要的。管理学所阐述的一般管理原理即管理科学的基本知识。首先从学习管理学入手,不但有助于在有限的时间内掌握管理的基本知识,而且有助于进一步学习与自己工作有关的专业管理知识。

3.有利于管理经验的借鉴和比较研究

不同国家、不同体制、不同部门和单位的管理经验和管理方法的相互借鉴,主要是借鉴一些普遍适用、具有共性的管理原理、管理原则和管理方法。为此,研究和学习管理学,明确哪些是属于普遍适用的一般管理原理,既有利于各国管理经验的相互借鉴,又可以指导我们去比较研究各国、各种体制下的管理方法和经验。

4.有利于明确管理科学与其他科学的区别

长期以来,人们对于管理科学,特别是经济管理科学与其他科学,如经济学、政治学及一些技术科学的区别,存在模糊认识。有的认为,管理问题既然存在于各个领域、各项工作中,管理科学的研究内容应包罗万象;有的则认为,包罗万象的科学是不存在的,由此又否定管理科学的存在。建立管理学,对管理科学的一些基本问题(如管理科学的研究对象、管理规律,管理的一般原理及管理的性质、任务等)进行深入研究,有利于人们明确管理科学与其他科学的区别。这在实际中对于管理科学的学科建设和教学、科研工作都有重要的意义。

二、管理学的理论体系

确立学科的研究对象,是确立学科理论体系的前提和核心。但是面对同一研究对象,由于对学科的内容的理解角度和归纳的思路不同,理论体系的建立也会有所不同。

根据管理学研究对象的特点和要求,该门学科的理论体系一般应包括以下内容:

(1)关于学科研究对象一些基本理论的阐述,如管理的概念、性质、特征,学科的研究对象、理论体系、研究方法、研究和学习的必要性等。这部分具有总论的性质。

(2)关于与本学科有关的理论产生与发展情况或各种不同观点的介绍。

(3)关于管理的一般要素、一般原则、一般观念的阐述。

(4)关于管理的一般过程和一般职能的阐述。

(5)关于管理的组织、体制及管理者素质等内容的阐述。

(6)关于管理方法和艺术一般原理的阐述,等等。

根据以上基本内容,本书体系结构设置的总的思路是:以揭示一般管理职能为核心,分别从管理古今简明解读、管理职能熟悉掌握、方法艺术熟练运用、综合实训操作与练习等四个方面来阐述管理理论、职能与方法。其具体内容是:

(1)首先阐明与管理学研究对象直接有关的一些基本理论问题,以此统率全书的内容。

(2)从管理的基本概念出发,以管理的若干基本构成要素为线索来阐述管理职能。

(3)突出管理职能的内容,寓理论于规律之中。

(4)以管理的基本职能为主线,将管理职能穿插于管理实践之中,实际上就是各种管理职能交替发挥作用的过程。

(5)简要介绍管理方法和艺术的一般内容和一般原理。

根据上述考虑,本书的具体篇章结构是:

第一单元,管理理论发展与创新,共设三章。其中,第一章管理学概述,主要阐述管理的含义与特征、管理者的素质与职责、管理学的研究对象(包括对管理规律、管理学与其他管理学科的区别的阐述)、管理学的理论体系(包括对本书体系结构的阐述)、管理学的研究方法等内容。第二章管理理论的演进,主要阐述中外早期管理思想、现代管理理论的演进。第三章管理理论的创新与发展,主要阐述知识经济与管理的关系、管理理论创新、管理模式的创新等内容。

第二单元,管理职能熟悉掌握,共设六章。其中,第四章计划与目标,主要阐述计划的含义、特征、类型与编制,目标管理的概念与特征等。第五章预测与决策,主要阐述预测与决策的含义、类型、程序与方法。第六章组织,主要阐述组织的含义、组织结构与设计、组织变革等内容。第七章领导,主要阐述领导的含义、领导的基本要素与领导理论的基本内容。第八章控制与协调,主要阐述控制的概念与类型、原理与方法、有效协调等内容。第九章激励与沟通,主要阐述激励的含义、过程与原则,有效激励理论与方法,沟通的含义、过程、类型、技巧与方法等内容。

第三单元,方法艺术熟练运用,共设两章。其中,第十章管理方法,主要阐述经济方法、行政方法、法律方法、社会心理方法的基本内容和特征。第十一章管理艺术,主要阐述用人艺术、宣传鼓动艺术、人际关系艺术、公共关系艺术的特点、内容与应用。

三、管理学的研究方法

综上所述,管理学作为一门学科,它具有二重性、综合性、一般性、边缘性和实用性的特点。根据这些特点,我们对于管理学的研究,总的来说要以马克思主义为指导,从特色社会主义市场经济条件下的管理实际出发,同时大胆借鉴国外的先进经验,实事求是,勇于探索。在这一前提下,还要综合采用以下研究方法:

(一)案例调查法

管理学所研究的一般管理原理,需要从大量个别的管理实践活动中加以总结和抽象。这就需要研究者进行大量的社会调查和科学试验。但是,这种大量的调查,并不是全部的调查,而只能是选择、收集一些典型的案例进行调查分析。这就是案例调查法。在实际中,案例调查法分为两种:一种是选取实际管理活动中的案例进行分析研究;另一种是通过大量试验,选取试验案例进行分析研究。实践证明,这两种案例调查法,对于管理原理的研究都是行之有效的。

(二)归纳演绎法

归纳和演绎是两种不同的推理和认识事物的科学方法。归纳是指由个别到一般、由事实到概括的推理方法。管理学的研究主要是从特殊到一般的研究,因此必然要运用归纳推理法。但是,归纳和演绎在实际推理过程中是密不可分、相辅相成的。为此,在管理学的研究中,不能仅仅用归纳推理的方法,还必须要与演绎推理的方法相结合。这一方面是因为管理学对于一般管理原理的归纳首先是从搜集大量个别的实际资料开始的,而在搜集资料的过程中,必须要有一定的理论和思想作指导,否则就是盲目的,这实际上就是演绎推理方法在起作用。另一方面,由归纳推理所得出的结论,也需要再由演绎推理来做修正和补充。实际上,在管理理论研究中,特别是在一般管理原理的研究中,都要通过归纳推理和演绎推理的过程进行反复认证。只有这样,才能使所得结论是全面的、可靠的,并能经得住实践的检验。否则,如果只有归纳没有演绎,那么所得出的结论就可能是片面的或不具有一般性;如果只有演绎没有归纳,演绎就既没有前提,又不会得出正确的结论。

(三)比较研究法

比较研究法是指对彼此有某种联系的事物加以比较、对照,从而确定它们之间的相同点和差异点的一种研究方法。事物之间的差异性和同一性,是比较研究法的客观基础。在管理理论的研究中,运用比较研究法,通过对不同国家、不同地区、不同部门、不同单位管理活动进行各种比较分析,就能发现它们之间的差异点和共同点,而对其中的共同点加以总结概括,再加以反复验证,就可以总结出带有规律性的管理经验,抽象出管理的一般原理。因此,比较研究法也是研究管理学的一种基本方法。

20世纪50年代,由于比较研究法在管理理论研究中的广泛运用,形成了管理科学的一门新学科——比较管理学。它的主要任务就是通过比较分析不同国家、不同体制、不同企业之间,由于政治、经济、文化及民族习惯等的差异对管理的普遍性的影响,探索管理的一般规律及其基本原理的可转移性。到了20世纪80年代,在比较管理学的深入研究中,通过不同国家,特别是通过美国和日本管理情况的比较,人们发现企业文化在经济管理中的极端重要性。这样,比较管理学不但在管理科学的研究中开辟了新的领域,而且也为各个国家改进管理工作、提高管理水平开辟了新的途径,提供了新的依据。由此可见,比较研究法在管理理论研究中,特别是在管理学的研究中能够发挥特殊重要的作用。

(四)协同研究法

如上所述,管理学作为一门学科,它有很强的综合性、一般性、边缘性和适用性。适应这些特点,对于这门学科的研究,就需要运用各种知识(包括自然科学和社会科学的各种知识),组织各方面的专家(包括管理学家、自然科学家、社会科学家)进行协同研究。这就是协同研究法。当然,在实际中,这种协同研究可以采取不同形式,比如可以是有组织的,也可以是分散的,还可以是临时组织或定期组织的。但最重要的一条是要有相互之间经常的思想交流,允许各种不同学术观点的争鸣。这才是真正意义上的协同。

但是,仅仅是以上这种协同还远远不够。为了进一步检验所研究的理论成果是否真正具有科学性、普遍性和适用性,还必须要通过多方面的管理实践来检验。这就需要另一方面的协同,即科研部门、科研人员与实际管理部门的协同。因此,进行管理理论研究,最好也要像进行某些自然科学研究一样,建立科研—教学—实践"三位一体"的研究系统,使它们能够相互配合,协同作战。只有这样,才能真正做到理论联系实际,保证管理理论研究成果的科学性和适用性。

小　结

本章讲述了管理的概念,管理的特征,即管理的二重性、目的性、综合性、人本性、创新性、科学性和艺术性,以及管理者的职责与素质,进一步分析了管理学的研究对象与管理规律。在此基础之上阐述了研究和建立管理学的意义、管理学的理论体系、本书的具体篇章结构,还介绍了管理学的研究方法等。

？ 思考与练习

一、名词解释

管理　　管理者　　管理学

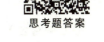

思考题答案

二、单项选择题

1.对企业资源进行计划、组织、领导、控制以有效实现组织目标的过程称为(　　)。

A.管理　　　　　　B.组织　　　　　　C.战略计划　　　　　　D.激励

2.管理的本质是(　　)。

A.组织　　　　　　B.协调　　　　　　C.领导　　　　　　D.控制

3.下列活动中,(　　)不属于管理活动。

A.部队中的班长与战士谈心　　　　　　B.企业的总会计师对财务部门进行检查

C.钢琴家制订自己的练习计划　　　　　　D.医院的外科主任主持会诊

4.彼得·德鲁克说过,如果你理解管理理论,但不具备管理技术和管理工具的应用能力,你还不是一个有效的管理者;反过来,如果你具备管理技术和能力,而不理解管理理论,那么充其量你只是一个技术员。这句话说明了( )。

A.充分掌握管理理论是成为有效管理者的前提

B.管理工作是否有效,不在于是否掌握管理理论

C.有效的管理者应该既掌握管理理论,又具备管理技术与管理工具的应用能力

D.有效的管理者应注意管理技术与工具的应用能力

三、多项选择题

1.管理的二重性是指( )。

A.客观性　　　　　　B.自然属性　　　　　C.重要性　　　　　　　D.历史性

E.社会属性

2.对于管理,下列说法中不正确的是( )。

A.管理适用于盈利性组织　　　　　　B.管理只适用于工业企业

C.管理普遍适用于任何类型的组织　　D.没有一成不变的管理方法

E.不同类型的组织,在基本管理职能和管理原理方面存在着很大的差异

3.管理学的研究方法包括( )。

A.归纳演绎法　　　　B.案例调查法　　　　C.协同研究法　　　　　D.数量研究法

E.比较研究法

4.研究和学习管理学的重要意义体现在( )。

A.有利于推动管理科学的发展　　　　B.有利于社会各界对于管理理论的学习

C.有利于管理经验的借鉴和比较研究　D.有利于明确管理科学与其他科学的区别

E.管理学可以安邦治国

四、判断题

1.管理学既是一门科学,又是一门艺术,是科学与艺术的有机结合体。　　　　( )

2.任何管理活动都必须把制定规章制度作为首要任务。　　　　　　　　　　( )

3.人既是管理的主体,又是管理的客体。　　　　　　　　　　　　　　　　( )

4.管理学是一门研究企业管理活动规律和方法的科学。　　　　　　　　　　( )

五、简答题

1.如何理解管理的含义?

2.管理者应具备哪些素质才能适应现代市场经济的需要?

3.管理规律包含哪些具体内容?

4.为什么要研究与学习管理学?

5.管理学的研究都利用了哪些现代研究方法?

经典导读

节约后的致歉

如果有个人的建议能给公司带来 1000 万美元的节约,大多数的管理人员会对此人给予赞赏,除非实施这个人的建议需要砍掉一个他们所喜爱的项目。一个刚走出校门的年轻人就从自己的一个建议得到了深刻的教训。

从表面上看,情况似乎一清二楚:这家拥有 700 个床位的美国中西部医院门前有一个停车场,在高峰期间常常拥挤不堪,给病人及其家属带来了诸多的不便。即使医院的管理人员并没有那么强的道德感,仅从财务方面考虑,鉴于最近越来越多的患者另寻他处就医,就给医院带来了很大的损失,这一点也迫使医院的院长助理查尔斯得想办法解决这个问题。

查尔斯吩咐刚从大学拿到工商管理硕士学位的莫里对此情况做调查,并提出改进意见。查尔斯解释说,要是问题不严重,医院可能会设法将楼前的一块地方改作停车用;要是问题非常严重,就要考虑建一个新的多层停车场,为此投资 1000 万美元。查尔斯在对莫里做了交代以后,便去外地休假三个星期。

希望自己能一显身手的这个年轻人,在接受任务后用了近两周的时间进行调查,分析了停车场发出的印有停车时间标记的单据,最后发现了一个不曾预料到的事实:停车场之所以拥挤,全是因为医院的职工不顾院规将车停放在这里,而不是停在靠近高速公路的一个较不方便的宽敞的停车场。医院并不需要做 1000 万美元的投资,它需要的只是强化已颁布的职工停车条例。因为院长助理仍在休假中,这个年轻人便在一次大型会议上把他的发现报告给了医院高层管理人员。听到这令人振奋的消息后,这些高层管理人员对莫里说了一番鼓励和感谢的话,然后要求他做进一步的研究。

在院长助理返回前,一切都进展顺利。可是,这天查尔斯回来了,听说他提议的 1000 万美元的投资项目被取消了——这使他看起来像个低能者,而且更令他难受的是,在医院白领职工中很少得到遵守的停车条例,现在被三令五申。不幸的莫里,在他上司的责备下,不得不向院长助理道歉,并且又承担了寻找落实医院职工停车条例最有效方式的任务。

在思量了各种方案后,莫里最后向一个副总裁和几位部门负责人提议,下午 5 点钟在医院门前的停车场会合,当面逮住那些违规停车的职工,并要求他们缴纳停车时间内的所有停车费。如此进行了连续两天后,医院门前的这个停车场在高峰期间也有一半是空的。

年轻的毕业生莫里不久就离开了这家医院,在一家私人公司找到了新的工作。他离开时对曾经同窗过的一些朋友说,自己得到了一次深刻的教训,现在明白了过度的坦诚与精明为人之间有何等的区别。

（资料来源:经济学驿站,http:∥space. cenet. org. cn/,有删改）

案例思考题:

1. 莫里向查尔斯道歉的主要原因是什么?

2. 这个年轻的毕业生不久就离开了这家医院,最有可能的原因是什么?

3. 管理工作内容与管理工作效果的关系是什么?

第二章　管理理论的演进

引入案例

"零"管理思想体系打造优质企业

　　成立于1992年的大连三洋制冷有限公司(以下简称"三洋制冷")，连续多年获得"辽宁省十大高效益外资企业"的称号，十多年来为合资各方提供了5倍的投资回报，企业人均效益指标达到"世界五百强"的高水平，是日本三洋在海外合资的典范。和那些大型企业相比，三洋制冷是凭借着什么取得如此辉煌的成就呢？人才？技术？品质？服务？管理？这些都是非常重要的原因，但真正的核心是自我改善的管理理念，以及由此发展出来的"零"管理思想体系。该体系几乎涵盖了企业经营活动方方面面的内容，但它最初仅是由"ZD"零缺欠小集团活动发展起来的。"ZD"是英文 Zero Defects 的缩写，意思为缺欠为零。

　　20世纪60年代，"ZD"零缺欠小集团活动首先在美国的军工企业产生，其直接的动机是按期生产出高质量、低成本的产品。随着日本经济从20世纪60年代起开始的高速度发展，要想成为世界性的优秀企业，就需要从各个方面增强企业的整体实力，才能在激烈竞争的国际市场立于不败之地。正是在这样的背景下，以小集团活动为形式的"ZD"零缺欠活动，首先在日本电气(NEC)公司开始实施，随后迅速在全日本得到推广和普及。

　　1994年年初，为了提高产品质量，向用户提供优质产品和服务，三洋制冷导入了"ZD"零缺欠活动。它以班组活动为基础，强调立足本岗位，发挥集体的智慧和力量，努力改进产品质量,努力减少质量缺欠,消除不良品的产生,在产品质量管理工作中取得了较为丰硕的成果。随着活动深入持久的进行,员工们把企业经营的其他方面也纳入到活动范围,在公司有意识的引导下逐步形成了以改善理论为思想核心的"零"管理思想体系,用以指导"ZD"零缺欠自我改善活动。三洋制冷在推行"ZD"零缺欠质量管理的基础上,结合企业的实际情况,形成的贯穿于整个企业经营管理活动中的与众不同的小集团活动模式,是三洋制冷对"ZD"小集团活动的一种新发展。随着活动的展开,三洋制冷通过总结经验,结合国内外优秀企业的先进管理思想,提出了独特的改善理论:

管理和改善是不相同的,仅仅通过加强企业管理而不进行相应的改善活动,企业无法得到进一步发展。管理和改善既有联系,又有区别,相辅相成地作用于企业的生产经营活动中。管理是控制,是维持,是要把一种在当时比较良好的状况保持在所设定的一个基准范围内;改善则是在现有基础上的提高,是整体水平的向上。仅有管理而没有改善,企业无法得到进一步改善;只有改善没有管理,则改善的效果无法维持。只有把管理和改善有机地结合起来,改善的成果依靠管理得到维持,才能使企业的综合素质不断提高。

正是认识到了这一点,公司经营者才提出了"创造无止境的改善"的三洋制冷经营理念。以"没有最好,只有更好"为活动口号,全员参与,立足于现有的条件,从自身做起,从小的改善做起,使工作不断趋向完美。这套从零缺欠自我改善活动中总结出来的,指导活动进行的改善理论,成为三洋制冷"零"管理思想体系的核心,并且逐步形成了"零缺欠"的质量管理思想、"零浪费"的成本管理思想、"零库存"的生产管理思想、"零伤害"的安全管理思想、"零投诉"的服务管理思想、"零故障"的设备管理思想、"零超标"的环境管理思想和"零重犯"的改善管理思想等分支,成为三洋制冷在企业经营中各项主要活动的指导思想,使三洋制冷经受住了激烈的市场考验,为企业的国际化发展做好了思想上和制度上的准备。

(资料来源:徐新跃,三洋制冷的"零"管理思想体系,全球品牌网,http://www.glo-brand.com/2006/34183.shtml,2005年3月23日)

案例思考题:

1.三洋制冷如何通过"ZD"零缺欠小集团活动形成了"零"管理思想体系?

2.透过三洋制冷的"零"管理思想体系的形成和发展,分析管理思想与管理理论、管理实践之间的关系。

管理思想、管理理论、管理实践之间紧密相连、互相支撑,理论应用与实践探索并存,只有把管理理论和管理实践有机地结合起来,实践的成果才能依靠理论得到提升,理论的指导才能在实践中得到实效。本章将要介绍的是管理理论的产生和发展,特别是现代管理理论的演进。

第一节　早期的中外管理思想

管理活动源远流长,自古即有,但形成一套比较完整的理论,则是经历了一段漫长的历史发展过程。因此,回顾管理学的形成与发展,了解一些管理先驱对管理理论和实践所做的贡献,以及管理活动的演变和历史,对每个学习管理学的人来说都是必要的。

从历史上看,管理与人类社会几乎同时产生。自从有了人类社会,人们的社会生活就离不开管理,所以管理的实践早就出现了。在有了实践之后,才有人对这些实践活动,包括政治的、军事的、经济的、文化的或宗教的活动加以研究和探索。经过长期的积累和总结,人们对管理实践有了初步的认识和见解,从而开始形成管理思想。随着社会的发展,科学技术的进步,人们又对管理思想加以进一步的总结,提出管理中带有规律性的东西,就形成了管理的基本理论。

一、中国古时的管理思想

管理的活动或实践自古以来就存在,它是随着人类集体协作、共同劳动而产生的。人类进行有效的管理实践,已有超过6000年的历史,早期的一些著名的管理实践和管理思想大都散见于中国、埃及、意大利等国的史籍和许多宗教文献之中。

以历史记载的古今中外的管理实践来看,素以世界奇迹著称的埃及金字塔、巴比伦古城和中国的万里长城,其宏伟的建设规模足以生动证明人类的管理和组织能力。无论是埃及的金字塔,还是中国的万里长城,在当时的技术条件下,如此浩大的工程,不但是劳动人民勤劳智慧的结晶,同时也是历史上伟大的管理实践。

我国古代有大禹治水,四大发明,举世闻名的万里长城、都江堰工程和贯通南北的大运河,统一的文字和度、量、衡,留下了像《孙子兵法》《孙膑兵法》《红楼梦》《三国演义》等宝贵的文化遗产。在这些光辉灿烂的文化遗产中,有许多管理的资料供我们择善吸取。

荀子在《荀子·王制》篇说:"人力不若牛,走不若马,而牛马为用,何也? 曰:人能群,彼不能群也。"他认为人能合群(即构成社会组织),这是与动物的根本不同之处。人为什么能合群呢? 因为人能"分"(即指不同的社会地位、职务);"分"的标准是"义"(即伦理道德)。他指出:"故义以分则和,和则一,一则多力,多力则强,强则胜物。"这就是说,人有了社会组织,能利用群体的力量胜过自然界的其他动物。

《管子·心术》中说:"心安,是国安也;心治,是国治也。治也者心也,安也者心也。治心在于中,治言出于口,治事加于民,故功作而民从,则百姓治矣。"这段话的大意是,要治理国家,使国家安定,必须安定民心,这是很重要的管理思想。

韩非是先秦法家思想的集大成者,他提出了以法治为中心,"法""术""势"相结合的法治思想。他说:"法者,宪令著于官府,刑罚必于民心,赏存乎慎法,而罚加乎奸令者也。"这是全社会必须遵循的标准。

汉代董仲舒的"德主刑辅、礼法并用"的思想,和后来有人提出的"赏罚分明""恩威并施"的观点,对今天的国家行政和企业管理仍有借鉴意义。

孙膑很重视激励问题,在《孙膑兵法》中明确指出:"不信于赏,百姓弗德。不敢去不善,百姓弗畏。"也就是说,对好人好事要奖,对坏人坏事要罚。他把"激气"(激发士气)、"利气"(使士兵有锐气)、"断气"(使士兵果断、有决心)、"延气"(有持续作战精神)、"厉气"(鼓励斗志)等列为合军聚众、克敌制胜的要务。

韩非的激励观是赏罚分明,重赏重罚。他在《韩非子·五蠹》中说:"是以赏莫如厚而信,使民利之;罚莫如重而必,使民畏之;法莫如一而固,使民知之。故主施赏不迁,行诛无赦,誉辅其赏,毁随其罚,则贤不肖俱尽其力矣!"

孟子在《孟子·公孙丑下》中提出"天时不如地利,地利不如人和"的观点。这表明人的作用、人心归向、调动人的积极性在管理过程中的重要作用。

战国时赵国人慎到在《慎子·民杂篇》中提出人的能力有个别差异——"各有所能,所能者不同";要根据人的能力特点去使用,兼收并蓄,而不要有所去取;要不拘一格地使用人才,才会人才济济,即"不设一方以求于人,故所求者无不足也"。老子也曾提出善于用人,对人的态度要谦和的用人哲理。

二、国外早期的管理思想

国外的管理实践和思想历史悠久,特别是18世纪60年代开始的工业革命,社会的基本生产组织形式迅速从以家庭为单位转向以工厂为单位,因而出现了许多新的问题,这就需要人们去回答、去解决。在这种情况下,不少对管理理论建立和发展具有重大影响的管理实践和思想应运而生。

古罗马帝国之所以兴盛,在很大的程度上应归功于卓越的组织才能。他们采取了分权的组织管理形式,从一个小城市发展成为一个世界帝国,在公元2世纪取得了统治欧洲和北非的成功,并延续了向下个世纪的统治。

罗马天主教会早在第一次工业革命之前,就成功地解决了大规模活动的组织问题。它按地理区域划分基层组织,并在此基础上采用有很高效率的职能分工,在各级组织中配备参谋人员,从而使专业人员和下级参与制定决策的过程,但又不破坏指挥的统一。罗马天主教会之所以能够有效地控制世界各地5亿以上教徒的宗教活动,在很大程度上同它所采用的这一套组织形式有密切关系。

18世纪到19世纪中期,欧洲逐渐成为世界的中心。这时期可以说是欧洲各国在社会、政治、经济、技术等方面经历大变动、大改革的时期:几次大规模的资产阶级革命;城市(主要是商业城市)的发展;资本主义生产方式从封建制度中脱胎而出,这期间占主导地位的家庭手工业制逐步被工厂制所代替。始于英国的工业革命,其结果是机器动力代替部分人力——机器大生产和工厂制度的普遍出现,对社会经济的发展产生了重要影响。

随着工业革命以及工厂制度的发展,工厂以及公司的管理越来越突出,也有很多的实践。许多理论家,特别是经济学家,在其著作中越来越多地涉及有关管理方面的问题。很多实践者(主要是厂长、经理)则着重总结自己的经验,共同探讨有关管理问题。这些著作和总结,为即将出现的管理运动打下了基础,是研究管理思想发展的重要参考文献。概括起来,其重要意义有三个:①促使人们认识和意识到管理是一门具有独立完整体系的科学,值得去探索、研究、丰富和发展;②预见到管理学的地位将不断提高;③区分了管理的职能与企业(厂商)的职能。

这一时期的著作大体上有两类:一类偏重于理论的研究,即管理职能、原则;另一类则偏重于管理技术、方法的研究。

第一类的代表人物是英国古典政治经济学家亚当·斯密,在他的《国富论》中有不少关于管理方面的论述,其中对管理理论发展有较大影响的是他的劳动分工理论和"经济人"观点。

亚当·斯密对管理理论发展的一个贡献是他的劳动价值和劳动分工观点。他认为,劳动分工能节约时间,促进技术进步,是提高劳动生产率的主要因素。劳动分工对提高劳动生产率的作用主要体现在三个方面:一是分工可以使劳动者专门从事一种单纯的操作,从而提高劳动者的熟练程度;二是分工可以减少劳动者的工作转换,节约由一种工作转到另一种工作所损失的时间;三是分工可以使劳动简化,有利于发现比较方便的工作方法,促进工具的改良和机器的发明。

亚当·斯密的另一个贡献是他的经济人观点。他认为人们在经济活动中追求的是个人利益,每个人利益的实现都需要他人的协助,而社会利益是由于个人利益之间的相互牵制而产生的。亚当·斯密的经济人观点是资本主义生产关系的反映,对以后西方经济理论中"经济人"和"社会人"假设的提出以及对其他学派的发展都有着深远的影响。

第二类的代表人物是英国著名的数学家和机械工程师查尔斯·巴贝奇(Charles Babbage)。他曾用几年时间到英国、法国等国家的工厂了解和研究管理问题,提出了劳动分工、用科学方法有效地使用设备和原料等观点。

普鲁士军事理论家卡尔·冯·克劳斯威茨(Carl Von Clausewitz)认为"企业简直就是类似于打仗的人类竞争的一种形式",因此他关于军队管理的概念也适用于任何大型组织的管理。

人们都知道瓦特改良了蒸汽机,使之成为生产动力从而促进了18世纪下半叶的工业革命,然而很少有人知道他在管理上的成就。1800年,英国博尔顿-瓦特(Boulton & Watt)联合公司所属苏霍制造厂是很早运用科学管理于制造业的工厂之一。它有科学的工作设计,按更充分地利用机器的要求进行劳动分工和专业化;实行比较切合实际的工资支付办法;有着较完善的记录和成本核算制度。当代出现的许多管理问题,他们都曾遇到过,并努力加以解决。不过那时的管理还没有被系统化为一门科学。

以上这些先驱者尽管从不同角度提出了一些管理思想,但是并没有形成一种系统化的理论体系。这与当时社会普遍只注重生产组织、减少浪费、增加产量和追求最大利润的具体方法有关。因此,在整个管理活动中占据主导地位的仍然是传统的管理方式和手段。直到19世纪末,随着社会、经济、技术和法律等方面的发展,出现了一些科学的管理手段和方法之后,才诞生了科学管理思想。

第二节　现代管理理论的演进

测试题

人类有组织的活动源远流长,人类的管理活动也有着悠久的历史,但将其作为一门独立的学科来进行专门的研究,只有近百年的历史。1911年泰罗出版《科学管理的原理与方法》一书,标志着管理学的创立和企业管理学的诞生。一般认为,西方管理理论的发展主要经过了四个时期:科学管理理论时期、古典管理理论时期、行为科学理论时期、现代管理理论时期。

下面分别对这四个时期加以介绍。

一、科学管理理论的产生与发展(19世纪末—1915年)

19世纪末,随着资本主义自由竞争逐渐向垄断过渡,科学技术水平以及生产社会化程度不断提高,西方国家的工业出现了前所未有的变化;工厂制度日益普及,生产规模不断扩大,生产技术更加复杂,生产专业化程度日益提高,劳资关系也随之恶化。在这种情况下,传统的经验管理方法已经不能适应客观上的要求。于是一些有识之士开始致力于总结经验,进行各种试验研究,并把当时的科技成果应用于企业管理。因此,从19世纪末到20世纪初这一期间所形成的管理理论,被称为"科学管理理论"。科学管理理论的主要代表人物是泰罗。科学管理理论成为管理学的先驱,对管理思想有很大的影响。

(一)泰罗简介

弗雷德里克·泰罗(F. W. Taylor)被誉为"科学管理之父",是科学管理理论的杰出代表人物。他的科学管理是以工厂管理为对象,以提高工人劳动生产率为目标,在对工人的工作和任务进行研究的基础上,制定出所谓的标准操作方法,并以此法对工人进行指导、训练来提高产量。

泰罗出身于美国费城的一个中产家庭,中学毕业后考上哈佛大学法学院,但不幸因为视力受损而被迫辍学。1875年,泰罗进入费城的一家机械厂当徒工,1878年转入费城的米德维尔钢铁公司当技工,1884年升任总工程师。1898—1901年,他受雇于宾夕法尼亚的伯利恒钢铁公司。1901年以后,他把大部分时间用于写作和演讲上。1906年,他担任美国机械工程师学会主席。泰罗的代表著作有《计件工资制》(1895年)、《车间管理》(1903年)、《科学管理原理》(1903年)。

泰罗的生活经历使他深知当时工厂管理的混乱和落后、工人怠工的原因和方式。为了改变那种现状,泰罗首先以进行工时测定开始他的研究,并由此而发展到作业分析、工资制度、生产进度、车间组织、人员选择、训练等一系列有关管理的基本问题。经过毕生的努力,他为管理的革新奠定了基础,成为科学管理学派的创始人。

测试题

(二)科学管理理论简介

1. 制定工作定额

泰罗在工厂里当一名普通工人时就看到了工人们常常有意识地"磨洋工"。他认为这是由于当时的工人不能多劳多得,而管理者又没有制定工作量的客观原因造成的。为了消除这种现象,泰罗认为应该制定有科学依据的工人的"合理的日工作量",为此他进行了一系列的研究。研究的方法是,首先把工人的作业分解成许多个基本动作,消除那些错误的、无用的动作,再选择合适而熟练的工人进行操作,并测出完成这些基本动作所需要的时间,然后把测定的每一项动作、每一道工序所需要的时间合在一起,加上必要的休息时间和不可避免的其他延误时间,这样就得出完成该项工作所需要的总时间,据此测定出一个工人的"合理的日工作量"。这就是所谓的"工作定额原理",也是"科学管理"的真正开端。泰罗认为,通过动作研究和时间研究而确定的"合理的日工作量",是以"科学的事实和法则"为依据的,劳资双方都必须遵守这个标准。

泰罗的搬铁试验

1898年,泰罗受雇于伯利恒钢铁公司,在这期间,他进行了著名的搬运生铁块试验和铁锹试验。搬运生铁块试验,是在这家公司的五座高炉的产品搬运班组大约75名工人中进行的。这一研究改进了操作方法,训练了工人,使生铁块的搬运量提高了3倍。铁锹试验首先是系统地研究铲上的负载应为多大的问题;其次研究各种材料能够达到标准负载的锹的形状、规格问题,与此同时还研究了各种原料装锹的最好方法的问题。此外,还对每一套动作的精确时间做了研究,从而得出了一个"一流工人"每天应该完成的工作量。这一研究的结果是非常出色的,堆料场的劳动力从400~600人减少为140人,平均每人每天的操作量从16吨提高到59吨,每个工人的日工资从1.15美元提高到1.88美元。

泰罗在米德瓦尔开始进行的金属切削试验延续了26年之久,进行的各项试验达3万次以上,80万磅的钢铁被试验用的工具削成切屑,总共耗费约15万美元。试验结果发现了能大大提高金属切削机工产量的高速工具钢,并取得了各种机床适当的转速和进刀量以及切削用量标准等资料。

综上所述,这些试验集中于"动作""工时"的研究,工具、机器、材料和工作环境等标准化的研究,根据试验成果制定了每日比较科学的工作定额和为完成这些定额的标准化工具。

分析问题:

1.为什么泰罗要做这样的试验?效果如何?目的是什么?
2.我们从泰罗身上学到了什么精神?

2.实施标准化管理

过去工人的操作方法和使用的工具只是根据自己或师傅的经验来确定的;工人劳动或休息的时间以及机器设备的安排和使用,也是由管理人员根据自己的判断或过去的记录确定的,没有科学的依据。泰罗认为,为了达到一定的作业标准,必须使工人掌握标准化的操作方法,使用标准化的工具、机器和材料,并使作业环境标准化。这就是所谓的标准化原理。

3.实行差别计件工资制

泰罗认为,工人"磨洋工"的一个重要原因是报酬制度不合理,多劳不一定多得。因此,他提出了一种新的报酬制度——差别计件工资制。其内容包括三个方面:①通过时间和动作研究来制定有科学根据的工作定额。②根据工人完成工作定额的不同,采取不同的工资率,实行"差别计件工资制度"。比如,如果工人完成或超额完成定额,则定额内的部分连同超额部分都按比正常单价高25%的标准计算;如果工人完不成定额,则按比正常单价低20%的标准计算。③工资支付的对象是工人而不是职位,即根据工人的实际工作表现而不是根据工作类别来支付工资,以此来提高工人的积极性。

4.计划职能与执行职能相分离

泰罗认为应该用科学的工作方法取代经验的工作方法。经验工作方法是指根据自己以往的经验来决定采用什么操作方法或使用什么工具等。科学工作方法是指每个工人采用什么操作方法、使用什么工具等,都根据试验和研究来决定。泰罗认为,工人单凭自己的经验不能找到科学的方法,而且他们也没有时间去从事这方面的研究。所以,必须把计划职能和执行职能分开,由专门的计划部门承担计划职能,由所有的工人和部分工长承担执行职能。

5.强调例外管理

例外管理就是企业的高级管理人员把一般的日常性事务授权给下级管理人员去处理,而自己只负责处理那些例外事项(即重要事情或特殊事情)。这种方法的好处是可以帮助高级管理人员摆脱日常具体事务,以便集中精力对企业的重大问题进行监督决策。根据例外管理原理,由于实行了权限委让,就要求在高级管理者之下形成新的管理层,而且通过这种方法可以检验谁履行了他的职责,谁是不称职的等。

泰罗的科学管理理论对管理学的产生和发展起了巨大的推动作用,为后来西方管理理论的发展奠定了理论和人才方面的基础。它的科学性和历史功绩,正如列宁所指出的,"……泰罗制,也同资本主义其他一切进步的东西一样,有两个方面……另一方面是一系列的最丰富的科学成就,即按科学来分析人在劳动中的机械动作,省去多余的笨拙的动作,制定最精密的工作方法,实行最完善的计算和监督制等"。

测试题

二、古典管理理论的产生与发展(1915—1925 年)

古典管理理论的主要代表人物是亨利·法约尔和马克斯·韦伯。他们二人的理论分别反映了那个时代在管理理论发展中的两个重要方面,即"一般管理理论"和"行政组织理论"。这些理论也成为管理学的先驱,对现代管理思想有很大影响。

测试题

(一)法约尔的一般管理理论

法国的亨利·法约尔(Henry Fayol)是一位训练有素的采矿工程师,1888 年担任一家矿业公司的总经理。1918 年,退休后的法约尔积极创办了法国管理研究中心。他的代表作是《工业管理与一般管理》。

法约尔的一般管理理论与泰罗的科学管理理论不同。尽管他们生活在同一时代,但由于他们的经历不同,使他们观察管理问题的角度大不相同。泰罗及其追随者主要关心的是作业方面的问题,注重的是车间管理和科学方法的运用,而法约尔及其追随者们则关注于整个组织,研究有关管理者应该干什么以及怎样才能干好等更一般的管理问题。此外,法约尔还认为他的管理理论虽然是以大企业为研究对象,但除了可用于工业企业外,还可应用于政府、教会、慈善机构、军事组织以及其他各种事业。因此,法约尔被公认为是第一位概括和阐述一般管理理论的管理学家。他的理论贡献主要体现在他对管理职能的划分和管理原则的归纳上。

1. 企业的基本活动

法约尔指出,任何企业都存在着六种基本活动,管理只是其中的一种。这六种基本活动是:

(1)技术活动,指生产、制造和加工;

(2)商业活动,指采购、销售和交换;

(3)财务活动,指资金的筹措、运用和控制;

(4)案例活动,指设备的维护和人员的保护;

(5)会计活动,指货物盘点、成本统计和核算;

(6)管理活动,指计划、组织、指控、协调和控制。

经典解读

在这六类基本活动中,前五类是人们所熟知的,因此要研究的主要是管理活动。

2. 管理的五种职能

法约尔第一次指出了管理的组成要素,即划分了管理的五种职能,并对其做了较为详细的论述。管理的五大要素分别是:

(1)计划,是指预测未来并制订行动方案。它是最重要也是最难的管理职能。

(2)组织,是为组织机构达到预定目标提供所需一切条件的活动,包括组织的建立、职工的招募和训练以及规章制度的建立等。

(3)指挥,是使组织能充分发挥作用的领导艺术。

(4)协调,是让企业中的所有人员团结一致,以便使所有活动都顺利进行。

(5)控制,是指落实情况是不是与既定的计划、发出的指示以及确定的原则相符合,以便加以纠正并避免重犯。

3.管理的十四条原则

测试题

法约尔在《工业管理与一般管理》一书中,根据五种管理职能之间的逻辑关系,阐述了如何进行管理的思想,总结出了十四条管理原则。这些原则的绝大部分现在已成为管理知识的组成部分,其中许多被当作管理的基本原则来对待。法约尔的管理原则共有以下十四条:

(1)分工。在技术工作和管理工作中进行专业化分工可以提高效率。

(2)权力与责任。权力应该同责任相等。如果要一个人对某一工作的结果负责,应该给予确保事情成功的应有权力。

(3)纪律。严明的纪律是任何组织都不可缺少的要素。一个组织的成功不能没有纪律,组织内所有成员都要通过各方达成的协议对自己在组织内的行为进行控制。

(4)统一指挥。组织内每一个人只能服从一个上级并接受他的命令,双重命令对于权威、纪律和稳定性是一种威胁。

(5)统一领导。在某个单一的计划中,从事同类活动的组织成员只能有相同目标,而且目标相同的一组活动只能有一个领导和一个计划。

(6)个人利益服从整体利益。在企业组织中,企业的总目标永远享有至高无上的地位,即个人利益不能凌驾于整体利益之上。当个人目标与整体目标发生冲突时,领导者要以身作则,给员工做出良好的榜样。

(7)报酬。报酬制度应该公平,而且要对工作成绩优良的人进行奖励,但奖励应有一个限度。法约尔认为任何优良的报酬制度都无法取代优良的管理。

(8)集权与分权。提高下属重要性的做法是分权,降低这种重要性的做法是集权。要根据企业的性质、条件、环境和人员的素质来恰当地决定集权和分权的程度。

(9)等级制度与跳板原则。等级链是"从最高的权威者到最低层管理人员的等级系列"。它表明权力等级的传递信息的途径。为了保证命令的统一,不能轻易违背等级链,请求要逐级进行,指令也要逐级下达。有时这样做会延误信息,为此,法约尔设计了一种"跳板",利用这种"法约尔跳板",可以横向跨过执行权力的路线而直接联系。这种方法便于同级之间的横向沟通,但在横向沟通前要征求各自上级的意见,并在事后向各自的上级汇报,从而维护了统一指挥的原则。

(10)秩序。任何组织都应该强调秩序。法约尔认为,每一件事都要有一定的位置,每一个人都要有一定的职位,各得其所,而且每个职工都必须处在他能最大限度地做出贡献的职位上。

(11)公平。公平是组织的管理人员处理人际关系的一项道德价值准则,它由善意和公正产生。组织领导应该对各级主管灌输公平的意识。

(12)人员的稳定。把一个人培养成能胜任目前工作的企业成员,需要花费时间和金钱。所以,人员特别是管理人员的经常变动,对组织是很不利的。

(13)首创精神。首创精神是创立和推行一项计划的动力。领导者不仅本人要有创造性,而且要鼓励全体成员发挥他们的首创精神。

(14)集体精神。由于团结对实现组织目标是非常重要的,管理人员应当鼓励职工紧密团结和发扬集体精神。在法约尔看来,加强集体精神的最有效方法在于严格的统一指挥。

法约尔提出的管理的五个要素,为管理人员建立了一种概念体系,使他们能够明确地认识到他们的任务究竟是什么。特别是他的十四条管理原则的提出,成为西方管理理论发展史上的一个里程碑,为以后管理理论的发展勾勒出了基本的理论框架,从而使管理具有了一般的科学性。当然,这些原则并不完整,也不是一成不变的,它不能回答特殊的问题,而且它只是考察了组织的内在因素,而忽视了组织同它周围环境的关系,因而这个理论也存在着一定的局限性。

(二)韦伯的行政组织理论

马克斯·韦伯(Max Weber)是德国著名的社会学家,在社会学、宗教、经济学和政治学等方面都有著述,是古典管理理论在德国的代表人物。他对管理理论的主要贡献是提出了"理想的行政组织体系"理念,这集中反映在《社会组织与经济组织》一书中。

1.权威的类型

韦伯认为,权力和权威是不同的。权力是无视人们反对,强制使人们服从的能力;权威则意味着人们在接受命令时是出于自愿。因此,在权威制度下,下级把上级发布命令看作是合法的。韦伯认为有三种不同类型的权威:

(1)个人崇拜式权威。这种权威是以对个别人的神圣、英雄主义或模范品德的崇拜为依据的一种权威。先知、救世主、政治领袖等具有的权威就属于这一类。

(2)传统式权威。这种权威是由历史沿袭下来的先例、惯例、习俗等为基础而形成的。对这种权威的服从是绝对地服从于统治者,因为他具有沿袭下来的神圣不可侵犯的权力地位。

(3)理性—合法式权威。这种权威是以"法律"或"升上掌权地位的那些人……发布命令的权利"为基础的。依据这种权威而建立的组织是以行政性组织的形式出现的。韦伯认为,这是现代社会中占主导地位的组织形态,而且是最理想的组织形态。

2.理想的行政组织体系

韦伯把行政性组织看作理想的组织形式。他认为理想的组织形式具有以下的一些特点或原则:

(1)实现劳动分工。组织中每个成员的权利和责任都要有明文规定,并且把这些权利和责任作为正式职责而使之合法化。

(2)按照一定的权力等级使组织中的各种职务和职位形成责权分明、层层控制的指挥体系。在这个体系中,每个下级都在一个上级的控制和监督之下。每个管理者不仅要对自己的决定和行动负责,而且要对下级的决定和行动负责。

(3)根据通过正式考试或教育培训而获得的技术资格来选拔员工,并完全根据职务上的需要任用。

(4)除了按规定必须通过选举产生的公职外,所有担任公职的人都是任命而不是选举的。

(5)行政管理人员是"专职"的管理人员,领取固定的薪金,有明文规定的升迁制度。

(6)行政管理人员不是他所管辖的那个企业的所有者,只是其中的工作人员。

(7)行政管理人员必须严格遵守组织中规定的规则、纪律和办事程序。

韦伯的行政组织理论是对泰罗和法约尔的理论的一种补充,对后来的管理学家,特别是组织理论家产生了很大的影响。

三、行为管理理论的产生与发展(1925—1950年)

测试题

不管是泰罗的科学管理理论还是法约尔和韦伯等人的古典管理理论都构成了西方"传统管理"理论的全貌。此后,一些管理学家如厄威克、古利克等人又把这些所谓的"传统管理"理论进一步加以条理化。可以说,一直到今天,这些"传统管理"理论在实际管理中仍被广泛采用,其系统层次的观点,注重职工技能和绩效的观点,实行目标责任制、层层负责的观点,强调一定的规章制度控制约束的观点等,仍然具有一定的积极意义。但是,这些"传统管理"理论也有一定的消极作用,比如:过分强调集权和权威,使职工的主动性和创造性受到压抑;只注意纵向联系,忽视横向联系,造成部门与部门、个人与个人之间信息传递失真或失误;只注意服从、不注意反馈等。

20世纪20年代,美国的工人和工会力量增长,普遍要求调节劳资和管理关系,人们不愿意接受传统组织理论的那种权威——服从的领导与被领导的关系;而且,尽管科学管理思想在提高领导生产率方面取得了显著的成绩,但由于它片面强调对工人的严格控制和动作的规范化,忽视了工人的社会需求和感情需求,从而引起了工人的不满和社会的责难。行为管理理论正是在这种背景下应运而生。

行为管理理论始于20世纪20年代,早期被称为人际关系学说,以后发展为行为科学。一般认为,行为管理理论产生的标志是著名的霍桑试验和梅奥的人际关系学说,以及在这一时期产生的需求层次理论、双因素理论、X-Y理论、超Y理论、Z理论等,这些都被统一归纳为行为管理理论的范畴。

(一)梅奥的人际关系学说

1.霍桑试验

20世纪初,西方不少管理人员和管理学家认为,工作的物质环境和职工的福利,同工人的劳动生产率有明显的因果关系。因此,要缓和矛盾,提高生产率,就得改善环境,增加福利。1924年,美国科学院曾派调查委员会到西方电气公司所属的霍桑工厂,对两个继电器装配小组的女工进行工作场所照明、工间休息、点心供应等物质条件的变化与工人生产率关系的试验,目的是了解工作条件与生产率之间的直接因果关系。但试验没有取得什么进展。

哈佛大学心理学教授梅奥(Elfon Mayo)了解到上述情况后,对霍桑工厂已经进行的试验表示很感兴趣并愿意把这个试验进行下去。于是,1929年梅奥便带领哈佛的试验小组到霍桑工厂继续进行试验,直到1932年才结束。后来人们把从1924年到1932年的整个试验过程称作"霍桑试验"。

著名的霍桑试验

1.照明试验(1924—1927年)

这是霍桑试验的第一个阶段。照明试验以泰罗的科学管理为指导思想,研究照明情况对生产效率的影响。专家们选择了两个工作小组：一个为试验组，变换工作场所的照明强度，使工人在不同照明度下工作；另一个为对照组，工人在照明强度不变的条件下工作。两个小组被要求一切工作按照平时那样进行，而无须做任何额外的努力。试验组的照明度不断变化，而对照组的照明度始终不变。但最终的试验结果出人意料：两个小组的产量并没有因工作条件的变化而有较大的差异。而且，对试验组来说，当工程师们把工作场所的照明度一再降低时，工人的生产率并没有按预期的那样下降，反而上升了。这个试验表明，影响生产率的不是物质条件的变化，而是其他方面的因素，即心理因素和社会因素。

2.继电器装配试验（1927年8月—1928年4月）

这是霍桑试验的第二阶段。从这一阶段起，梅奥参加了试验。这个试验就是对6名装配电话的女工进行长时间的观察。梅奥等人为了测定工作条件、工作日长度、休息时间的次数和长度以及有关物质环境的其他因素对生产率的影响，进行了一系列的研究。随着这些研究工作的进行，他们发现，不管这些条件有多大变化，生产率仍然提高不大。更令人惊奇的是，当这些女工回复到原来的工作条件，每天工作时间更长、没有间歇休息、处于不良的环境时，她们的生产率却仍然继续增加。经过研究，梅奥等人认为其他因素对产量没有多大影响，而监督和指导方式的改善能促使工人改变工作态度、增加产量，于是决定进一步研究工人的工作态度和可能影响工人的工作态度的其他因素。

3.访谈研究（1928—1931年）

研究人员在上述试验的基础上进一步在全公司范围内进行访问和调查，参与的工人达2万人次。他们最初设想，如果工人的态度取决于他们对工作环境的喜爱或厌恶，那么改善环境就能提高他们的满意度或激发工作的积极性。研究者访谈的内容大多是有关管理方面的，如询问职工对管理条例或规章制度的看法等。在执行访谈计划的过程中，研究人员发现，职工对这类设计好的问题并不感兴趣，而更愿意宣泄他们对工厂的各种管理方法的不满。谈话使工人把这些不满都发泄了出来，因而变得心情舒畅。结果，虽然工人的劳动和工作条件并没有提高，但是工人普遍感到自己的处境比以前好多了，工作上的后顾之忧也少了，情绪得到了较好的调节，从而使产量大幅度上升。

4.观察研究（1931—1932年）

这是霍桑试验最后阶段的研究计划，是对工人的群体行为进行观察和记录。这个阶段的研究对象是14名电话线圈装配工。研究小组发现，该工作室大部分成员都故意自行限制产量，自己确定非正式标准。工人们一旦完成了自己认定的标准以后，即使还有时间和精力，他们也自动停止工作。因为他们认为，如果生产得太多，工厂可能会提高工作定额，这样就有可能使工作速度慢的人吃亏甚至失业。但是如果生产得太少，又会引起监工的不满。因此，他们就会制定一个非正式的产量标准，并运用群体的压力使每个人遵守这些标准。梅奥据此提出"非正式组织"的概念，认为在正式的工作组织中存在着一些自发形式的非正式的组织，它们具有既定的行动准则，对人们的行为起着调节和控制作用。

总之，梅奥领导的研究小组通过在霍桑工厂进行的这一系列试验，获得了大量的研究资料，为人际关系学说的形成以及后来行为科学的发展奠定了基础。

2.人际关系学说

梅奥对其领导的霍桑试验进行了总结，于1933年出版了《工业文明中人的问题》一书。在这本书中，他系统地提出了与古典管理理论不同的观点——人际关系学说，其主要内容包括以下几个方面：

（1）员工是社会人，而不是经济人。以前的管理把人看作经济人，认为金钱是刺激人们积极性的唯一动力。霍桑试验证明人是社会人，除了物质方面的条件外，他们还有社会、心理方面的需求。

（2）生产率的提高主要取决于工人的工作态度、士气以及他与周围人的关系，而工作条件、工资报酬等因素对促进生产率的提高只起次要作用。

（3）企业中存在着"非正式组织"。以前的管理只注意组织机构、职权划分、规章制度等"正式组织"的问题。霍桑试验发现除正式组织外，企业成员在共同的工作过程中还能形成"非正式组织"，并且可以与正式组织相互依存，对生产率产生重大影响。

3.行为科学的产生

梅奥的这些观点在泰罗的科学管理之外开辟了一个新的领域。从此，"人际关系学"的研究逐渐闻名于世，因而引起了更多的管理学者、专家对人的行为的研究，并且出现了行为科学。从这个意义上说，人际关系理论可以当作行为科学的开端。

行为科学正式出现于20世纪40年代末50年代初。主要是1949年在美国芝加哥大学召开的一次跨学科的讨论会上，大家都认为可以利用当时在自然科学和社会科学两个方面所取得的成果来研究人的行为，经过讨论将其提炼为一门学科，并正式把这门综合性极强的学科定名为"行为科学（behavior sciences）"。

行为科学在发展的后期主要集中在四个领域：有关人的需要、动机和激励问题，有关企业中人的个性问题，有关企业中的非正式组织以及人与人的相互关系问题，有关企业中领导方式的问题。

（二）马斯洛的需求层次理论

1.需求层次理论的提出

需求层次理论由美国犹太裔人本主义心理学家亚伯拉罕·马斯洛（Abraham Maslow）在1943年出版的《人类动机的理论》（*A Theory of Human Motivation Psychological Review*）一书中提出。该理论是研究组织激励（motivation）时应用最广泛的理论。这种理论的构成有三个基本假设：

（1）人要生存，他的需要能够影响他的行为。只有未满足的需要能够影响行为，满足了的需要不能充当激励工具。

（2）人的需要按重要性和层次性排成一定的次序，从基本的（如食物和住房）到复杂的（如自我实现）。

（3）当人的某一级的需要得到最低限度的满足后，才会追求高一级的需要，如此逐级上升，成为推动继续努力的内在动力。

2.需求层次理论的内涵

需求层次理论把需求分为生理需求、安全需求、社会需求、尊重需求和自我实现需求五类，依次由较低层次到较高层次（相关内容在第九章有论述）。

（三）赫茨伯格的双因素理论

1.双因素理论的提出

双因素理论（Two Factor Theory）又叫激励保健理论（Motivator-Hygiene Theory）、双

因素激励理论,是美国的行为科学家弗雷德里克·赫茨伯格(Fredrick Herzberg)提出来的。

20世纪50年代末期,赫茨伯格和他的助手们在美国匹兹堡地区对200名工程师、会计师进行了调查访问。访问主要围绕两个问题:在工作中,哪些事项是让他们感到满意的,并估计这种积极情绪会持续多长时间;又有哪些事项是让他们感到不满意的,并估计这种消极情绪持续会多长时间。赫茨伯格以对这些问题的回答为材料,着手去研究哪些事情使人们在工作中快乐和满足,哪些事情造成不愉快和不满足。结果他发现,使职工感到满意的都是属于工作本身或工作内容方面的;使职工感到不满意的,都是属于工作环境或工作关系方面的。他把前者叫作激励因素,把后者叫作保健因素。

2. 激励因素和保健因素的内涵

第一类因素是激励因素,包括工作本身、认可、成就和责任,这些因素涉及对工作的积极感情,又和工作本身的内容有关。这些积极感情和个人过去的成就、被人认可以及担负过的责任有关,它们的基础在于工作环境中持久的而不是短暂的成就。保健因素的满足对职工产生的效果类似于卫生保健对身体健康所起的作用。保健从人的环境中消除有害于健康的事物,它不能直接提高健康水平,但有预防疾病的效果;它不是治疗性的,而是预防性的。保健因素包括公司政策、管理措施、监督、人际关系、物质工作条件、工资、福利等。当这些因素恶化到人们认为可以接受的水平以下时,就会产生对工作的不满意。但是,当人们认为这些因素很好时,它只是消除了不满意,并不会导致积极的态度,这就形成了某种既不是满意、又不是不满意的中性状态。

第二类因素是保健因素,包括公司政策和管理、技术监督、薪水、工作条件以及人际关系等。这些因素涉及工作的消极因素,也与工作的氛围和环境有关。也就是说,对工作和工作本身而言,这些因素是外在的,而激励因素是内在的,或者说是与工作相联系的内在因素。

那些能带来积极态度、满意和激励作用的因素就叫作"激励因素",是能满足个人自我实现需要的因素,包括成就、赏识、挑战性的工作、增加的工作责任,以及成长和发展的机会。如果这些因素具备了,就能对人们产生更大的激励。从这个意义出发,赫茨伯格认为传统的激励假设,如工资刺激、人际关系的改善、提供良好的工作条件等,都不会产生更大的激励;它们能消除不满意,防止产生问题,但这些传统的"激励因素"即使达到最佳程度,也不会产生积极的激励。按照赫茨伯格的意见,管理当局应该认识到保健因素是必需的,不过它一旦使不满意中和以后,就不能产生更积极的效果。只有"激励因素"才能使人们有更好的工作成绩。

赫茨伯格及其同事以后又对各种专业性和非专业性的工业组织进行了多次调查,他们发现,由于调查对象和条件的不同,各种因素的归属有些差别,但总的来看,激励因素基本上都是属于工作本身或工作内容的,保健因素基本都是属于工作环境和工作关系的。但是,赫茨伯格注意到,激励因素和保健因素都有若干重叠现象,如赏识属于激励因素,基本上起积极作用;但当没有受到赏识时,又可能起消极作用,这时又表现为保健因素。工资是保健因素,但有时也能产生使职工满意的结果。从某种不同的角度来看,外在因素主要取决于正式组织(如薪水、公司政策和制度)。只有公司承认高绩效时,它们才是相应的报酬。诸如出色地完成任务的成就感之类的内在因素则在很大程度上属于个人的内心活动,组织政策只能产生间接的影响。例如,组织只有通过确定出色绩效的标准,才可能影响个人,使他们认为已经相当出色地完成了任务。

尽管激励因素通常与个人对他们工作的积极感情相联系,但有时也涉及消极感情。保健因素却几乎与积极感情无关,只会带来精神沮丧、脱离组织、缺勤等结果。成就的出现在令人满意的工作经历中超过40%,而在令人不满意的工作经历中则少于10%。

赫茨伯格的理论认为,满意和不满意并非共存于单一的连续体中,而是截然分开的,这种双重的连续体意味着一个人可以同时感到满意和不满意,它还暗示着工作条件和薪金等保健因素并不能影响人们对工作的满意程度,而只能影响对工作的不满意程度。

3.双因素理论的应用

根据赫茨伯格的理论,在调动员工积极性方面,可以分别采用以下两种基本做法:

(1)直接满足。直接满足又称为工作任务以内的满足。它是一个人通过工作所获得的满足,这种满足是通过工作本身和工作过程中人与人的关系得到的。它能使员工学习到新的知识和技能,产生兴趣和热情,使员工具有光荣感、责任心和成就感。因而可以使员工受到内在激励,产生极大的工作积极性。对于这种激励方法,管理者应该予以充分重视。这种激励的措施虽然有时所需的时间较长,但是员工的积极性一经激励起来,不仅可以提高生产效率,而且能够持久,所以管理者应该充分注意运用这种方法。

(2)间接满足。间接满足又称为工作任务以外的满足。这种满足不是从工作本身获得的,而是在工作以后获得的。如晋升、授衔、嘉奖或物质报酬和福利等,就都是在工作之后获得的。其中福利方面,诸如工资、奖金、食堂、托儿所、员工学校、俱乐部等,都属于间接满足。间接满足虽然也与员工所承担的工作有一定的联系,但它毕竟不是直接的,因而在调动员工积极性上往往有一定的局限性,常常会使员工感到与工作本身关系不大而满不在乎。研究者认为,这种满足虽然也能够显著地提高工作效率,但不容易持久,有时处理不好还会发生反作用。

双因素理论虽然产生于资本主义的企业管理,但具有一定的科学性。在实际工作中,借鉴这种理论来调动员工的积极性,不仅要充分注意保健因素,使员工不至于产生不满情绪,而且要注意利用激励因素去激发员工的工作热情,使其努力工作。如果只顾及保健因素,仅仅满足员工暂时没有什么意见,是很难创造出一流工作成绩的。

双因素理论还可以用来指导我们的绩效工资改革。奖励作为一种激励因素,在使用时必须与企业的效益或部门及个人的工作成绩挂起钩来。如果奖励不与部门及个人的工作业绩相联系,一味地"平均分配",久而久之,奖励就会变成保健因素,再多也起不了激励作用。

双因素理论的科学价值,不仅对搞好奖励工作具有一定的指导意义,而且对如何做好人的思想政治工作提供了有益的启示。既然在资本主义的管理理论和实践中,人们都没有单纯地追求物质刺激,那么在社会主义条件下,就更不应把调动员工积极性的希望只寄托于物质鼓励方面;既然工作上的满足与精神上的鼓励将会更有效地激发人的工作热情,那么在管理中,就应特别注意处理好物质鼓励与精神鼓励的关系,充分发挥精神鼓励的作用。

(四)麦格雷戈的 X-Y 理论

1.X-Y理论的提出

X理论和Y理论(Theory X and Theory Y)是管理学中关于人们工作原动力的理论,是由美国心理学家道格拉斯·麦格雷戈(Douglas McGregor)于1960年在其所著的《企业中人的方面》一书中提出来的。这是一对基于两种完全相反假设的理论,X理论认为人们有消极的工作原动力,而Y理论则认为人们有积极的工作原动力。

2.X-Y理论的内涵

X理论是麦格雷戈对把人的工作动机视为获得经济报酬的"实利人"的人性假设理论的

命名。主要观点是：

(1)人类本性懒惰,厌恶工作,尽可能逃避;

(2)绝大多数人没有雄心壮志,怕负责任,宁可被领导骂;

(3)多数人必须用强制办法乃至惩罚、威胁,使他们为达到组织目标而努力;

(4)激励只在生理和安全需要层次上起作用;

(5)绝大多数人只有极少的创造力。

因此企业管理的唯一激励办法,就是以经济报酬来激励生产,只要增加金钱奖励,便能取得更高的产量。所以这种理论特别重视满足职工生理及安全的需要,同时也很重视惩罚,认为惩罚是最有效的管理工具。麦格雷戈是以批评的态度对待 X 理论的,指出:传统的管理理论脱离现代化的政治、社会与经济来看人,是极为片面的。这种软硬兼施的管理办法,其后果是导致职工的敌视与反抗。

Y 理论是指将个人目标与组织目标融合的观点,与 X 理论相对立。Y 理论的主要观点是:

(1)一般人本性不是厌恶工作,如果给予适当的机会,人们喜欢工作,并渴望发挥其才能;

(2)多数人愿意对工作负责,寻求发挥能力的机会;

(3)能力的限制和惩罚不是使人去为组织目标而努力的唯一办法;

(4)激励在需要的各个层次上都起作用;

(5)想象力和创造力是人类广泛具有的。

因此,人是"自动人"。激励的办法是:扩大工作范围;尽可能把职工的工作安排得富有意义,并具挑战性;工作之后引起自豪,满足其自尊和自我实现的需要;使职工达到自我激励。只要启发内因,实行自我控制和自我指导,在条件适合的情况下就能实现组织目标与个人需要统一起来的最理想状态。

3.X-Y 理论的应用

X 理论把人的行为视为机器,需要外力作用才能产生;Y 理论把人视为一个有机的系统,其行为不但受外力影响,而且也受内力影响。这是两种截然不同的世界观、价值观。

Y 理论在近几十年中越来越受到管理者的重视和应用。日本推行的美国学者戴明的全面质量管理方法就是建立在 Y 理论的基础之上的。从表面上看,Y 理论和 X 理论是相互对立的,但实际上它们是同一个问题的两个侧面,而不是互不兼容的必选其一的对立关系,一味地强调一个方面显然是片面的。

莫尔斯和洛施在亚克龙工厂和卡默研究所同时进行 X 理论实验,他们用严格监督和控制的办法对工人进行管理,施加精神的、心理的和物质上的压力,期望激发职工的工作热情。结果工厂的生产效率提高了,而研究所的效率则下降了。他们又在史脱克领研究所和哈特福工厂同时进行了理论实验,为职工创造一切条件,为他们排除一切前进障碍,满足他们各种需求,以此来激励职工的积极性。实验结果正好与 X 理论的实验结果相反,研究所的工作效率提高了,而工厂的效率降低了。

根据以上两个实验的结果,莫尔斯和洛施提出了超 Y 理论。

(五)超 Y 理论

超 Y 理论是 1970 年由美国管理心理学家约翰·莫尔斯(J. J. Morse)和杰伊·洛施(J. W. Lorscn)根据"复杂人"的假定,提出的一种新的管理理论。它主要见于 1970 年《哈佛商业评论》杂志上发表的《超Y理论》一文和1974年出版的《组织及其他成员:权变法》一书中。该理论认为,没有什么一成不变的、普遍适用的最佳的管理方式,必须根据组织内外环境自变量和管理思想及管理技术等因变量之间的函数关系,灵活地采取相应的管理措施,管理方式要适合于工作性质、成员素质等。超Y理论在对X理论和Y理论进行实验分析比较后,提出一种既结合X理论和Y理论,又不同于X理论和Y理论的主张权宜应变的经营管理理论,实质上是要求将工作、组织、个人、环境等因素作最佳的配合。

(六)关于Z理论

日本学者威廉·大内在比较了日本企业和美国企业的不同的管理特点之后,参照X理论和Y理论提出了Z理论,将日本的企业文化管理加以归纳。Z理论强调管理中的文化特性主要由信任、微妙性和亲密性所组成。根据这种理论,管理者要对员工表示信任,而信任可以激励员工以真诚的态度对待企业、对待同事,为企业而忠心耿耿地工作。微妙性是指企业对员工的不同个性的了解,以便根据各自的个性和特长组成最佳搭档或团队,增强劳动率。亲密性强调个人感情的作用,提倡在员工之间应建立一种亲密和谐的伙伴关系,为了企业的目标而共同努力。

X理论和Y理论基本回答了员工管理的基本原则问题,Z理论将东方国度中的人文感情揉进了管理理论。我们可以将Z理论看作是对X理论和Y理论的一种补充和完善,在员工管理中根据企业的实际状况灵活掌握制度与人性、管制与自觉之间的关系,因地制宜地实施最符合企业利益和员工利益的管理方法。

四、现代管理理论的产生与发展(1950年以后)

第二次世界大战以后,随着社会生产力的发展以及系统论、控制论、信息论、电子计算机技术在管理领域中日益广泛的应用,西方管理理论的发展进入了现代管理理论时期。这一时期西方管理理论的一个最突出的特点就是学派林立,众说纷纭。对此,美国管理学家哈罗德·孔茨在《管理理论的丛林》中,用"管理理论的丛林"来描述西方现代管理理论的主要特点。

 材料阅读

孔茨的"管理理论丛林"

孔茨早期(20世纪60年代)在《管理理论的丛林》一文中,把西方现代管理理论分为六大派别。然而,20多年以后,孔茨发现这个"管理理论的丛林"似乎越来越茂密了。据孔茨的研究,到了20世纪80年代,有代表性的管理理论学派至少有十一个之多。为此,他又写了一篇名为"再论管理理论丛林"的文章,并对这十一大学派进行了概要的叙述。这十一大学派分别是:管理过程学派、经验主义学派、人际关系学派、社会系统学派、决策理论学派、管理理论学派(数理学派)、群体行为学派、系统管理学派、权变管理学派、管理角色学派、经营管理学派。

当代西方管理理论的学派很多,以下介绍其中比较重要的几个学派。

(一)社会系统学派

社会系统学派的创始人是美国的管理学家切斯特·巴纳德(Chester Barnard)。其代表作《经理的职能》一书被称为美国管理文献中的经典著作。

社会系统学派的基本观点是:组织是一个复杂的社会协作系统,应该用社会学的观点来分析和研究管理问题。在巴纳德看来,梅奥的人际关系学说研究的重点只是组织中人与人之间的关系,并没有研究个体与组织之间关系的协调问题,而组织是一个复杂的系统,要使系统有效运转,就必须协调好组织中的个人与组织之间的关系。可见,该学派的研究重点就是如何协调组织中的个人与集体的关系。

组织作为一个社会协作系统,不论其级别的高低和规模的大小,都包含三个基本要素:

(1)共同目标。这是组织的基本要素。如果有共同的目标,就可以统一决策,统一组织中各成员的行动;如果没有明确的共同目标,成员的协作意愿就无从产生。

(2)协作意愿。这是组织不可缺少的要素。协作意愿是指组织成员愿意为组织的目标做出贡献的意愿。如果没有协作意愿,就无法把个人的努力集中起来,也无法让个人的努力持续下去。巴纳德还认为,个人协作意愿的强度同组织规模的大小成反比关系:组织规模越大,成员的协作意愿越小;组织规模越小,成员的协作意愿就越大。

(3)信息沟通。组织的共同目标与个人的协作意愿只有通过信息沟通才能联系和统一起来。因此,组织内的信息沟通是实现组织目标的基础。

作为一个经理或管理人员,其基本的职能至少有以下三项:一是设定并解释组织目标;二是协调组织成员的行动;三是建立并维持一个信息联系系统。

(二)决策理论学派

决策理论学派的代表人物是著名的诺贝尔经济学奖获得者赫伯特·西蒙(Herbert A. Simon),他提出的行为决策观对现代管理理论做出了卓越的贡献。该学派认为决策是管理者的主要任务,因而应集中研究决策问题。其理论要点如下:

1.管理就是决策

西蒙认为,管理的全过程就是一个完整的决策过程。或者说,管理就是决策,决策贯穿于管理的各个方面和全部过程。

2.决策的阶段

西蒙认为,一个完整的决策过程可以相对划分为四个阶段。①搜集情报阶段:其任务是搜集和分析反映决策条件的信息;②拟订计划阶段:在情报活动的基础上设计和制订可能采用的行动方案;③选定计划阶段:从多个可能的方案中通过比较选择一个适宜的行动方案;④评价计划阶段:对已做出的计划和计划的执行情况进行审查和评价。

3.决策的准则

西蒙认为管理者具有"有限的理性",因而主张采用"满意准则",即认为管理者的理性是有局限的,由于在实际中的决策情况非常复杂,而管理者的判断力又受各种主客观条件限制,不可能认识在给定的情形下所有备选方案的各种可能结果。因此,管理人员应寻求简单的、还算满意的结果,而不是"最佳方案"。

4.程序化决策与非程序化决策

西蒙把一个组织的全部活动分为两类:一类是例行活动,这是一些重复出现的例行公事。因此,可以建立一定的程序,在这类活动重复出现时予以应用,不必每次都做新的决策。这类决策叫作程序化决策。另一类是非例行性活动,这类活动不是经常重复出现的,也不能用对待例行公事的办法来处理。有关这类活动的决策叫作非程序化决策。

(三)系统管理学派

系统管理学派认为,组织是由相互联系且共同作用的各个要素所组成的,所以,组织本身是一个系统。系统在一定的环境中生存,与环境进行物质、能量和信息的交换。可见,组织还是一个开放的系统,它与外界环境在不断地相互作用。它不断地接收外部资源的输入,通过转换过程把资源转换输出,输出又被反馈回系统,以便使系统在输入—转换—输出的过程中不断地进行自我调节,以获得自身的发展。

每个组织都包含一些必要的子系统。比如,按照组织的结构来划分,组织的子系统可以包括传感系统、信息处理系统、决策系统、加工系统、控制系统以及信息储存系统等;按照其内容,可以把组织的子系统分为目标子系统、技术子系统、工作子系统、结构子系统、人际社会子系统以及外界因素子系统等。对于管理者来说,要理解一个系统是如何工作的,首先要懂得其各个子系统是如何发挥作用的,以及每个子系统对整个系统的贡献。因此,管理者必须要有一个系统观念,当他们决定改变某一子系统时,将会对其子系统乃至整个系统产生怎样的影响。

总之,运用系统的观点来考察管理的基本职能,可以提高组织的整体效率。管理人员应该认识到,在组织中,没有一个管理者,没有一个部门或单位能独立于他人而存在,因此要特别注意防止为了自己局部利益的最大化而对其他领域产生负面影响。

(四)权变管理学派

权变即权宜应变,其含义是:在一种环境下所适宜的管理方式可能不适合于另一种环境,不存在一个普遍适用的、最好的方式,而只能"视情况而定"。所以,权变理论又被称为"情景理论"或"环境论"。

权变管理理论的核心内容就是环境变量与管理变量之间的函数关系。函数关系就是作为因变量的管理随环境自变量的变化而变化。所以,这种函数关系可以解释为"如果—就要"的关系,即"如果"某种环境存在或发生,"就要"采用某种相应的管理思想、管理方法和技术,以有效地实现组织目标。比如,在经济衰退时期,由于企业面临的市场环境是供大于求,那么集权的组织结构可能更为合适;在经济繁荣时期,由于企业面临的市场环境是供不应求,分权的组织结构可能更为合适。

测试题

权变管理理论是20世纪70年代在美国兴起的管理学理论中的一种流派。该理论侧重于在实际的管理过程中寻求事物的基本关系,主张因人、因事、因目标需要、因国情等的不同而采取不同的管理方法,做到对症下药。

权变管理理论是一种管理上的新理念,它所倡导的权宜应变的思想,适应了社会、经济、科技、政治等组织环境复杂多变对管理的要求。因此,与其他管理学派相比,它对管理实践具有较强的指导意义。例如,它可以帮助管理者提出适用于某些环境和技术条件的组织设计方案,也可以帮助管理者确定适宜的领导风格,甚至可以告诉我们为什么要在不同的文化背景下采取不同的管理模式。

本章主要介绍的是管理理论的产生和发展,重点是现代管理理论的演进。首先介绍了早期的管理思想。这一时期的主要代表人物及其管理思想分别是:亚当·斯密的劳动分工理论和"经济人"观点;查尔斯·巴贝奇所提出的劳动分工、用科学方法有效地使用设备和原料等观点。在他们之后,泰罗开创科学管理理论时代,法约尔和韦伯分别从组织和社会两个不同的角度提出了古典管理理论,使管理学真正成为一门科学。梅奥以他的霍桑试验提出了"社会人"的观点,并发展成为人际关系学说,进而使其成为行为科学发展的开端。从此以后,出现了许多相互交叉又相对独立的现代管理学学派,形成了"管理理论的丛林"。本章主要介绍了这个"丛林"中的几个主要学派,分别是社会系统学派、决策理论学派、系统管理学派以及权变管理学派。

思考与练习

思考题答案

一、名词解释

标准化管理   例外原则

二、单项选择题

1.泰罗之所以被西方管理学界称为"科学管理之父",是因为泰罗(   )。

A.认为人是"经济人"   B.将科学的方法引入到管理领域

C.实行"合理的日工作量"制度   D.推行差别计件工资制

2.法约尔是古典组织理论的创始人,他提出过著名的管理五大职能,在计划、组织、领导、控制四个职能中,(   )职能是法约尔没有提到的。

A.计划   B.组织   C.控制   D.领导

3.(   )提出了重视管理中人的因素。

A.铁锹实验   B.金属切削实验   C.霍桑试验   D.搬运生铁试验

4.X理论管理采用的是(   )政策。

A.土豆加牛肉   B.胡萝卜加大棒   C.大棒   D.胡萝卜

三、多项选择题

1.古典管理理论是指(   )。

A.双因素理论   B.人际关系理论   C.一般管理理论   D.需求层次理论

E.行政组织理论

2.古典管理理论的代表人物有(   )。

A.梅奥   B.韦伯   C.德鲁克   D.马斯洛

E.法约尔

3.下面属于法约尔提出的企业基本活动的是(   )。

A.技术活动　　　B.商业活动　　　C.财务活动　　　D.会计活动
E.管理活动

4.社会系统学派认为,组织作为一个社会协作系统,不论其级别的高低和规模的大小,都包含以下基本要素(　　　)。

A.标准化管理　　B.共同目标　　　C.协作意愿　　　D.信息沟通
E.例外管理

四、判断题

1. 1911年泰罗出版《科学管理的原理与方法》一书,标志着管理学的创立和企业管理学的诞生。　　　　　　　　　　　　　　　　　　　　　　　　(　　)

2.法约尔认为任何企业都存在着技术、商业、财务、案例、会计、管理等六种职能。

(　　)

3.霍桑试验的结论中,认为人是"社会人"。　　　　　　　　　　　(　　)

4.持Y理论的管理者认为,对员工必须采用强制、惩罚、解雇等手段来迫使他们工作。

(　　)

五、简答题

1.简述亚当·斯密的管理思想。
2.简述人际关系学说的主要内容。
3.你如何理解"管理理论的丛林"这种提法?
4.根据西蒙对程序化决策与非程序化决策的划分,工厂的进料、产品验收、出厂等决策属于哪种类型的决策? 开发新产品或开辟新市场等决策又属于哪种类型的决策?

 案例分析

对ABC公司领导类型的调查

ABC公司是一家中等规模的汽车配件生产集团。最近,有关人员对该公司的三个重要部门经理进行了一次有关领导类型的调查。

一、安西尔

安西尔对本部门的产出感到自豪。他总是强调对生产过程、出产量控制的必要性,坚持下属人员必须很好地执行生产指令以得到迅速、完整、准确的反馈。安西尔遇到小问题时,会放手交给下级去处理;当问题很严重时,他则委派几个有能力的下属人员去解决。通常情况下,他只是大致规定下属人员的工作方针、完成怎样的报告及完成期限。安西尔认为只有这样才能更好地合作,避免重复工作。

安西尔认为对下属人员采取敬而远之的态度对一个经理来说是最好的行为方式,所谓的"亲密无间"会松懈纪律。

所以安西尔说,在管理中的最大问题是下级不愿意承担责任。他讲到,他的下属人员可

以有机会做许多事情,但他们并不是很努力地去做。

他表示不能理解以前他的下属人员如何能与一个毫无能力的前任经理相处,他说他的上司对他们现在的工作运转情况非常满意。

二、鲍勃

鲍勃认为每个员工都有人权,他偏重于管理者有义务和责任去满足员工需要的学说。他常为他的员工做一些小事,如给员工两张下个月举行的艺术展览的入场券。他认为,每张门票才 15 美元,但对员工和他的妻子来说这张票的价值远远超过 15 美元。这种方式也是对员工过去几个月工作的肯定。

鲍勃说,他每天都要到工厂去一趟,与至少 25％的员工交谈。鲍勃不愿意为难别人,他认为艾的管理方式过于死板,艾的员工也许并不那么满意,但除了忍耐别无他法。

鲍勃说,他已经意识到在管理中有不利因素,但大都是由于生产压力造成的。他的想法是以一个友好、粗线条的管理方式对待员工。他承认他领导的部门尽管在生产率上不如其他单位,但他相信他的雇员有高度的忠诚与士气,并坚持他们会因他的开明领导而努力工作。

三、查里

查里说他面临的基本问题是与其他部门的职责分工不清。他认为不论是否属于他们的任务都安排在他的部门,似乎上级并不清楚这些工作应该由谁做。

查里承认他没有提出异议,他说这样做会使其他部门的经理产生反感。他们把查里看成是朋友,而查里不这样认为。

查里说过去在不平等的分工会议上,他感到很窘迫,但现在适应了,其他部门的领导也不以为然了。

查里认为纪律就是使每个员工不停地工作,预防各种问题的发生。他认为作为一个好的管理者,没有时间像鲍勃那样握紧每一个员工的手,告诉他们正在从事一项伟大的工作。他相信如果一个经理声称为了决定将来的提薪与晋职而对员工的工作进行考核,那么,员工则会更多地考虑他们自己,由此而产生很多问题。

他主张,一旦给一个员工分配了工作,就让他以自己的方式去做,取消工作检查。他相信大多数员工知道自己把工作做得怎么样。

如果说存在问题,那就是他的工作范围和职责在生产过程中发生的混淆。查理的确希望公司领导叫他到办公室听听他对某些工作的意见,然而,他并不能保证这样做不会引起风波而使情况有所改变。他说他正在考虑这些问题。

(资料来源:中国企业文化网,http:∥www.sinoec.net/,有删改)

案例思考题:

1. 你认为这三个部门经理各采取了什么领导方式?试预测这些模式分别会产生什么结果。

2. 是否每一种领导方式在特定的环境下都有效?为什么?

第三章　管理理论的创新与发展

学习目标

1. 了解管理理论创新的内容;
2. 了解管理理论的最新形式;
3. 掌握管理理论创新的几种模式;
4. 了解中国特色管理学及其理论体系的构建和创新。

能力目标

1. 熟悉管理创新的最新形式即企业流程再造;
2. 熟练运用几种管理理论创新模式改造传统理论。

引入案例

春兰的创新型矩阵管理

在"第八届中国机械行业企业管理现代化创新成果奖"颁奖大会上,"春兰创新型矩阵管理"夺得 1949 年以来我国企业管理领域评选的唯一特等奖。

春兰的创新型矩阵管理有一个"16 字方针",主要内容是"横向立法、纵向运行、资源共享、合成作战"。该方针的前 8 个字重点解决集团和产业公司集权与分权的矛盾,力求放而不乱,提高运行效率。"纵向运行"指保留"扁平化"按产业公司运行的特点,以产业为纵向;"横向立法"是指针对原来管理有所失控的问题,将集团的法律、人力、投资、财务、信息等部门划为横向部门,负责制定运行的规则,并依据规则对纵向运行部门实施监管。这样一来,横向部门"立法"并监管,纵向部门依然大权在握,能充分发挥主观能动性和积极性,不过是在"法"定的圈子里,要依"法"运行。"16 字方针"中的后 8 个字,重点解决原来资源不能共享的问题。把横向职能部门划分为 A 系列和 B 系列,制定运行规则,"立法"的是横向中的 A 系列;B 系列则负责实现对春兰内部资源的共享,为产业公司提供专家支持和优质服务。比如春兰的有关法律事务的管理体系是这样的:在公司总部设一名法律副总裁,分管法律事务工作,对首席执行官负责;集团下设法务处,在法律副总裁的领导下,具体实施对集团所属各子公司法务工作的指导和管理;集团所属子公司根据工作需要设立法务部门,在子公司负责人领导下开展本单位的法务工作,业务上接受集团公司法务处的指导和管理。按照原先的运行制度,48 个部门都需要律师。根据矩阵管理模式,现在只设立一个法律顾问组,为集团所有部门使用，大大节约了管理成本，而且易于规范化。

对创新型矩阵管理的评述如下：

（1）新的矩阵管理具有良好的前瞻性和可扩展性。春兰在不断发展，不断进入新的产品领域和竞争领域，同时也可能退出一些经营不好的领域。公司需要一种易于扩展的组织模式，以避免每次随经营范围调整而引致的结构调整使企业伤筋动骨。矩阵结构可以很容易、迅速地以产品事业部的形式扩充新的建制，也容易退出经营不好的领域，而不必对整体架构做出调整。

（2）创新型矩阵结构具有灵活性。例如，面向产品市场设计的组织架构有强烈的市场导向意识，不同的产品进入不同的市场，采用不同的销售方式，或直销，或分销，或实行代理制，或OEM（代工）、ODM（贴牌）。每个产品事业部都可以根据市场特点确定不同的产品策略、定价策略、市场推进策略，有效避免了产品策略的一般化、简单化，收到了更好的市场效果。

（3）春兰矩阵结构有利于步调一致，针对同样的情况采取统一的策略。创新型矩阵管理强调资源共享和合作，提高了资源利用效率，形成了整体合力。但是春兰的矩阵管理仅仅将重点放在了剖析组织上，而忽视了生理学和心理学。著名管理学家曾对类似于春兰的矩阵式管理提出建议，首要的目标是从改变组织的心态入手，才能通过在传统机构中改变组织的构造，巩固和夯实企业管理。

（资料来源：创新中国网，http：//www.chuangxinzhe.com，有删改）

案例思考题：

1.春兰的创新型矩阵管理的"16字方针"代表了什么意思？

2.创新型矩阵结构具有哪些灵活性？

面对经济全球化、信息化和技术的快速发展，在复杂、变革、不确定的环境下，管理只有不断创新，企业才能跟上时代的步伐，才能保持持续的竞争优势。

第一节　管理理论创新概述

阅读思考

一、管理理论的新突破

上一章介绍了科学管理理论及古典管理理论，而诸如"行为科学""系统与权变"等理论在传统管理理论的基础上，都突破了原有的框框，使管理理论在不同阶段都有不同的创新。具体地讲，管理理论的突破与创新主要表现在以下四个方面：

1.人的观念上的突破

从泰罗的"科学管理理论"到法约尔与韦伯的"古典管理理论"（也即"传统管理"）都将人看作"经济人"；行为科学将人看作"社会人"；系统与权变理论则把人看作"复杂人"，认为人是怀着不同需要加入组织的，而且人们有不同的需要类型，不同的人对管理方式的要求也是不同的。

2.管理的范围及组织要素上的突破

"传统管理"理论主要强调计划与控制方面，涉及的主要要素是技术、组织机构和信息；

行为科学的范围主要是组织活动中的人际关系,包括了个人和团体,所涉及的组织要素主要是人、组织机构和信息;系统与权变理论适用的管理范围是组织的整个投入—产出过程,涉及组织的所有要素。

3.管理方法与手段上的突破

"传统管理"多用一些自然科学的方法,采取逻辑与理性的分析,准确衡量等手段;行为科学多用取自社会科学的方法,采用影响、激励、协调等手段来诱发绩效;系统与权变理论则综合自然科学与社会科学的各种方法,运用系统与权变的观点,采取管理态度、管理变革、管理信息等手段使组织的各项活动一体化,进而实现组织的目标。

4.管理目的上的突破

"传统管理"追求的首先是最大限度的生产率,其次是最大限度的满意;行为科学的管理目的则相反;系统与权变理论追求的不是最大,而是满意或适宜,并且是生产率与满意并重,或利润与人的满意并重,不存在谁先谁后的问题。

综上所述,"行为科学""系统与权变"理论等作为一种管理理论的创新,都对管理理论的发展做出了巨大的贡献。

二、管理创新的含义与背景

(一)管理创新的含义

创新是管理的一个永恒主题。美国经济学家熊彼特在《经济发展理论》一书中提出了管理创新的概念。按照他的定义,创新是指"企业家实行对生产要素的新的结合",它涉及人类的各种活动,包括观念与思维方式创新、制度与体制创新、管理模式创新、技术与知识创新、产品创新、市场创新等,由此构成了具体的管理创新体系。创新正日益成为企业生存与发展的不竭源泉和动力。在激烈的全球竞争环境中,企业要想取得成功,就必须在先进理念的指导下,创造出新的产品和服务,并采用最先进的技术。

对于管理创新内涵的理解是:以价值增加为目标,以培育和增强核心能力、提高核心竞争力为中心,以战略为导向,以各创新要素(如技术、组织、市场、战略、管理、文化、制度等)的协同创新为手段,通过有效的创新管理机制、方法和工具,力求做到人人创新,事事创新,时时创新,处处创新,具体包括技术创新、战略创新、市场创新、管理创新、组织创新、观念与文化创新、制度创新、协同创新。

(二)管理创新的背景

首先,随着知识经济时代的来临,越来越多的企业发现,仅有良好的生产效率、足够高的质量甚至灵活性已不足以保持市场竞争优势。管理创新正日益成为企业生存与发展的不竭源泉和动力。

其次,环境的动荡、竞争的激烈和顾客需求的变化都需要企业进行全方位的竞争,比竞争对手以更快的速度响应顾客全方位的需求,这就不仅要求企业技术创新,而且必须以此为中心进行全面、系统、持续的创新。

再次,国外的许多创新型企业,如微软、惠普、3M、三星等,以及我国少数领先企业,如海尔、宝钢等,都已开始了转向创新管理新范式的实践探索。例如,韩国三星近年来实施TPI/TPM(全员劳动生产率创新/管理),使得自身有了脱胎换骨的变化;宝钢近年来开展了"全员创新"的实践,取得了良好效果。

最后,中国正在迎来"大众创业、万众创新"的时代巨变。2015年3月15日,在十二届全国人大三次会议上,国务院总理李克强发出了"大众创业、万众创新"的重大改革信号,预示着"大众创业、万众创新"将迎来千载难逢的新时代。人们生活在一个创新的时代之中,技术和思想的碰撞或许成为一个区域或者一个国家前所未有的核心价值力量。以互联网作为接口,每一次与行业的融合都带来了要素的新的组合与集聚,新材料、新能源技术颠覆了传统生产模式,航空航天以及新交通技术大大拓展着人类的空间,人们的生活方式和生活体验因创新发生着深刻变革,由此带来的巨大消费需求已形成了体量难以估计的市场,新的产品形态、新的商业模式甚至新的思想理论都将在这场裂变中形成喷涌之势。

在这种大背景下,管理创新越来越被人们所重视。

三、管理创新的内容

1. 管理理念创新

人的创新行为是受其思想理念支配的,因此一切的创新均源于理念的创新。管理理念创新在整个创新体系中起着非常重要的作用。具体来说,管理理念创新包括以下三个方面的内容:

(1)服务型管理理念。当劳动者和劳动对象在知识社会中已获得改变后,便会对管理者在组织结构中的角色定位提出新的要求。管理者的职责在于确定企业发展方向,同时能够不断地给组织和员工提供完成工作所需的资源,而不是给已经能够完全独立工作的员工施加太大的压力。

(2)学习型管理理念。知识经济要求企业更加重视知识积累和更新。通过学习型管理,构建"学习是工作、工作是学习"的新型教育模式,为员工的终身教育、不断获取新知识提供环境支持,并逐步将企业培育成学习型组织。

(3)团队型管理理念。有效的团队事实上是组织结构的最大精简。在一些集团组织中,各成员公司与集团中心之间相互依存,其整个组织结构更具弹性,并随着市场环境的变化而变化,与市场保持持续的平衡。

2. 管理理论创新

知识经济时代对传统的管理理论提出了严峻的挑战。从企业管理的角度来看,企业组织结构向分散化、虚拟化和智能化发展,而这种结构的管理将更加复杂。组织结构的分散化要求加强管理协调与合作,管理的概念与对象也发生了变化;与此同时,随着经济全球化、信息网络化、市场国际化的形成,企业的界限逐渐模糊。凡此种种,在知识经济条件下,都促使企业管理在理论与实践的结合上不断创新。

3. 管理内容创新

企业的经营管理包括对人、财、物、产、供、销、科技、信息、时间以及企业制度的管理等。随着企业逐步成为学习型组织、知识型企业,企业的组织与管理都将被赋予新的内容,形成新的变化。在知识经济中,人的知识、智能的作用日趋显现,人本管理、能本管理、知本管理思想在知识经济时代将得以充分体现,通过人力资源开发和人力资本经营,充分发挥知识型管理者、知识型员工在创新活动中的作用,从而实现对生产制造、质量管理、市场营销、财务成本管理、会计核算、物流配送等管理的发展,进而推动企业管理去适应新形势下瞬息万变的竞争需要。

4.企业的技术创新与营销创新

企业的技术创新是为了满足顾客和消费者不断变化的需求,从而提高竞争优势。创新的范围基本可概括为产品创新、工艺创新、市场开拓创新、开发利用新的资源、组织和管理创新五个方面。显然,技术创新是企业技术进步的具体化过程,通过新产品、新工艺和新服务的创新与改进,新资源的开发与利用,新生产方式的建立与运行,实现企业竞争能力的提高。事实上,企业生存和发展就是围绕市场通过不断的技术创新来实现的。

最新管理创新——企业流程再造

企业流程再造(reengineering)也译为"公司再造"。它是1993年开始在美国出现的关于企业经营管理方式的一种新的理论和方法。"企业流程再造"简单地说就是以工作流程为中心,重新设计企业的经营、管理及运作方式。按照该理论的创始人、原美国麻省理工学院教授迈克·哈默(M. Hammer)与詹姆斯·钱皮(J. Champy)的定义,再造工程是指"为了飞越性地改善成本、质量、服务、速度等重大的现代企业的运营基准,对工作流程(business process)进行根本性重新思考并彻底改革",也就是说,"从头改变,重新设计"。为了能够适应新的世界竞争环境,企业必须摒弃已成惯例的运营模式和工作方法,以工作流程为中心,重新设计企业的经营、管理及运营方式。

企业流程再造的基本思想包括以下几个方面:

1.以作业流程为中心

根据哈默的定义,再造工程是从根本上对企业原有的业务流程进行重新考虑和重新设计,特别是要集中精力于那些能产生最大效益的流程,即作业流程,而不是从企业的部门或其他组织单位入手。

2.以顾客满意为导向

从顾客满意做起,是企业流程再造的一大特征。从世界范围看,20世纪80年代以来,销售者—顾客关系中的决定性力量已经发生了转移,销售者不再占上风,顾客开始起决定性作用,如果不了解这一重大变化,企业在激烈的市场竞争中必然失败。因此,再造工程强调以顾客的需求来决定公司业务的内容,对业务流程进行彻底更新,通过调整、信息反馈、全员参与等持续性改善使企业始终获得战略主导地位。

3.以组织扁平化为特征

实践证明,企业实施再造工程必然从传统的以职能为中心、以控制为导向、层次重叠的机械组织结构转变为以过程为中心、以顾客为导向、层次扁平的有机式组织结构形态。这样控制幅度增大,中间管理层次减少,管理成本大为降低,继而组织的个性也发生变化,向自主管理的组织迈进,一方面增强了组织的应变能力,以适应顾客需求的变化;另一方面使员工的责任感增强,从中获得更高的满足感和成就感。

4.以信息技术为手段

企业再造的实现和完成离不开信息技术的完善和发展。新的业务流程、新的管理思想和新的组织形式都是在信息技术应用的基础上得以实现的。福特公司之所以能够极大地提高财会部人员的工作效率,关键在于有关在线数据库的应用,彻底地改变了传统的处理应付账款的方式,实现了工作效率的飞跃。

四、管理创新给企业带来的变化

工业经济时代的管理重点是如何增加生产,加快流通和销售。在创新时代,知识管理将成为推动全球经济前进的重要动力,提高知识的生产力和创新能力将成为管理的核心。创新对企业管理的影响可以从以下几个方面来理解:

1.企业管理观念的转变

知识经济时代经济的增长不再过分依赖于经济资源,而更加取决于知识资源。知识资源具有复制性、反复消费性及在使用中不会引起边际报酬递减三个特征。这些特征以及知识资源对经济增长所起的巨大作用将对企业管理提出新的课题。在传统管理中,基本上是人异化为物的管理,人的主动性遭到压制。知识经济条件下,企业对工作时间和地点的要求可能不再那么统一,工作中的弹性加大,如有的公司实行按个人方便的时间上下班,一些知识性企业上下班的时间、地点和工作的界限越来越不像过去那么清晰,在美国甚至出现了一大批 SOHO(Small Office & Home Office)族,他们可以灵活地安排自己工作的方式与时间。管理者必须营造一种使企业员工自愿地交流与共享知识,开发与利用企业的知识资源去创新的环境。

2.企业生产方式的转变

企业不再把传统工业经济时代沿袭下来的速度、数量、产值作为追求的目标,不再只注重以往的流水线、节拍等严密的分工组织形式和工艺流程,而是重视人的主观能动性、独立性、创造性。虚拟企业、网上经营等新的组织及管理模式正在冲击着传统的企业生产管理方式。知识和信息在生产中的应用产生了许多诸如计算机辅助、计算机辅助制造系统等一系列发展方向。

3.企业经营方式的转变

国际互联网浪潮冲击着人类社会的方方面面,它使用的广泛性及信息传输的方便快捷等优点,使得其在企业经营上具有巨大的应用价值。特别是电子商务的发展将形成新的交换体制,将冲破时空的限制,构架新的市场规则。在互联网这个全新的平台上如何开展企业经营活动,已成为企业面临的重大课题。

4.企业组织和运行形式的转变

企业根据市场的需求和自身的竞争优势与劣势,借用企业外部的力量,将可利用的企业外部资源与内部资源整合在一起虚拟运行,是知识经济时代企业组织形式的一个发展趋势。企业虚拟化的目的是增强企业竞争优势,提高企业竞争力。虚拟运作的类型包括:

(1)人员虚拟。打破传统的组织界限,通过多种方式借"力"引"智",外部人力资源与自身的资源相结合,以弥补自身智力资源的不足。

(2)功能虚拟。借助于外部的具有优势的某一方面功能资源与自身资源相结合,以弥补自身某一方面功能的不足。其主要形式有虚拟生产、虚拟营销、虚拟储运和虚拟广告设计等。

(3)企业虚拟。彼此实施合作竞争战略的有共同目标的多个企业间结成战略联盟,为共同创造产品或提供服务、共同开创市场而实施全方位的合作。企业战略管理是企业顺应环境变化,将本身资源优势与企业外部环境相结合,以实现企业经营目标、履行企业使命的重要途径与手段。

五、创新与管理现代化

进入21世纪,由于科学技术特别是电子信息技术的发展与运用,迫切要求企业实行现代化管理。因为没有管理现代化,高新技术就不可能带来应有的高效率和高效益,也不可能有管理理论的创新与发展,所以,首先必须要实现管理的现代化。

1.管理思想要现代化

管理思想的现代化就是要把企业看作自主经营、自负盈亏的市场竞争主体,树立市场观念、竞争观念、效益观念、金融观念、时间和信息观念、人才开发观念以及战略观念等。具体地说,21世纪管理思想的发展趋势主要表现在以下几个方面:

(1)由务实性管理趋向于虚实结合管理,甚至更注重务虚性管理。制度、纪律、体制、组织等务实性管理依然重要,必须建立健全一整套正规的秩序,但企业士气、员工素质、领导作用、企业价值观、人才观念等方面的务虚性管理将更加重要。

(2)由以物为中心趋向于以人为中心,再趋向于系统管理。在管理中充分考虑外部环境因素,根据企业经营目标,以物为载体,以人为中心,开展全方位的管理工作。

(3)由以生产管理为重点趋向于以经营管理为重点,再趋向于以资本管理、知识管理、信息管理为重点。满足需求、创造需求、一切旨在使顾客满意已成为管理思想的重点。

2.管理人员要专业化

管理专业化主要是指管理人员的专业化。这包括企业的各部门要由专家来管理,即“内行”来领导,同时也包括管理人员要具备系统、实用的现代管理知识。管理专业化在不同的国家有不同的表现形式,呈现出不同的特色。

3.管理方法要系统化

管理方法系统化就是把系统分析方法应用于企业生产经营管理,把复杂的生产经营问题条理化和系统化,为企业管理人员全面地理解问题和解决问题提供模式和方案。

4.管理手段要技术化

管理手段技术化是科学技术越来越深入地应用于管理领域的必然结果,它集中地体现为各种管理技术在管理过程中的广泛运用。管理技术是在管理中应用的各种现代数学方法、定量化管理方法和先进技术手段的统称。管理技术的最主要的特点就是以现代科学理论为依据、以现代科学技术为基础的技术体系。它是系统论、信息论和控制论、系统工程、行为科学以及计算机科学技术等学科的原理、技术和方法在管理活动中的具体运用。

5.管理决策要智能化

在由工业经济时代向知识经济时代过渡的过程中,企业各种决策的制定都需要通过智能技术。只有开发智力,才能将科学技术转化为直接的生产力。这里需要指出的是,智能化管理不仅是以电子计算机为主体的高科技在管理中的广泛应用,而且是大多数管理者以较高的智慧、较高的思维水平和较高的谋略能力来经营和管理企业的一种高质量的管理。

6.管理过程要规范化

管理规范化是21世纪的一个世界性课题,“世界500强”就强在管理规范化。它们家家都有管理操作规范文本,这些文本少则几百页,多则数千页,对其战略、市场营销、生产作业、新产品开发、财务、人力资源、决策等方面的管理工作,基本都规范化了。由于实行规范化管理,极大部分管理工作成为常规,有条不紊,省力高效。管理学泰斗彼得·德鲁克指出,20世纪管理学最伟大的贡献是管理者对被管理者——工人的体力劳动的规范化,工人的劳动生产率提高了50倍。管理学在21世纪面临的最大的挑战是提高管理者的管理工作的劳动生产率。管理规范化是管理者对自己的管理工作的规范化,是亟待解决的高级阶段的课题。

第二节　管理模式创新

在理论创新的发展和全球经济一体化的冲击下,企业将彻底改变传统经济社会处理问题的方式,采用新的管理模式进行管理方法的革命。创新型的管理模式很多,这里只介绍几种比较常见的或比较重要的管理模式。

一、柔性化模式的创新

柔性即灵活性,是现代企业为适应日益激烈的全球竞争和飞速革新的技术革命而对企业内部进行重建管理的途径。20世纪80年代以后,柔性化管理模式逐步被企业所接受。柔性化管理模式的主要特点就是实行小批量、多品种生产,对顾客需求迅速做出反应,并利用电脑技术调整生产线,降低成本。

1. 一切以适应顾客的需求为前提

在过去很长的时间里商务意味着标准化产品的大批量生产和大批量分销。企业家以其规模经济向同一化的市场传递同一价值观来创造财富。可是,消费市场经历了较长时间的供过于求之后日益成熟起来,消费者对于产品的鉴别和认识能力逐步提高。千篇一律的规格和样式不能满足消费者个性化的需求,产品的生命周期也变得越来越短,新产品和消费者的需求像时装流行色一样不稳定。在这种情况下,许多学者提出了"定制化"的概念,即企业根据具体客户的要求设计、生产和分销产品。

2. 一切以员工第一为根本

柔性化管理本质上是一种以人为本的管理。现代市场经济中,企业要使顾客满意,首先要以员工满意作为基础和前提。许多企业因此宣称其企业宗旨是"员工第一、顾客第二、股东第三"。为了实现柔性生产,使企业保持高效、灵活的反应能力,企业应当激发员工的责任感,调动他们的积极性和创造精神,使他们保持较高的工作热情,为企业不断创造新的价值。

3. 以不同的需要进行不同的管理

从生产的角度来说,柔性管理就是企业向其用户提供广泛系列的产品。柔性从战略角度考虑有四种基本类型:混合柔性、新产品柔性、产量柔性和交货时间柔性。所有其他类型的柔性都是这四种基本类型的变种。

(1)混合柔性——一般可以用一个生产体系在任何一个时间点上生产产品种类的数量来衡量。高度的混合柔性意味着开辟生产范围较宽的产品线,同时也带来更大的市场份额。

(2)新产品柔性——新产品推出的速度。该柔性用从最早的产品设计阶段到可出售的第一批产品的生产运行的时间来衡量,越短的时间意味着越高的新产品柔性。

(3)产量柔性——在不损害效率和质量的前提下改变生产量的能力。

(4)交货时间柔性——企业的交货速度,即从接到顾客订单到新产品发送到顾客手中的时间长短。

 **材料阅读**

上海通用的柔性化生产

在上海通用汽车的发展历程中,柔性化管理已经成为一道亮丽的风景。目前,中国几乎所有的汽车工厂都采用一个车型、一个平台、一条流水线、一个厂房的制造方式,唯有上海通用是另类。上海通用最多可以在一条线上共线生产四种不同平台的车型。这种生产方式就是"柔性化"生产方式,它在国内汽车企业里是绝无仅有的。柔性化生产能为厂家和消费者直接带来时间和金钱。上海通用的别克GS、别克赛欧就是很好的证明。

上海通用以柔性化生产线为基础。严格而规范的采购系统,科学而严密的物流配送系统,以市场为导向的高度柔性化的精益生产系统以及以客户为中心的客户关系管理共同构成了其柔性化生产管理的支撑体系,使上海通用成为GM(通用公司)全球范围内柔性最强的生产厂家,成为企业柔性化管理的经典范例。

二、团队型模式的创新

如今,现代管理越来越注重团队这一概念,管理专家建议重新构建组织,以便利团队工作,领导者也向组织阐述团队工作方法的好处和重要性。20世纪90年代以来,经营管理方面的流行术语是组织文化(Organizational Culture),现在团队工作(Team Working)则成了管理界推崇的理念,有趋势表明,过去统治整个世界几百年的科层制将在不远的将来消失,代之而行的是以团队为基础的工作模式。因此可以预言:以团队为基础的组织必将繁荣于21世纪。

团队就是由一群不同背景、不同技能、不同部门的人所组成的一种特殊类型的群体,它以成员高度的互补性、知识技能的跨职能性和信息的差异性为特征。

(一)团队型管理模式的优越性

(1)团队能把互补的技能和经验带到一起,这些技能和经验超过了团队中任何个人的技能和经验,使得团队能够在更大的范围内应付多方面的挑战。

(2)和个人相比,团队能够获得更多、更有效的信息。目前环境变化得越来越快,需要组织掌握更多有效的信息以做出决策。在团队形成自身目标和目的的过程中,团队的运作方式能建立起解决问题和提出倡议的交流方式。团队对待变化中的事物和需求是灵活而敏感的。因此,团队能用比个人更为快速、准确和有效的方法扩大大型组织的联系网,根据新的信息和挑战调整自己的方法。随着市场变化的加剧和产品的不确定性,这种交流的重要性在组织中体现得越来越明显,使得团队开发成为必要和可能。

(3)团队方式为管理工作的提高和业绩的取得提供了新的途径。在加入团队的人们努力工作克服阻碍之前,真正的团队是得不到发展的。通过共同克服这些障碍,团队中的人们对相互的能力建立起了信任和信心,也相互加强了共同追求高于和超乎个人和职能工作之上的团队目的的愿望。克服障碍,取得业绩,这就是使分组的人们成为团队的原因。工作的意义和努力都使团队深化,直至团队的业绩最终成为对团队自身的奖励。

(4)在团队中工作具有更大的乐趣,而这种乐趣往往与团队的业绩是一致的。团队中的成员经常会在一起分享他们工作和生活的喜悦,这也在一定程度上支持了团队的业绩发展。我们也总能听到这样的说法:最大的也是最让人感到满意的乐事,就是"成为比我个人更重要的某种事物的一部分"。

(5)在团队中工作,人们对变化的出现也较有准备。首先,团队中的人们都要对集体负责,变化对团队的威胁并不像个人自己对付变化时那么大。其次,团队中的人们有灵活性,他们有扩大解决问题范围的意愿,团队为人们提供了比那些工作面窄又受层级制限制的小组所能提供的大得多的增长和变化余地。最后,团队也重视业绩、团队成果、挑战和奖励等因素,并且支持试图改变以往做事方法的那些人。

因此,在各种组织今天日益频繁遇到的广泛变化中,团队有助于使自上而下的领导方法集中着眼点和质量,培育新行为,并为跨职能部门的活动提供便利。一旦团队开始工作,团队就能够将一种处于萌芽状态的理想和价值观转变为一致行为的最好方式,因为团队依赖于人们的共同工作。组建团队也是在整个组织内培养共同目标感最为实用的方法。团队能使各级管理人员负起责任,而不是削弱他们的作用,能使他们在跨组织内的各个领域中推动事物的发展,并带来多方面的能力以承担各种难题。

(二)团队的类型

随着团队数量的增加,团队的类型也变得多种多样。这里介绍三种比较常见的团队类型。

1.问题解决型团队

这种团队一般由来自同一部门的5～12个钟点工组成,他们每周用几个小时的时间聚在一起,讨论如何提高产品质量、生产效率和改进工作方法。团队的成员们在解决问题的技术方面接受培训,然后就如何改进工作程序和工作方法相互交换看法和提供建议。但是,这些团队一般没有权力根据这些建议单方面采取行动,而是把那些超出其控制范围的问题报告给管理层。

2.自我管理型团队

问题解决型团队在解决实际存在的问题时虽然是有效的,但是在调动员工参与决策过程的积极性方面还显不足。这种欠缺导致企业努力建立新型团队,即真正自主的团队。这样的团队拥有过去只有管理层具有的决策权。这表现在它们不仅注意问题的解决,而且执行解决问题的方案,并对工作结果承担全部责任。彻底的自我管理型团队甚至可以挑选自己的成员,并让成员相互进行绩效评估。这样,主管人员的重要性就下降,甚至可以被取消。

3.多功能型团队

多功能型团队由来自同一等级、不同工作领域的员工组成,他们来到一起的目的是完成同一项任务,任务完成后又回到各自的部门。实践证明,这种团队是一种有效的方式,它能使组织内(甚至组织之间)不同领域的员工之间交换信息,激发新的观念,解决面临的问题,协调复杂的项目之间的关系。当然,多功能型团队在其形成的早期阶段往往要消耗大量的时间,因为团队成员要学会处理复杂多样的任务。而且,在成员之间,尤其是那些背景不同、经历和观点不同的成员之间(尤其是跨国性的团队),建立起信任和真正的合作也需要一定的时间。

(三)团队工作开展的有效途径

作为团队集体,应改变传统的管理方式,有效地开展团队工作,以达到团队协同效应。具体可以从以下几个方面着手:

(1)让团队成员充分理解工作任务或目标。只有团队成员对工作目标有了清楚、共同的认识,才能在成员心中树立成就感,也才能增加实施过程的紧迫感。我们知道"个人因有了目标才改善了整个生存状况,因为它赋予个人从事工作更多的意义",同样,达成共识的团队目标,也能赋予成员克服障碍、激发能量的动力。

(2)在团队中鼓励共担责任。要鼓励团队成员共担责任,团队集体应帮助团队成员之间共享信息,以建立一种鼓励信息共享的氛围;让团队成员知道团队任务进展状况,以及如何配合整个任务的完成;在团队中提供成员之间的交叉培训,使每个成员都清楚认识到自己并不知道所有的答案,确保有关信息的传递。

(3)在团队中建立相互信任关系。信任是团队发挥协同作用的基础,最终达到"1+1>2"的效果。建立信任管理应从两个方面进行:第一是在团队中授权,即要勇于给团队成员分配新的工作,给予团队成员行动的自由,鼓励成员创新性地解决问题。第二是在团队中建立充分的沟通渠道,即鼓励成员就问题、现状等进行充分沟通,激发思维的碰撞;塑造一种公平、平等的沟通环境;采用公开、以问题为导向的沟通方式,营造积极正面、产生共鸣的沟通氛围。

(四)创建与运作团队应注意的问题

尽管从20世纪90年代起团队就已经成为一种时尚,但不是所有的团队都是成功的。在企业中,组织结构的设置应服从于企业战略的需要。要不要运用团队和怎样运用团队,是管理者应该认真考虑的问题。只有在组建团队是最有效的达到战略目标的方式时,才能去采用它,绝不能为了赶时髦而创建团队。

那么,如何才能运作好团队呢?至少应具备以下条件:

(1)工作需要不同范围的技能、观点或专门知识。

(2)工作的不同要素构成具有高度的互相依赖性。

(3)有足够的时间组织和构建团队。

(4)组织的奖励结构和组织文化支持某种团队方法。

(5)正在形成的问题足以加以提炼。

(6)成员们可以得到信任,不故意妨碍团队的努力成果。

(7)个人渴望某种团队经验。

除此之外,运作团队时也要注意以下一些问题:

第一,成本较高。团队活动除了花费资金成本外,还会耗费很多时间,有时会因此而缺乏充裕的时间完成日常工作。

第二,妥协折中。这种群体中也可能出现"从众现象"。当团队中意见分歧很大时,往往有许多成员出于面子,或屈从于权威而趋于与多数人保持一致,或采取无原则的折中态度。这样往往使团队不能发挥最佳潜能。

第三,角色混乱。团队运作中应切记避免职责不分,以及集体决策中看似都负责可实际上谁都不负责的现象。

三、学习型组织模式的创新

学习型组织是针对 19、20 世纪组织管理的弊端与新时代全球经济竞争的新环境及组织管理的新趋势而提出的。学习型组织是要再造组织的无限生机，教人学会整体运作的全新思考方式，提升人类组织整体运作的群体智力，从而使组织业绩最佳、竞争力最强，让人活出生命的意义。

美国麻省理工学院彼得·圣吉博士 1991 年在《第五项修炼》一书中首次提出了学习型组织。彼得·圣吉认为，学习型组织就是一个具有持久创造能力去创造未来的组织。学习型组织是把学习与工作系统地、持续地结合起来，以支持个人、工作团队及整个组织系统的共同发展。学习型组织理论是在管理实践中发展起来的新型管理理论，它适用于各种组织。

（一）学习型组织管理模式的特点

学习型组织在管理模式方面有很鲜明的特点，主要表现在以下方面：

1. 精干化

这里所指的精干，并不是像传统的企业管理那样，只是简单地在员工总数上做减法，而是首先在加强企业教育、要求员工积极学习的基础上，一个人可以干几个人的活，甚至可以以一当十，然后再进行减员。只有经过这种学习型精干，企业才会产生根本性的变化，产生真正的高效率和高效益。

2. 扁平化

学习型组织的结构是扁平的，即从最上面的决策层到最下面的操作层，中间的层次很少，上下级之间可以面对面地说话。这种组织结构不仅可以提高工作效率，更重要的是能产生巨大的能量。

3. 弹性化

弹性就是适应能力，这种适应能力主要来自于全体员工的不断学习。市场是瞬息万变的，只有时刻准备才能适应市场变化。"学习型组织"管理模式要求各部门、全体员工通过不停顿的学习，时刻做好准备，不论市场如何突变，企业都能抓住机遇，应变取胜。

4. 持续化

这是学习型组织的本质特征。"善于不断学习"有四层含义：一是强调"终身学习"，即组织成员保持终身学习的信念，力图在工作和生活的各个阶段坚持学习；二是强调"全员学习"，即企业组织的各个层次的所有人员都要全身心投入学习；三是强调"全过程学习"，即学习必须贯穿于组织系统运行的整个过程中；四是强调"团体学习"，即不但重视个人学习和个人智力的开发，更强调组织成员的合作学习和群体智力的开发。

5. 自主化

自主管理指的是员工要根据企业的发展战略和目标，自己发现生产中的问题，自己选择伙伴组成团队，自己进行调查与分析，自己制订计划、实施控制并实现目标。

（二）"五项修炼"是学习型组织理论的基本内涵

彼得·圣吉将心理学、教育学以及系统科学的理论应用于企业管理之中，从而开发出创建"学习型组织"的一整套方法，提出了"五项修炼"，具体包括以下几个方面：

1. 自我超越

自我超越是指员工应该学会如何扩展个人的能力,创造出自己想要的结果,并且塑造出一种组织环境,鼓励所有的成员自我发展,实现自己选择的目标和愿望。

2.自我完善

自我完善是指要持续不断地清理、反省以及改进自己内在世界的图像,并且检视内在图像如何影响自己的行动与决策。同时,员工之间也应该有效地表达自己的想法,并以开放的心灵容纳别人的想法。

3.共同愿景

"愿景"即愿望与远景,这里指的是组织未来发展的远大目标以及组织成员的共同愿望。共同愿景对学习型组织非常重要,它可以为组织的学习聚焦和提供能量。只有当人们致力于实现共同的理想、愿望和共同关注的愿景时,才会自觉地、创造性地学习。

4.共同学习

彼得·圣吉认为,在现代组织中,团队学习非常重要。这是因为现代企业的基本单位就是工作团队,学习的基本单位也应由个人变为团队。当团队真正在学习时,不仅整体产生出色的成果,而且其成员也会得到超乎寻常的成长。

5.系统思考

系统思考要求人们能纵观全局,形成系统思维模式,使人们思考诸多影响因素之间的内在关系,而不是把这些因素割裂开来。

(三)建设好学习型组织的有效途径

1.更新学习理念,创造良好环境

要建设好学习型组织,必须给企业员工创造一个良好的学习环境。首先,要解决好工学矛盾,企业要大力支持职工的学习,给员工充足的学习时间。其次,企业要建立鼓励员工积极进行学习的机制,要给员工加压力,感到自己非学习不可,否则将被淘汰。支持员工参加各种类型的学习,成绩优异者按企业的学习制度给予奖励。最后,企业要加大人才培养投资,要用发展的眼光去看待人才的培养,要从企业所需专业人才的实际出发,或是请专家进来或是派员工到先进企业学习取经,学习先进的科技知识与先进的管理经验等,不断地完善自己。把学到的先进技术和管理经验应用到自己的工作中,有效地推动企业的发展。

2.抓住关键,实施创新工程

创建学习型组织是创新企业思想政治工作、提升企业学习动力、提高企业核心竞争能力、增强企业总体素质的有效载体,是一项以学习提升核心能力的创新工程。创建学习型组织的关键是形成育才、引才、荐才、用才的良好机制和环境,造就一支思想道德素质、科学文化素质、业务技术素质、岗位技能、创新能力全面发展的员工队伍。

首先,要把创建学习型组织提到企业发展的战略高度来倡导推行,把学习和训练纳入工作计划和考核体系,作为职能部门工作的重要组成部分开展,在工作中学习、学习中工作,形成独具特色的企业管理模式。

其次,要联系实际,讲求创建工作的实效性。创建学习型组织的目标要与企业日常工作相一致,要选择学习与企业所需知识、技能密切关联的知识、技能,重在从企业内部、员工身边发掘知识源,借鉴和应用成功经验,使创建工作"言之有物""行之有效"。要综合、历史地把握好现有的各种学习、实践活动与创建学习型组织要素之间的关系,善于结合实际将企业的日常工作、学习及相关程序引入创建的轨道与程序中,与创一流管理、员工绩效评价、管理创新、精神文明建设相结合,通过创建活动,为管理创新提供新的手段,开辟新的途径。

最后,要循序渐进,稳步提高。要广泛宣传、全面发动,营造一个创建学习型组织的良好氛围,做到人人重视,积极参与;要扎实稳定地开展创建活动,有计划地推进"学习工程"。重视创建活动的开展,以领导班子、企业机关、团队学习为重点,逐步总结经验,提高学习效果,长期坚持,扎实推进。

3.树立自我超越思想,追求自我实现

建设学习型组织,必须树立自我否定、自我超越的思想,员工才能自主学习,这是学习型组织的精神基础。自我超越是一种忘我的学习过程。现在企业的年轻员工绝大部分是高中、中专、大专以上文化程度,部分员工认为自己所学的知识在目前从事的工作中是够用的,存在着不思进取的想法。要看到当今世界是知识经济时代,知识的更新日新月异,要求员工不断学习,否定过去,超越自我,不断更新自己所学知识,不断提升自己的能力。

4.突出重点,赋予创新内容

创建学习型组织不单纯是看书、办学习班,更重要的是大力倡导不断挑战自我、超越自我的理念,紧紧围绕企业战略目标,结合业务需要,加强团队学习和群体智力的开发。通过知识共享,运用集体的智慧,提高企业应变能力和创新能力。要有的放矢,大力推进科技文化普及教育,对高级专业人才实施深化教育,用强化企业自主培训工作等方式,以前瞻性、高效性和创新性为原则,在"全""新""专"上下功夫。"全"就是要求对员工的培训要全面。培训的员工要全面,培训的内容也要全面。根据不同的教育层次设置不同的培训内容,更新知识、提高技能、转变观念,使员工从合格员工向熟练或骨干员工转化。内容应涉及企业各部门岗位所需知识和技能,以及安全、质量、法制、计算机、外语等方面的培训,同时要注重企业文化建设,从追求、员工、技术、精神、利益、文化、社会责任七个方面规范企业的核心价值观,使其成为全体员工的基本行为准则。"新"就是与时俱进,应时出新,学习新知识,掌握新技术。"专"就是根据企业的发展需要因人施教,注重对口和实效。重视加强行业发展的新情况、新趋势、新问题的研究,加强培训的针对性和适应性。

总之,在市场经济条件下,管理的主要目的之一就是开发人的创造能力。为了保障这种能力的获得,必须发展企业所拥有的学习能力。对于彼得·圣吉所提出的"五项修炼",虽然企业可以根据实际需要从任何一项修炼入手,但最终总会发现,只有将"五项修炼"融会贯通,才能真正建立好学习型组织。

四、国际化模式的创新

20 世纪,人类实现了有史以来最深刻的管理革命,不仅在管理科学领域中出现了许多大师,而且在管理实践中也出现了无数走向卓越的成功管理者。回顾辉煌的 20 世纪,管理革命是由层出不穷的新理论组成的不断革命的链条,也是由一场又一场新的管理运动构成的历史进步,管理领域中又出现了一场新的管理运动的征兆,即管理国际化的新趋势。

(一)国际化模式的内涵

管理开放性的一个表现是迅速国际化的趋势,或者说国际化是当今政治经济发展所造成的一个客观的管理环境。特别是现代交通、通信、技术等的迅速发展促成了全球经济一体化,世界市场开始形成,国界正失去原有的意义。这迫使管理者不得不把对自己所在管理系统的管理置于国际的大环境之中,面对瞬息万变的国际条件和激烈的国际竞争,在灵活、迅速的反应中寻求组织生存的机遇。

(二)国际化模式的新要求

作为一种新的管理趋势,国际化模式对管理提出了一些新的要求,这反映在对管理者的要求、对计划工作的要求、对组织的要求、对领导工作的要求和对控制工作的要求等各个方面。这就是说,管理的国际化标志着一个新的管理时代的开始和一个新的管理模式的出现,必然会对每一管理要素都提出新的要求,必然在整个管理过程的每一个环节都有相应的创新。

1.管理者应具备较高的素质

国际化管理首先意味着管理已不再仅仅局限于国内,管理人员必须同具有不同教育和文化背景以及价值观念的员工打交道,还必须对付各种法律、政治及经济因素。这些环境因素都对管理职能和企业职能的履行方式有影响。这就要求在外国从事经营的管理人员应大量学习这个国家的教育、经济、法律和政治等方面的制度,特别是要了解其社会文化环境方面的知识。最为根本的是,要求管理者必须摒弃狭隘主义,不能有民族自大的偏见,更不能用个人的眼光来看世界,而是应当尊重他国的风俗习惯和市场差异,尊重异国文化。

2.具有国际化管理的组织形式

国际化管理的组织形式包括以下几种:①职能分部的全球组织形式;②产品分部的全球组织形式;③多维立体组织结构。这几种组织结构形式目前主要存在于跨国公司的组织设计中,不同的跨国公司应根据其目标的不同来选择自己的组织结构形式。

3.国际化管理的人员配备

人员配备是建立在组织结构的基础上的,在国际化的管理中选择了一定的组织结构就会采用相应的人员配备方式。一般来说,国际化管理在人员配备上的特点主要体现在主管人员的来源方面。从当前跨国公司的情况看,经理人员的来源有三个方面:

(1)经理人员选自公司总部所在国的国民。这些外籍人员经选拔后作为海外企业的代表管理这个企业。这些经理人员通常很熟悉母公司的政策方针和经营情况。

(2)从东道国国民中选拔管理人员。这些人熟悉东道国的环境、教育制度、文化、法律和政治程序以及经济状况。他们往往也了解本地的消费者、供应商、政府官员、员工的行为特征和公众状况。

(3)管理人员来源于第三国国民,他们都没有属于母公司国家或东道国的国籍。这类人员既有在公司总部又有在不同国家工作的经验,因此,他们具备灵活反应的能力,易于适应不同国家的文化。这些管理人员才真正是跨文化的人才。

4.掌握国际化管理方法的新特点

测试题

国际化的管理更需要把领导的科学性和艺术性结合起来。这是因为与许多国内管理不同,国际化管理没有诸如爱国精神、民族意识等资源可用,它必须在其他方面寻求补偿。国际化管理需要更加注重发挥领导工作的作用,通过激励、沟通去诱导员工,使他们为了实现组织目标而努力。这首先要求在领导工作中理解员工及其所处的文化环境和国情。例如,参与式管理在某个国家也许运行良好,而在另外具有专制统治传统的国家里,会在员工中间造成混乱。跨国企业与设在不同国家中的附属企业、分支机构之间的沟通,往往也是一个问题。甚至只是在一个以英语为主要语言的国家有经营业务的企业,因总部与附属企业远隔重洋也会碰到沟通问题。虽然新的通信技术大大改进了信息的传送和沟通条件,但电话通话等沟通方式毕竟同访问叙谈和面对面讨论是不一样的,所以结果也是大不相同的。

上述几个方面足以说明跨国公司的控制工作较之国内企业的控制工作要复杂和困难得多,也使得控制工作更加具有挑战性。管理的国际化意味着所面临的外部环境因素比传统的国内管理所面临的要复杂得多。在管理学中,国际化管理是把环境与创新综合起来的一个全新课题。

 ## 小　结

本章主要介绍了21世纪企业管理面临的新特点与新挑战。首先阐述了管理理论的创新与突破,主要表现在以下四个方面:人的观念上的突破、管理的范围及组织要素上的突破、管理方法与手段上的突破、管理目的上的突破。

管理创新的内容有:管理理念创新、管理理论创新、管理内容创新、企业技术创新与营销创新。

创新对企业管理的意义与影响为:企业管理观念的转变、企业生产方式的转变、企业经营方式的转变、企业组织和运行形式的转变等。

新时期管理现代化的内容包括:管理思想现代化、管理人员专业化、管理方法系统化、管理手段技术化、管理决策智能化、管理过程规范化。

创新是管理的一个永恒主题。管理创新是指为了更有效地运用组织的资源以实现预定目标所进行的一种创新活动和管理过程。

介绍了最新管理创新——企业流程再造。企业流程再造的基本思想包括以下几个方面:以作业流程为中心,以顾客满意为导向,以组织扁平化为特征,以信息技术为手段。

在理论创新的冲击下,企业将彻底改变原有经济社会处理问题的方式,采用新的管理模式,进行管理方法的革命。本章主要介绍了团队型管理模式、学习型组织管理模式、柔性化管理模式以及国际化管理模式,对团队型管理模式和学习型组织管理模式要给予更多的关注。

 ## 思考与练习

一、名词解释

管理创新　　学习型组织　　企业流程再造

思考题答案

二、单项选择题

1.“学习型组织”这一概念是由(　　)提出的。

A.麦格雷戈　　　　B.彼得·圣吉　　　　C.熊彼特　　　　D.威廉·大内

2.具体来说,管理理念创新不包括(　　)。

A.服务型管理理念　　　　　　　　B.经营型管理理念

C.学习型管理理念　　　　　　　　D.团队型管理理念

3.企业虚拟运作的类型不包括(　　)。

A.资本虚拟　　　　　B.人员虚拟　　　　C.功能虚拟　　　　D.企业虚拟

4.企业流程再造要以(　　)为导向。

A.技术创新　　　　B.新产品开发　　　C.产品销售　　　　D.顾客满意

三、多项选择题

1.管理创新给企业带来的变化主要表现在(　　)。

A.企业管理职能的转变　　　B.企业管理观念的转变　　　C.企业生产方式的转变

D.企业经营方式的转变　　　E.企业组织和运行形式的转变

2.从战略角度考虑,柔性可分为四种基本类型,包括(　　)。

A.混合柔性　　　　　B.新产品柔性　　　　C.产量柔性　　　　D.产值柔性

E.交货时间柔性

3.企业流程再造的基本思想包括(　　)。

A.以作业流程为中心　　　　B.以顾客满意为导向　　　　C.以现代化管理为核心

D.以组织扁平化为特征　　　E.以信息技术为手段

4.企业流程再造是对企业原有的业务流程进行(　　)。

A.合理改进　　　B.局部改进　　　C.某种程度的变革　　　D.从头改变,重新设计

E.根本性重新思考并彻底改革

四、判断题

1.柔性化管理本质上是一种以人为本的管理。　　　　　　　　　　　　　(　　)

2.学习型组织的结构是扁平的。　　　　　　　　　　　　　　　　　　(　　)

3.彼得·圣吉提出的"五项修炼",具体包括以下几个方面:自我超越、自我完善、自我实现、共同愿景、共同学习。　　　　　　　　　　　　　　　　　　　　　　(　　)

4.国际化管理在人员配备上的特点主要体现在管理人员的素质方面。　　　(　　)

五、简答题

1.简述管理现代化的基本内容。

2.简述企业流程再造的基本思想。

3.学习型组织管理模式的特点有哪些?

4.国际化管理对管理提出了哪些新的要求?

案例分析

将"脑袋"打开1毫米

美国有一家生产牙膏的公司,其产品优良,包装精美,深受广大消费者的喜爱,销售业绩蒸蒸日上。记录显示,该公司前十年每年的营业增长率为10%～20%。不过,销售业绩在

进入第十一年后则停滞下来,每个月维持同样的数字。持续到第十三年的时候,董事长对此三年之业绩表现感到不满,便召开全国经理级高层会议,以商讨对策。

会议中,有一名年轻的经理站起来对董事长说:"我手中有张纸,纸里有个建议,若您要使用我的建议,必须另付我5万元!"董事长听了很生气地说:"我每个月都支付你薪水,另有分红、奖励,现在叫你来开会讨论,你还要另外要求5万元,是否过分?""董事长,请别误会。您支付的薪水,让我在平时卖力地为公司工作;但是,这是一个重大又有价值的建议,您应该支付我额外的薪水。若我的建议行不通,您可以将它丢弃,一分钱也不必付。但是,不看的话您损失的必定不止5万元!"年轻的经理解释说。"好!我就看看它为何值这么多钱!"董事长接过那张纸,阅毕,马上签了一张5万元的支票给那位年轻的经理。那张纸上只写了一句话:"将现在的牙膏开口扩大1毫米。"董事长马上下令更换新的包装。

试想,每天早上,每个消费者多用1毫米的牙膏,每天牙膏的消费量将多出多少倍呢?这个决定使该公司第十四年的营业额增加了32%。一个小小的改变,往往会产生意料不到的效果。

当我们面对新知识、新事物或新创意时,千万别将脑袋封闭,置之于后,应该"将'脑袋'打开1毫米",接受新知识、新事物。也许一个新的创见就能让我们从中获得不少启示,从而改进业绩,改善生活。你说对不对?

(资料来源:经济学驿站,http://space.cenet.org.cn/,有删改)

案例思考题:

1. 创新的意义何在?
2. 创新需要怎样的环境?

第二单元　管理职能熟悉掌握

第四章　计划与目标

引入案例

北京松下的事业计划

北京松下彩色显像管有限公司（以下简称"北京松下"）是中外合资企业,自建成投产以来,以其良好的经营业绩确立了在我国工业界的地位,曾多次被评为全国"三资"企业中高营业利润、高出口额的"双优"企业。

北京松下高度重视计划工作,他们常说"制订一份好的计划,等于完成工作的一半","什么是管理,执行计划就是管理"。公司对职员考核的五条标准中,一条重要标准就是制订计划的能力。

每年年初,公司总经理都要召开一年一次的经营方针发布会,制订计划,设定公司该年度的总体目标。根据公司的经营方针,各部门都要制订该年度的活动计划,设定目标。制订计划的目的在于推动以目标管理为中心的事前管理,克服无计划的随机管理。

北京松下最具代表性的计划就是其推行的"事业计划"。"事业计划"的编制往往开始于财政年度的前几个月,其内容包括生产、销售、设备投资、材料采购、材料消耗、人员聘用、工资基数等一系列计划,以及以钱为前提的资金计划、利润计划、资产负债计划。"事业计划"

的一个特点就是以资金的形态来表现机会的严肃性,计划的详细程度高于决算的详细程度。"事业计划"来自于全体职工的集体智慧,其中的"标准成本""部门费用预算"等使职工们看到各自的岗位与经济责任。总之,"事业计划"的实施大大地加强了企业从投入到产出的经营活动的可控性,指明了全体职工为实现经营目标而协调努力的方向。

北京松下不仅注重计划的制订,更注重计划的实施情况并予以检查确认,提出改善措施。在北京松下,这一过程被称为"把握异常"与"防止问题发生",这是日常管理的基本点与着眼点。公司经常强调要有问题意识,就是说在制订计划的时候能否事先预计到种种问题的发生,问题发生时能否及时、正确地进行处理。北京松下的口号是:问题要预防在先,一旦发生了,要努力使同样的问题不再发生第二次。工作今天要比昨天好,明天更比今天好。

(资料来源:苏慧文,姜忠辉,《管理学原理与案例》,青岛海洋大学出版社,1999)

案例思考题:

1.你对"制订一份好的计划,等于完成工作的一半"、"执行计划就是管理"这两句话做何评价?

2.说明北京松下"事业计划"的类型和内容。

3.北京松下如何保证"事业计划"的实施?

计划工作具有承上启下的作用,它的重要意义就是在充分利用机会的同时,使风险降到最低限度,以利于组织的协调与控制。正如哈罗德·孔茨所言:"计划工作是一座桥梁,它把我们所处的此岸和我们要去的彼岸连接起来,以克服这一天堑。"

第一节　计划概述

一、计划的含义

计划是指管理者对组织要实现的目标,以及实现目标的方法、步骤、资源配置、时间安排等进行的预先筹划。管理学中的计划与计划工作是同义词。

计划工作有广义和狭义之分。广义的计划工作是指制订计划、执行计划和检查计划三个阶段的工作过程。狭义的计划工作是指制订计划,即根据组织内外部的实际情况,权衡客观的需要和主观的可能,通过科学的预测,提出在未来一定时期内组织所需达到的具体目标及实现目标的方法。

测试题

计划工作包括调查研究、设置目标、预测未来、制订计划、贯彻落实、监督检查和修正等内容;计划则是计划工作中计划制订的成果,贯彻实施和监督检查的对象。

计划工作的内容常用"5W+H"来表示:

What——做什么? 目标与内容。

Why——为什么做? 原因。

Who——谁去做? 人员。

Where——何地做? 地点。

When——何时做? 时间。

知识拓展

How——怎样做？方式、手段。

二、计划的特征

计划的特征可以概括为以下四个方面：

(一)目标性

在组织中每一个计划的制订，其最终目标都是为了促使组织总体目标和各个阶段目标的实现。具体地说，计划工作首先就是确立目标，然后使今后的行动集中于目标，并预测和确定哪些行动有利于达到目标，从而指导以后的行动朝着目标的方向迈进。没有计划和目标的行动是盲目的行动。

(二)首位性

在管理的各项职能中，计划是其他职能执行的基础，具有首位性。计划、组织、人事、领导和控制等活动，都是为了支持组织目标的实现。管理过程中的其他职能都只有在计划工作确定了目标后才能进行。因此，计划职能在管理职能中居首要地位。此外，管理人员必须制订计划，以了解需要什么样的组织结构和什么样的人员，按照什么样的方法去领导下属和采取什么样的控制方法等。因此，要使所有的其他管理职能发挥效用，首先必须安排计划。

(三)普遍性

计划工作涉及组织管理区域内的每一个层级，每一个管理人员都需从事计划工作。由于各级管理人员的职责和权限不同，他们在工作中就有不同的计划。高层管理人员负责制订战略性计划，中层管理人员负责制订战术计划或生产作业计划。因此，授予下级某些制订计划的权力，有助于调动积极性，为顺利完成计划、实现目标奠定坚实的基础。

(四)效率性

计划工作要以较小的投入获得较为满意的计划成果。计划的效率是指从组织目标所做的贡献中扣除制订和执行计划所需的费用及其他因素后的总额。如果一个计划在实现的过程中付出了较高的代价，即使计划达到了目标，这个计划的效率也是很低的。如果一个计划按合理的代价实现了目标，那么这个计划就是有效率的。在衡量代价时，不仅要考虑时间、资金的投入，而且要考虑个人和集体的满意程度。一个很好的计划，在实施过程中，由于方法不当，引起了人们的不满情绪，这样的计划的效率也是很低的。

三、计划的类型

(一)按计划的影响程度分类

按计划的影响程度分类，计划分为战略计划和战术计划。

测试题

战略计划是关于企业活动总体目标和战略方案的计划，具有以下特点：时间跨度长，涉及范围广；内容抽象、概括，不要求直接的可操作性；不具有既定的目标框架作为计划的着眼点和依据；计划的前提条件多是不确定的，制订者必须有较高的风险意识，能在不确定中选定企业未来的行动目标和经营方向。

战术计划是关于实现组织目标的具体实施方案和细节，具有以下特点：时间跨度短，覆盖的范围窄；内容具体、明确，并通常要求具有可操作性；计划的任务主要是规定如何在已知条件下实现根据企业总体目标分解而提出的具体行动目标，计划制订的依据比较明确。战术计划的风险程度较战略计划的低。

（二）按计划的时间长短分类

按计划的时间长短分类，计划分为长期计划和短期计划。

长期计划描绘了组织在一段较长时期（通常为三年或五年以上）内的发展蓝图，它规定在这段较长时间内组织总体和各部分从事的活动应该达到的状态和目标。

短期计划具体规定了组织总体和各部分在时间间隔相对较短的时段（如一年、半年以至更短的时间）所应该从事的各种活动及从事该种活动所应达到的水平。

长期计划往往是战略计划，短期计划通常是年度计划。上述两种计划相互衔接，反映了事物发展在时间上的连续性。

（三）按计划的覆盖范围分类

按计划的覆盖范围分类，计划分为综合性计划和专业性计划。

综合性计划是对业务经营过程各方面所做的全面的规划和安排。

专业性计划是对某一专业领域职能工作所做的计划，它通常是对综合性计划某一方面内容的分解和落实。

综合性计划与专业性计划构成了一种整体与局部的关系，专业性计划应以综合性计划为指导，避免同综合性计划脱节。

（四）按计划的详尽程度分类

按计划的详尽程度分类，计划分为导向性计划和具体计划。

导向性计划只规定基本原则与方向，指出行动重点但并不限定具体目标，也不规定明确的行动方案。

具体计划有明确规定的目标，不存在模棱两可和容易引起误解之处。

测试题

导向性计划和具体计划相比相对灵活，但缺少明确性。管理既是科学，又是艺术。管理的艺术性的一面在于平衡。管理者需要在计划的明确性和计划的灵活性之间求得一种平衡。在外部环境相对稳定、任务结构相对明确的情况下，具有明确性的具体计划更适宜。在相反的情况下，仅给行动施以宽松的导向性计划可能会比具体计划更有效。

四、计划的编制

（一）计划的编制过程

计划职能是管理的最基本职能。计划工作的职能就是人们必须知道在计划执行中，一定时期内自己该做什么、怎么做等。管理的环境是动态的，管理活动是一个发展变化的过程，计划作为行动之前的安排，必须是一种连续不断的循环。计划工作就是一个由若干互相衔接的步骤所组成的连续的过程。这一过程可以大致分为如下八个步骤：

1.估量机会

估量机会是在实际的计划工作之前就着手进行的，是对未来可能出现的机会的估计。在组织内外环境分析的基础上，判断组织的优、劣势，寻求组织可以发展的机会。估量机会是计划工作的一个真正起点。

2.确定目标

计划工作的目标是指组织在一定时期内所要达到的效果,包括长期目标和短期目标。它是要建立组织的目标体系,即将高层目标(战略目标)分解为中间目标(战术目标),再分解为小组、个人的具体目标,而且要保持具体目标与总目标一致。确定目标是计划工作的基础。

3.明确计划的前提条件

明确计划工作的前提,就是确定计划实施时的预期环境,对企业来说就是要做好市场预测。确定的计划前提实际上是指那些对计划来说是关键性的,有策略意义的因素,也就是对计划的落实具有最大影响的那些因素。如制订新产品开发计划,必须要确定新产品的市场前景、所需投资、设备技术要求和人员要求等。这就是计划的前提条件,它是整个计划工作的关键和核心。

4.确定备选方案

一个计划往往有几个可供选择的方案。选择方案时,不只是找可供选择的方案,还要减少可供选择方案的数量,以便可以对最有希望的方案进行分析。

5.评估备选方案

找出了各种可供选择的方案并明确了它们的优缺点后,下一步就是根据前提和目标权衡它们的轻重,对方案进行评估。备选方案可能有几种情况:有的方案最有利可图,但需要投入的资金多且回收慢;有的方案看起来可能获利较少,但风险也小;还有的方案对长远规划有益等。在若干方案并存的情况下,就要根据组织的目标来选择一个最合适的方案。

6.选择方案

在备选方案中,选择一个最符合目前组织资源能力,又能获取最大效益的方案。选择方案过程是运用科学决策的过程。选择方案是做决策的关键。

7.制订派生计划

派生计划是总计划下的分计划。做出决策之后,就要制订派生计划。总计划要靠派生计划来扶持。

8.编制预算使计划数量化

在完成上述各个步骤之后,最后一项便是把计划转化为预算,使之数量化。预算实质上是资源的分配计划。它既可以成为汇总各种计划的工具,又是衡量计划工作完成进度的重要标准。

(二)计划的编制方法

1.滚动计划法

滚动计划法是一种定期修订未来计划的方法。这种方法是根据计划的执行情况和环境变化情况定期修订计划,并逐期向前推移,使短期计划、中期计划和长期计划有机结合起来,不断地随时间推移而更新。

具体做法是:在制订计划时,同时制订未来若干期的计划,但计划的内容用近细远粗的办法制订,即近期计划尽可能详细,远期计划则较粗;在计划期的第一阶段结束时,根据该阶段计划的执行情况和内外环境的变化情况,对原计划进行修订,并将计划向前滚动一个阶段;以后根据同样的原则逐期滚动,如图4-1所示。

滚动计划法虽然使得编制计划和实施工作的任务量加大,但同时也使得计划切合实际,特别是战略性计划的实施更加切合实际。短期计划、中期计划和长期计划相互衔接,可根据环境的变化及时进行调节,使各期计划基本一致,大大增加了计划的弹性,提高了组织在剧

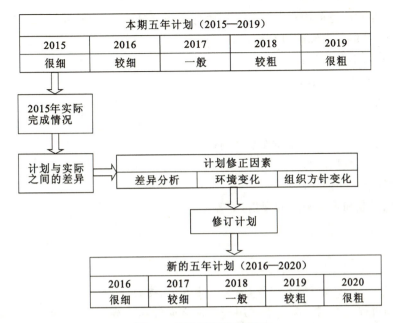

图 4-1 滚动计划法示意图

烈变化的环境中的应变能力。

2.网络计划技术法

网络计划技术法又叫关键路线图法,在我国也称统筹法。它是 20 世纪 50 年代在美国产生和发展起来的,是利用网络理论,通过网络图的绘制和网络时间的计算制订计划,并对计划进行评价、审定的技术方法。

3.计划—规划—预算法

这是一种从目标出发编制预算的方法。计划开始时,首先,由最高主管部门提出组织总目标和战略,并确定实现目标的项目;其次,分别按每个项目的实施阶段所需要的资源数量进行测算和规划,并排出项目的优先次序;再次,在编制预算时从目标出发按优先次序和项目的实际需要分配资源,当资源有限时,先保证排在前面的项目的需要;最后,根据各部门在实施项目中的职责和承担的工作量将预算落实到部门。

第二节 计 划 技 术

在各种管理技术中,可以直接或间接用于计划编制和计划管理的方法很多,这里只介绍网络技术的计划管理的方法。

网络计划技术是 20 世纪 50 年代后期发展起来的一种计划方法。这种方法的基本原理是:首先应用网络图的形式来表达一项计划中的各个工作(如任务、活动、过程、工序等)的先后顺序和相互关系,然后通过计算找出计划中的关键工作和关键线路,接着通过不断改善和优化网络计划,以选择和制订出满意的方案并付诸实施。

测试题

由于网络计划技术克服了"条形图"的局限性,能够在计划的编制过程中反映各项工作之间的逻辑关系并能抓住主要矛盾对人力、物力、财力合理使用,对工作进行科学安排,它在

计划管理中有非常广泛的用途。从目前国内外应用情况看,它主要可以用于以下几个方面:

(1)各种产品的试制和改进计划;

(2)生产技术准备计划;

(3)技术改造和技术革新计划;

(4)单件生产计划;

(5)工艺装备的生产计划;

(6)各种设备的安装、改装和维修计划;

(7)各种基本建设计划;

(8)各种复杂工作的安排;

(9)科研、工业和资源开发的规划,等等。

一、网络图的组成与绘制

网络图一般由工序、事项和线路三个部分组成。

工序,是指一项有具体活动内容,需要一定人力、物力、财力,经过一定时间后,才能完成的生产或工作过程。在网络图中工序用一条带方向的箭线表示。此外,还有一种不消耗资源,也不消耗时间虚设的工序,称为虚工序,一般用虚箭线表示。虚工序的作用在于表明工序与工序之间的逻辑关系。

事项,是指工序开工和完工的瞬时,在网络图中一般用圆圈表示。一项工程或工作,一般只有一个总开工事项和总完工事项。每一道工序只有用也只能用两个事项连接,并表明工序从开工到完工。

线路,是指网络图上从起点事项开始,顺箭头所指方向,连续不断地到达终点事项为止的一条通道。线路的长度就是一条线路上各工序长度的和。经过对线路长度比较以后,可以找到一条所需时间最长的线路,这条线路在网络图上称为关键线路。在关键线路上的工序称为关键工序。位于非关键线路上的工序,都有若干机动或富裕时间,叫作时差,它意味着这些工序的完成时间有适当的余地。所以,从另一角度来说,关键线路也就是时差为零的线路。

根据以上要素,就可以进行网络图的绘制,如图4-2所示。

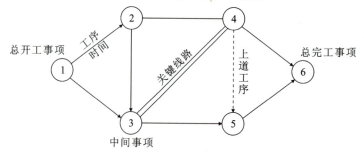

图 4-2　网络图示例

正确地绘制网络图要注意以下两点:

(1)网络图是有方向的,从左至右排列,不应有回路。这是因为网络图上的工序只能随时间向前推进,不可能逆过来做。

（2）任何一条箭线和它的相关事项即"○→○"只能代表一道工序。

二、网络图的时间计算

为了达到优化管理的目的，必须对网络图的各种时间参数进行计算。其中主要包括以下几项时间的计算：

（1）工序时间。计算完成工序所需要的工时定额。当工时定额不能确定下来，只能给出估计数时，可按下式求其平均值：

$$T = \frac{a \pm 4m + b}{6}$$

式中　a——最先进的工时；

　　　b——最保守的工时；

　　　m——最可能实现的工时。

（2）工序的最早可能开工时间。其计算程序是从开始工序自左至右沿箭头方向逐道工序计算，直至终点为止。计算公式是：工序的最早可能开工时间＝紧前工序的最早开工时间＋工序时间。若紧前工序有多个，要选其中开工时间加工序时间之和的最大者。

（3）工序的最早可能完工时间。为工序的最早可能开工时间加上本工序时间。

（4）工序的最迟必须开工时间。其计算程序是从终点工序开始，沿箭头的逆方向自右向左逐道工序计算，直至开始工序为止。它可以通过紧后工序的最迟必须开工时间减去本工序的工序时间来求得。当紧后工序有多个时，选其中最迟必须开工时间最小者。

（5）工序的最迟必须完工时间。为工序的最迟必须开工时间加上本工序的工时。

（6）工序的时差。其计算方法可以用最迟必须开工时间减去最早可能开工时间，也可以用最迟必须完工时间减去最早可能完工时间。

关键线路上的各个关键工序的时差为零，因此把时差为零的工序串联起来就可找出关键线路（如图 4-2 中画双线的线路）。

三、网络图的优化

网络图的优化，是指通过对网络图的分析和改进，寻求满意的计划方案，力求使人力、物力、财力和时间等资源得到合理安排和使用的过程。网络图的优化包括以下内容：

（一）时间优化

网络图时间优化的目标是使任务完成的周期尽量短，或使任务完成的日期符合预先的期望。

在网络图绘制完成并通过计算找出关键线路以后，要进一步缩短工期，可采取以下优化措施：

（1）把串联作业尽可能改为平行作业或交叉作业。平行作业是指把一道工序分成几道工序同时去做，这样可以加快作业进度。交叉作业是指针对相连接的工序，可以不必等待上道工序全部完成后再做下道工序，在条件允许的情况下，上下工序交叉进行。这样也可大大节省时间。

（2）通过增加人力、物力、财力缩短关键工序的完工时间，从而达到缩短工期的目的。

（3）在人力、物力、财力有限的情况下，通过优先保证关键工序的需要，从而缩短关键工序的完工时间。

(二)资源优化

资源优化是指在工期规定的条件下,寻求资源分配和节省的较好方案。一项工程或工作的各个工序对资源的需要量是不同的,在不同的时间要求下,往往差别很大。在这种情况下,如果不进行资源分配的均衡、优化,就可能产生资源供应的脱节现象,从而影响工期;也可能出现资源供应过剩,造成积压影响成本。为此,在安排各个工序时,就有必要进行资源的平衡优化工作,以保证资源的合理使用。利用网络图进行资源优化的主要做法和原则是:

(1)优先保证关键工序和时差较小工序对资源的需要。

(2)充分利用时差,尽可能错开各工序的开工时间,使资源均衡地、连续地投入生产过程,切忌忽增忽减。

(3)必要时可适当调整工期,以保证资源的合理使用。

(三)成本优化

在网络计划技术中,成本优化就是综合考虑工期与成本的关系,用尽量低的成本获得工程工期的尽量缩短或按期完成。

在实际中直接成本(如材料费、人工费等)和间接成本(如各种管理费用)与工程完工时间有着密切的联系:缩短工期会引起直接成本的增加和间接成本的减少,延长工期会引起直接成本的减少和间接成本的增加。利用网络图进行成本优化,就是要找出最低成本所对应的最佳工期。为此,就必须找出一道工序,其赶工所增加的成本较低。

如果把由于加快某道工序的进度而支出的费用叫作赶工成本,把可能缩短的工序时间叫作赶工时间,把每天的赶工成本即缩短一天工期所增加的成本叫作成本增长率或成本斜率,那么成本增长率或成本斜率的计算公式是:

$$成本增长率 = \frac{赶工成本 - 正常成本}{正常时间 - 赶工时间}$$

由此可见,进行成本优化,寻求工程成本最低的最佳工期,应逐次缩短成本增长率较小的关键工序的时间,这样可使直接成本的增加量最小。

四、网络计划技术的应用

1957年,美国杜邦化学公司首次采用了一种新的计划管理方法,即关键路线法(以下简称"CPM")。该方法第一年就为公司节约了上百万美元,相当于该公司用于研究发展CPM所花费用的5倍以上。

1958年,美国海军武器局特别规划所在研究北极星导弹潜艇时,应用了称为计划评审术的计划方法(以下简称"PERT"),使北极星导弹潜艇比预期计划提前两年完成。统计资料表明,在不增加人力、物力、财力的既定条件下,采用PERT就可以使进度提前15%～20%,节约成本10%～15%。

美国政府于1962年规定,凡与政府签订合同的企业,都必须采用网络计划技术,以保证工程进度和质量。1974年,麻省理工学院调查指出:"绝大部分美国公司采用网络计划编制施工计划。"目前,美国基本实现了计划工作自动化。

CPM和PERT是独立发展起来的计划方法,CPM假设每项活动的作业时间是确定值,而PERT中的作业时间是不确定的,是用概率方法进行估计的估算值。CPM不仅考虑时间,还考虑费用,重点在于费用和成本的控制;PERT 主要用于含有大量不确定因素的大规模开发研究项目,重点在于时间控制。具体方法虽然不同,但两者所依据的基本原理和表现形式基本相同,都是通过网络形式表达某计划中各项具体活动的逻辑关系(前后关系及相互关系),人们统称其为网络计划技术。到后来两者有发展一致的趋势,常常被结合起来使用,以求得时间和费用的最佳控制。

网络计划技术最初是作为大规模开发研究项目的计划、管理方法而被开发出来的,现在已被广泛应用到世界军用、民用等各领域中。20 世纪 60 年代初期,著名科学家华罗庚、钱学森相继将网络计划方法引入我国。华罗庚教授在综合研究各类网络方法的基础上,结合我国实际情况加以简化,于 1965 年发表了《统筹方法评话》,为推广应用网络计划方法奠定了基础。近几年,随着科技的发展和进步,网络计划技术的应用也日趋得到工程管理人员的重视,且已取得可观的经济效益。"如上海宝钢炼铁厂 1 号高炉土建工程施工中,应用网络法,缩短工期 21％,降低成本 9.8％。广州白天鹅宾馆在建设中,运用网络计划技术,工期比外商签订的合同期提前四个半月,仅投资利息就节约 1000 万港元。"这足以看出利用网络计划的优势。

第三节 目标管理

材料阅读

游泳的故事

1952 年 7 月 4 日清晨,加利福尼亚海岸起了浓雾。在海岸以西 21 英里的卡塔林纳岛上,一个 43 岁的女人准备从太平洋游向加州海岸。她叫费罗伦丝·查德威克。

那天早晨,雾很大,海水冻得她身体发麻,她几乎看不到护送她的船。时间一个小时一个小时地过去,千千万万人在电视上看着她。有几次,鲨鱼靠近了她,被人开枪吓跑了。

15 个小时之后,她又累又冻。她知道自己不能再游了,就叫人拉她上船。她的母亲和教练在另一条船上。他们都告诉她海岸很近了,让她不要放弃。但她朝加州海岸望去,除了浓雾什么也看不到……

人们拉她上船的地点,离加州海岸只有半英里!后来她说,令她半途而废的不是疲劳,也不是寒冷,而是因为她在浓雾中看不到目标。查德威克小姐一生中就只有这一次没有坚持到底。

一、目标的概念

目标就是组织和个人活动所指向的终点或一定时期内所寻求的最终成果。目标为组织成员指明了方向,提供了衡量成就、评估绩效的标准,也是调动职工积极性的一种激励因素。因此目标形成了一种管理基础,特别是计划工作的基础。

目标的作用如下:

小视频

(一)导向作用

目标的首要作用是为组织指明前进的方向。一个组织如果没有明确的目标,就没有前进的方向,就无法有效地协调资源。

(二)激励作用

目标可以激发组织成员工作的积极性。特别是当组织的目标充分体现了组织成员的共同利益,并与每个成员的个人利益很好地结合在一起时,就会极大地激发组织成员的工作热情。

(三)凝聚作用

当组织目标与个人目标相一致时,对组织成员就产生一种凝聚力,使员工发挥出奉献精神和创造力。

(四)标准作用

目标是考核主管人员和员工绩效的客观标准。工作绩效是以目标达到的程度为标准加以衡量的,没有目标就无法衡量工作是否取得了绩效及绩效的大小。

(五)基础作用

管理工作的开展,如果没有目标作为基础,就会陷入混乱,管理人员会无所适从或者效率低下。

二、目标的特征

目标的特征可以概括为以下五个方面:

(一)层次性

目标是一个分层次的体系。这个体系的顶端是组织的宗旨和使命,由使命派生出组织的总目标和战略,接下来还要把总目标和战略加以细化,从而形成了某些重要领域的成果目标、分公司目标、部门和单位的目标,直至个人目标,由此而构成了目标的层次体系。

(二)多样性

所有组织的目标都是多重的,即使是组织的主要目标一般也是多种多样的。但目标并非越多越好,太多会使得计划工作的成效不大。

(三)时间性

目标都是有时间跨度的。根据其跨度的大小,目标可分为短期目标、中期目标、长期目标。

(四)网络性

目标和计划很少是线性的,它们之间会形成一个上下左右互相联系的网络。管理者的任务之一就是确保目标网络中的目标之间要相互协调。

(五)可考核性

目标的可考核性是指到了规定的时限,目标是否完成了或完成的程度如何,可以明确地做出衡量和评价。目标要做到可考核,就要使所定的目标有明确具体的表述,不能模棱两可,并且目标要有完成的时限,最好有量化的考核指标。

三、目标管理概述

目标管理(简称"MBO")是一个全面的管理系统,是一种通过科学地制订目标、实施目标、依据目标进行考核评价来实施组织管理任务的过程。它采用系统的方法,将许多关键管理活动结合起来,高效率地实现个人目标和总体目标。从形式上看,目标管理是一种程序和过程。

小视频

目标管理的中心思想就是让具体化展开的组织目标成为组织每个成员、每个层次、每个部门等行为的方向,同时又使其成为评价组织每个成员、每个层次、每个部门等工作绩效的标准,从而使组织能够有效运作。

目标管理过程从高层开始,首先确定组织目标,然后把目标转换成关键成果,接着调整组织结构,采用参与制目标制订法,上级和下属一起制订部门的目标和个人目标,再由上级确定各级目标,形成目标手册,下属依据目标开展工作;每一阶段,上级对照目标检查绩效,期末总评实现奖励,并拟订下一轮目标。目标管理的典型步骤见表4-1。

测试题

表 4-1　目标管理的典型步骤

1. 制订组织的整体目标和战略;

2. 在经营单位和部门之间分配主要的目标;

3. 各单位的管理者和他们的上级一起设定本部门的具体目标;

4. 部门的所有成员参与设定自己的具体目标;

5. 管理者与下级共同商定实现目标的行动计划;

6. 实施行动计划;

7. 定期检查目标的进展情况,并向有关单位和个人反馈;

8. 基于绩效的奖励,将促进目标的成功实现

目标管理具有如下的特点:

(一)强调自我参与

目标管理是让所有员工参与管理的一种方式。这主要体现在目标的制订上。这种管理方法是上下级一起协商制订组织目标,并共同研究实现目标可能的行动方案,让全体员工积极参与。

(二)强调自我控制

由于目标是上下级共同参与制订的,在目标实施过程中,每个员工会积极地实现自己参与设定的目标,变监督型管理为自我控制型管理。

(三)注重成果第一

在目标管理中,由于有了一套完善的目标考核体系,能够按员工的实际贡献大小如实客观地评价一个人,从而做到赏罚分明,让下级心服口服。考核时只看目标完成的程度,而不关实际工作态度、工作表现。

(四)促使权力下放

促使权力下放,强调责权利的三者统一。要完成明确的任务,必须相应地拥有完成任务所需要的资源、权力和承担相应的责任。这样就促使上级下放权力。

目标管理制度通过员工参与制订目标,上下级之间的沟通得到了加强,员工注重自我控制,明确预期成果,有效调动了员工的积极性和潜力,成为一种有效的系统管理方法。但目标管理在应用中也有一定的局限性:目标制订较为困难;目标制订与分解中的职工参与费时、费力;目标成果的考核与奖惩标准很难统一;组织中人员素质的差异影响目标管理方法的实施。

小 结

本章从广义和狭义两个方面阐述了计划的含义,介绍了计划的四个特征,即目标性、首位性、普遍性、效率性,要求掌握计划编制过程的步骤和方法;通过对计划的理论研究,学会利用计划的编制、方法与技术进行预测、决策及管理;在此基础上,阐述了实施计划工作的基础——目标管理。了解它是一种通过科学地制定目标、实施目标、依据目标进行考核评价来实施组织管理任务的过程。

 思考与练习

一、名词解释

计划   滚动计划法   网络计划技术法   目标管理

二、单项选择题

1.在管理中,居于主导地位的工作是(　　　)。

A.计划　　　　　　　B.组织　　　　　　　C.人员配备　　　　　　　D.指挥

2.按计划的影响程度,可以把计划分为(　　　)。

A.长期计划和短期计划　　　　　　　B.战略计划和战术计划

C.具体性计划和指导性计划　　　　　　　D.程序性计划和非程序性计划

3.(　　　)是网络计划技术的基础。

A.作业明细表　　　　B.网络图　　　　　　C.关键路线　　　　　　　D.工艺过程

4.某企业在推行目标管理中,提出了如下的目标:"质量上台阶,管理上水平,效益创一流,人人争上游。"该企业所设定的目标存在的缺陷是(　　　)。

A.目标缺乏鼓动性　　　　　　　B.目标表述不够清楚

C.目标无法考核　　　　　　　　D.目标设定得太高

三、多项选择题

1.计划编制的方法主要有(　　　)。

A.滚动计划法　　　B.SWOT分析法　　　C.网络计划技术　　　D.PDCA循环

E.量本利分析法

2.按计划的详尽程度分类,计划分为(　　　)。

A.专业性计划　　　B.战术计划　　　　　C.综合性计划　　　　　D.导向性计划

E. 具体计划

3. 网络图一般由( )组成。

A. 时间 　　B. 工序 　　C. 事项 　　D. 线路 　　E. 目标

4. 目标管理在应用中的局限性表现在( )。

A. 目标制定较为困难

B. 目标制定与分解中的职工参与费时、费力

C. 目标成果的考核与奖惩标准很难统一

D. 组织中人员素质的差异影响目标管理方法的实施

E. 目标主要是由上级共同制定的,下级很难参与

思考题答案

四、判断题

1. 当环境不断变化时,计划也要不断调整,因此计划的意义不大。 　　( )

2. 从形式上看,目标管理是一种程序和过程。 　　( )

3. 滚动计划法是一种定期修订未来计划的方法,其计划工作量较小且更加切合实际。

　　( )

4. 在一个网络图中,可以有多个总开工事项和总完工事项。 　　( )

五、简答题

1. 计划工作的含义是什么? 它具有哪些基本特征?

2. 目标管理具有哪些特点? 我国大多数企业目前的状况是否完全具备实行目标管理的条件?

 **案例分析**

杜邦公司的变革计划

自从约翰·A.克罗尔出任杜邦公司的首席执行官以来,他就创造了宽松的会议和计划决策氛围。人们都知道他与经理们一起唱他最喜爱的歌曲——《你是我的阳光》的轶事。克罗尔认为会议的气氛要有所变化,杜邦应该从一个行动迟缓的巨人变为更有活力的机体。其竞争对手孟山多就非常灵活,他们的成功正是克罗尔忧虑的原因。为了有一个良好的开端,克罗尔修改了计划过程。过去,杜邦的管理者倾向于集中制订计划,只有少数顾问参加讨论。与此相反,克罗尔喜欢让更多的管理者参与决策。他耐心倾听人们的想法,这算不上是制订计划的最快方法,但通过听取多种意见,克罗尔相信,他获得了更好的建议,当变革实施时,人们会更有责任心。

杜邦开始行动了。克罗尔的信条是:加快杜邦进入高增长的生命科学领域如生物农业和制药业的步伐。目标是在 3 年内将在这一领域的销售额从 20% 提高到 30% 。为了达到目标,杜邦斥资 32 亿美元购买蛋白质技术和先锋国际公司的部分股权。但克罗尔并不想弱化杜邦核心的化学和纤维业务。杜邦的目标是在这些核心业务内取得第一或第二的位置,为此,它又斥资 30 亿美元在北美以外的地区购买了白染料厂商,从英国化学公司购买生产

聚酯的厂。

尽管杜邦公司的战略是通过多样化实现增长,但公司还是将那些不适合公司整体战略组合的业务处理掉。例如,医疗产品事业部是杜邦的一个组成部分,但由于低利润而被卖掉。克罗尔还一并卖掉了过氧化氢的生产部门,更不用说卖掉的价值200亿美元的克诺克石油天然气公司。在克罗尔的领导下,杜邦的计划过程信息更灵通,有更多的人提供好建议。

这些变革是与公司集中于高增长市场、加强公司核心能力的整体计划相适应的。克罗尔面对的挑战是制订和实施适应外部环境变化的灵活的、动态的战略计划。

案例思考题:

1.你是否认为克罗尔的战略计划方法是杜邦取得成功的关键?为什么?

2.杜邦是怎样实现其多样化的公司战略的?

3.你认为杜邦的核心能力是什么?它是怎样与公司的战略相适应的?

第五章 预测与决策

学习目标

1. 了解预测与决策的概念与原理；
2. 掌握预测与决策技术的计算方法；
3. 掌握预测与决策技术的应用条件；
4. 了解大数据对企业管理决策的影响及其在决策中的应用。

能力目标

1. 学会应用定量分析的预测与决策技术思路；
2. 学会应用预测与决策方法解决现实中的一些问题。

引入案例

生产面罩帽的技术决策

时美服装厂的袁厂长是一位精明能干的管理者。他主张生产一批,试出一批,设计一批,新款式服装不断档。在他的领导下,这个厂的收益年年递增。

袁厂长不仅重视发挥厂里专职服装设计人员的作用,而且注意发动全厂职工出主意、想办法,对有实用价值的建议重奖。这样一来,大家被调动起来了,都愿意把自己的想法告诉他。

入冬以来,该厂生产的羽绒服很畅销,可袁厂长已在布置设计新款式的产品了。

小吴是个爱动脑筋的小伙子,这天他找到厂长,谈了一个设想。

"走在街上,看到人们身上穿得暖乎乎的,可就是脸露在外面,风吹雪打,口罩也管不了多大事,戴上、摘下的麻烦不说,戴上以后还憋得慌。戴眼镜的同志还多了一样烦恼——鼻孔一出气眼镜就结霜,影响视力。我想,咱们应该设计一种新产品——面罩帽,既方便穿戴,又保证呼吸顺畅,耐脏防寒,还能使戴眼镜的同志免受眼镜雾化之苦。"

袁厂长沉吟片刻,马上把设计科科长叫来,叫他派人按小吴的想法设计出样品,三天后交厂领导讨论。

三天过去了,设计科准时交出了样品,原型是羽绒服上的帽斗,在帽斗前面从右边多出一块面罩,正好护住眼睛以下的大半张脸,在嘴和鼻孔的位置放上海棉并穿以微孔,左边安上三四颗按扣,可以扣个严严实实。由于呼吸"有门",戴眼镜的同志再不用担心两眼"茫然"了。这种面罩既可以和市场上热销的羽绒服配套,又可以单独销售。袁厂长拿着样品征求其他几位厂领导的意见。有一位领导提出,这种面罩还得考虑不戴时往哪放的问题,不能就这样耷拉着。设计科的同志马上进行了改进,在面罩上多安了几个按扣,这样,就可以在不用时把它折放在帽斗里。

袁厂长当场拍板,先生产二百套到试销部销售,一百套与羽绒服配套卖,一百套单卖。袁厂长还派了几名得力的同志在试销部征求顾客的意见。

从现场销售情况来看,那一百套羽绒服的销路不好,由于"面罩帽"的缘故,本来热销的羽绒服也成了滞销货。厂里的同志现场调查了几位顾客,顾客说,现在城里的年轻人讲求的是轻便、洒脱,面罩帽这玩意实用是实用,但蒙住了大半个脸,像个蒙面人,不美观。不过他们也发现了一个新动向,就是许多进城跑买卖、打短工的郊区农民把单卖的面罩帽买走了不少,他们都说这面罩帽实用,就是面料和做工过精,价格稍微贵了一些。

听了这些反映,袁厂长决定对面罩帽决策进行相应的调整,然后投入批量生产。他心里已经有了谱,面罩帽这种新产品的推出肯定能给厂里带来可观的效益。

(资料来源:http://sxy.lytu.edu.cn/jpkc/glx/ArticleShow.asp?ArticleID=110,临沂师范学院管理学精品课程)

案例思考题:

1.如果你是厂长,你对小吴的建议将做出何种反应?

2.袁厂长会如何对面罩帽的决策进行调整?

预测与决策是管理的两个重要组成部分,管理的关键在于决策,而决策的前提是预测。在环境日益复杂多变的情况下,如何科学地预测,进而合理地做出决策已成为当今管理人员必须具备的能力。

第一节　预　测　概　述

一、预测的含义

计划是面向企业未来的行动策划,必须充分考虑未来的内外环境和市场需求,才能顺利有效地执行。因此,企业管理者在制订计划之前,一定要基于产品、区域、顾客等分类进行预测,为正确制订计划提供依据。

预测,就是根据企业各部门所获悉的有关经济活动的各种信息、资料,运用一定的方法和预测模型,预测未来一定时期内经济及其发展变化的趋势。

二、预测的步骤

预测的全过程是调查研究、综合分析和计算推断的过程。一个完整的预测,一般都要经过以下几个步骤,如图5-1所示。

(一)确定预测目标

进行一项预测,首先必须明确预测的内容或项目,预测的目标关系到预测的一系列问题,如收集什么资料、怎样收集资料、采用什么预测方法等。只有目标明确,才能使预测结论

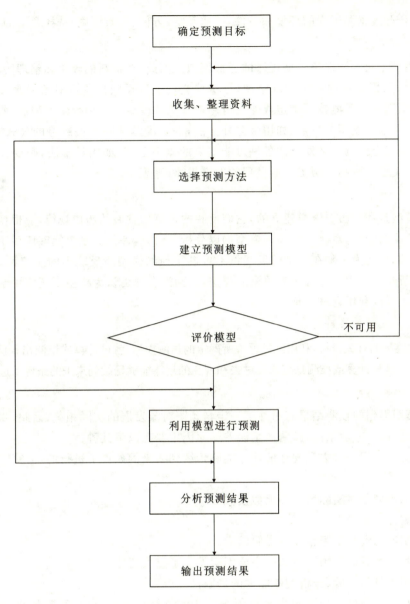

图 5-1 预测步骤

符合决策要求。

(二)收集、整理资料

正确的资料是做好预测的依据。所以管理人员应根据预测目标的具体要求收集进行预测所需要用到的各种资料,并且对所收集到的资料进行加工、整理和分析,辨别资料的真实性、完整性、可比性和可用性,对不完整和不可比的资料要进行必要的补充和推算,去掉那些不真实的、对预测无用的资料。

(三)选择预测方法

预测的方法很多,各种方法都有自己的适应范围和局限。实际工作中,主要是根据决策对预测结果的要求、占有资料的多少及完整程度、资料所呈现的数据之间的关系及其变化规律等,并结合开展预测工作的环境和条件,按照经济、方便、有效原则,选择合适的预测方法。

(四)建立预测模型

预测模型是对预测对象发展规律的近似模拟。因此,在资料的收集和整理阶段,应对收集到的资料,采用一定的方法加以整理,尽量使它们能够反映出预测对象未来发展的规律性,然后利用选定的预测技术确定或建立可用于预测的模型。如用数学模型法,则需要确定模型的形式并求出模型的参数;如用趋势外推法,则要确定反映发展趋势的公式;如用概率分析法,则要确定预测对象发展的各种可能结果的概率分布;如用类推法,则要找到与预测对象的发展类似的事物在历史上所呈现的发展规律;等等。

(五)评价模型

由于模型是利用历史资料建立的,它们反映的是事物发展的历史规律,应根据收集到的有关未来情况的资料,对建立的预测模型加以分析和研究,评价其是否能够应用于对未来实际的预测。如果认为事物在未来的发展将不再遵循预测模型所反映出的规律性,则应舍弃该模型,重新建立可用于进行未来预测的模型,直到没有理由认为模型不能应用于预测未来的实际,这才可以利用它进行预测。

(六)利用模型进行预测

根据收集到的有关资料,利用经过评价所确定的预测模型,就可计算或推测出预测对象发展的未来结果。这种计算或推测是在假设过去和现在的规律能够延续到未来的条件下进行的。

(七)分析预测结果

利用模型得到的预测结果有时并不一定与预测对象发展的实际相符,因此,要分析预测误差产生的原因。一般来说,预测产生误差的原因主要有以下几种:

(1)预测是在假设过去和现在的规律能够延续到未来的条件下进行的,但实际已发生了变化。

(2)预测模型是对实际情况的近似模拟。

(3)预测方法选择不当。

(4)预测所用资料不完整或有虚假因素。

(5)预测环境或影响预测对象的主要因素发生了重大变化。

(6)预测人员的经验、分析判断能力的局限性。

(7)编写预测报告。预测报告是对预测工作的总结。其内容包括:资料收集与处理过程、选用的预测方法、建立的预测模型及对模型的评价与检验、对未来条件的分析、预测结果及其分析与评价以及其他需要说明的问题等。

(八)输出预测结果

最后输出预测结果,向决策者进行汇报。

 材料阅读

缺乏预测,处处被动

一外贸公司经营工业硅产品出口。几年前,该公司看好此产品的潜力,利用其娴熟的国

际贸易技巧和广泛渠道与冶炼厂合作,大力推广这种产品。通过严格的产品质量把关,产品出口很快打开了局面,销售市场由原先的日本很快扩展到了韩国、中国台湾、南非等国家和地区,甚至美国和欧洲的客户也千里迢迢赶来订货。工业硅市场的前景似乎一片光明。

初期的成功使公司倍感鼓舞,在没有细致的市场预测分析的情况下,马上决定加大投资、扩大生产,使产量翻番。产品出来后,立即集港存仓待运。然而,好景不长,不到一年时间,由于世界性经济危机的影响,加之日本经济的长期萎靡不振,工业硅市场大幅下滑,客户纷纷取消订货,造成该公司成品积压,占用资金额达上千万元人民币。

万幸的是,有一家日本商社已经在日本建立了较稳固的销售渠道,每月还能订50吨货,并且在了解了外贸公司的困难处境后,合作后期主动增加了每月的订货量。经过近一年的努力,库存工业硅基本销售完毕,这使得业务人员长长地舒了一口气。

但是问题又来了,经过一年的低迷,工业硅市场出现了复苏的迹象,坚持长期订货的那一家日本商社要求增加订货量,但公司已转产的冶炼厂迟迟不能重新安排生产,无法及时交货,双方的合作关系就此也完结了。

该公司负责该项业务的业务人员事后总结时认为,产生这样的结果,根本原因在于没有做好产品预测工作,不清楚客户的需求到底是什么,处处被动,业务人员都非常辛苦,产生的效果却不能令人满意。

第二节　预测技术

预测技术有定性预测与定量预测两种。定性预测主要是指各种调查方法,如重点调查、典型调查、抽样调查、专家意见调查等。以下只介绍定量预测中时间序列预测的几种主要方法。

一、算术移动平均法

算术移动平均法是假设预测值与近 n 期的实际值有关,而与前几期或较远期无关,因此可以用最近 n 个时期的移动平均值作为下一期的预测值。预测公式是:

$$\overline{X}_t = \frac{X_{t-1} + X_{t-2} + \cdots + X_{t-n}}{n} = \frac{\sum\limits_{i=t-1}^{t-n} X_i}{n}$$

式中　$\overline{X}_t$——n 期移动平均值;

　　　X_i——各期实际值;

　　　n——所用资料的期数。

运用移动平均法的关键是选择合适的 n 值。一般地说,如果考虑到时间序列中含有大量的随机成分,或者序列的基本发展趋势变化不大,则 n 应取大一点,这样平滑修匀的效果更为显著。如果预测对象的基本趋势正在不断发生变化,外部影响与环境正在改变,则 n 应取小一点,使移动平均值更能适应当前的变化趋势。

在实际中,n 值的选择主要取决于预测的目的和实际数据的特点。如果要求预测值比较精确,n 应取得小一些,可在 3~5 之间;反之,如果想得到事物变化的大致趋势,n 应取得大一点,可在 10~30 之间。如果实际数据上下波动不大,n 值也可以取得大一些。

这种方法由于侧重考虑了近期实际情况对预测期的影响,预测比简单平均法要准确些,但一般也只宜用于短期预测。

【例 5-1】 假设某厂 2017 年 7—12 月各月实际的销售额见表 5-1,又假设 2018 年 1 月份的实际销售额为 260 万元。

表 5-1 某厂 2017 年 7—12 月实际销售额

月份	7	8	9	10	11	12
实际销售额(万元)	240	235	270	245	255	265

则 2018 年 2 月份的预测销售额为:

$$\overline{X}_t = \frac{260 + 265 + 255 + 245 + 270}{5} = 259(万元)$$

二、加权移动平均法

简单平均法和移动平均法只利用过去的时间序列值进行预测,而且算术移动平均法只能假设这些数据对未来值有同等影响。但是,实际情况是复杂的。由于各种偶然因素,各个时期的数据对未来发展变化的影响往往不一定是相等的。为了弥补这一缺点,就产生了加权移动平均法。

加权移动平均法是指对整个时间序列进行加权平均进行预测的一种方法。它的基本原理就是以一定的权数来区别每期对未来发展情况影响的大小,以便能更正确地反映事物发展变化的实际,使预测更准确一些。其预测公式是:

$$\overline{X}_t = \frac{X_{t-1} \cdot a_{t-1} + X_{t-2} \cdot a_{t-2} + \cdots + X_{t-n} \cdot a_{t-n}}{a_{t-1} + a_{t-2} + \cdots + a_{t-n}}$$

$$= \frac{\sum_{i=t-1}^{t-n}(X_i a_i)}{\sum_{i=t-1}^{t-n} a_i}$$

式中 a_i——各个时期的权数。

如果令 $\sum_{i=t-1}^{t-n} a_i = n$,那么公式变为:

$$\overline{X}_t = \frac{\sum_{i=t-1}^{t-n}(X_i a_i)}{n}$$

式中 a_i——权数;

X_i——第 i 期的实际销售额;

$\overline{X}_t$——预测值。

【例 5-2】 例 5-1 中如果观察值取 9、10、11、12 四个月的,根据每个月的数值对 2018 年 1 月份预测值的不同影响程度确定权数分别为:9 月份(a_1)为 2;10 月份(a_2)为 2;11 月份(a_3)为 3;12 月份(a_4)为 3。则:

$$\overline{X} = (270 \times 2 + 245 \times 2 + 255 \times 3 + 265 \times 3)/(2 + 2 + 3 + 3) = 259(万元)$$

该企业 2018 年 1 月份的预测销售额是 259 万元。

运用加权移动平均法进行预测,关键在于权数的选择。其一般规律是:近期数据资料的加权数值较大,远期则较小。至于大小的程度,完全取决于预测人员对时间序列的全面了解和分析。因此,权数的确定常常带有经验性。在实际预测中一般都多算几个不同权数加以比较,择优选定。

三、指数平滑法

指数平滑法,也称指数移动平均法、指数修匀法。它是一种简便易行的时间序列预测方法。指数平滑法是在移动平均法的基础上发展起来的。移动平均法有两个缺点:一是需要大量的历史统计资料,二是对时间序列中的各期情况对预测期影响大小程度的问题没有真正解决。指数平滑法由于用的是加权平均,且不需很多历史资料,能够弥补上述两个缺陷。

其预测公式是:

$$\overline{X}_t = \overline{X}_{t-1} + a(X_{t-1} - \overline{X}_{t-1})$$

上式也可表示为:

$$\overline{X}_t = (1-a)\overline{X}_{t-1} + aX_{t-1}$$

式中　$\overline{X}_{t-1}$——第 $t-1$ 期的预测值;

X_{t-1}——第 $t-1$ 期的实际值;

a——平滑系数($0 \leqslant a \leqslant 1$)。

【例 5-3】　例 5-1 中假定该企业 2018 年 1 月份的预测值为 259 万元,实际销售额为 265 万元,如果 $a=0.3$,则 2 月份预测销售额为:

$$\overline{X}_t = 0.3 \times 265 + (1-0.3) \times 259 = 260.8(万元)$$

$a=0.3$ 的含义是 1 月份实际销售额的比重(或权数)占 30%,1 月份预测销售额的比重占 70%。

根据国内外的经验,在实际运用中,通常的经验是 a 的取值在 0.1~0.3 之间。由于最近期的实际资料包含着较多的未来情况信息,对预测的影响较大,所以必须比远期实际资料给予更大的权数,而对较远期资料则相应给以递减的权数。

如果进行数学推算,指数平滑法实际是选择各时期权数的数值为递减指数数列的均值方法,即代表各时期权数的数列为:

$$a、a(1-a)、a(1-a)^2、\cdots、a(1-a)^n$$

由于权数是 $(1-a)$ 的指数形式,故称指数平滑法。

用指数平滑法进行预测,a 的取值将直接影响预测的精度。选取 a 值最好通过试算来决定。例如,对同个预测对象,分别用 $a=0.3$、0.5 或 0.7 进行试算,看哪一个 a 值修正前期预测值与实际值的绝对误差小,即可把这个值确定为平滑系数。指数平滑法的主要优点是要求的历史数据量少,而且预测值可以通过 a 值的调整来适应实际值的变化,以减少预测误差,这也是该法应用普遍的原因。

第三节　决　策　概　述

一、决策的含义

决策是指为了达到一定目标,从两个以上的可行方案中选择一个合理方案的分析判断过程。

决策的含义包括以下几个方面的内容：

（一）决策具有明确的目标

决策前必须明确所要解决的问题和目标。决策的目标有时是一个，有时是相互联系的若干个。如果决策前没有明确的目标，往往会导致决策无效甚至失误。

（二）决策有多个可行方案

决策必须是在两个或两个以上的可行方案中进行选择。如果只有一个方案，就不需要决策了。这些方案应该是平行的或互补的，能解决预期问题，实现预定目标，还可以进行定性和定量的分析。

（三）决策是对方案的分析和判断

决策所面临的若干个可行方案，每个都有不同的优缺点，有的方案还具有很大的风险。决策的过程就是对每一个可行方案进行分析、评价和判断，从中选出最优方案，并加以实施。因此，决策者必须具有超前意识，掌握充分信息，进行逻辑分析，才能在多个可行方案中选出一个合理的方案。

（四）决策是一个整体性过程

决定选中哪个方案的决策过程，是一个连续统一的整体过程。从收集信息到分析、判断，再到实施、反馈阶段，没有这个过程，就很难做出合理的决策。决策是一个循环过程，贯穿于整个管理活动的始终。

如何确定企业的决策过程

某方便面产品推向市场后，通过一系列深入目标客户群的公关及促销活动，产品市场占有率快速成长，逐步成为低价位方便面的领导品牌。为了实现既定的利润目标，企业对于价格策略做出调整，零售价格由每袋 0.7 元调整到 0.8 元。仅此 0.1 元的涨价决策，使产品销量大幅下滑，当月西北区的销售额只及先前的两成。后来，企业又花费了大量的营销投入，才有了一些起色。而在局部主要市场，该产品还是未能改变成为"瘦狗产品"的命运，因此将市场领导地位拱手让给了竞争对手。

分析问题：

1. 从决策角度来看，企业在实施该举措之前，应进行哪些综合分析？
2. 评价该企业的决策过程是否科学。

二、决策的类型

根据决策解决问题的性质和内容不同，可将决策分成许多类型。不同类型的决策，需要采用不同的决策方法。为了正确进行决策，必须对决策进行科学分类。

（一）按决策的重要程度分类

按决策的重要程度，决策分为战略决策、战术决策和业务决策。

战略决策是对涉及组织目标、战略规划的重大事项进行的决策活动，是对有关组织全局性的、长期性的、关系到组织生存与发展的根本问题进行的决策。如企业的方针、目标与计划，技术改造和引进，组织结构改革等，都属于战略决策。战略决策具有全局性、长期性和战略性的特点。

测试题

战术决策又称管理决策。它是指为了实现战略目标而做出的带有局部性的具体决策。如企业财务决策、销售计划的制订、产品开发方案的制订等，都属于战术决策。战术决策具有局部性、中期性的特点。

业务决策又称为日常管理决策。它是指为了执行战略决策和战术决策，对日常生产经营活动中有关提高效率和效益、合理组织业务活动等方面进行的决策。如一般设备的维护和保养、日常物资的采购和保养等都属于业务决策。业务决策是组织的所有决策中范围最小、影响最小的决策，是组织中所有决策的基础，也是组织运行的基础。

（二）按决策的可靠程度分类

按决策的可靠程度，决策分为确定型决策、风险型决策和不确定型决策。

确定型决策是指各种可行方案的条件都是已知的，并能较准确地预测它们各自的后果，易于分析、比较和选择的决策。

风险型决策是指各种可行方案的条件大部分是已知的，但每个方案的执行都可能出现几种结果，各种结果的出现有一定的概率，决策的结果只有按概率来确定，存在着风险的决策。

不确定型决策是指每个方案的执行都可能出现不同的结果，但各种结果出现的概率是未知的，完全凭决策者的经验、感觉和估计做出的决策。

（三）按决策的重复程度分类

按决策的重复程度，决策分为程序化决策和非程序化决策。

程序化决策又称为常规决策或重复决策，指的是经常重复发生，能按已规定的程序、处理方法和标准进行的决策。其决策步骤和方法可以程序化、标准化，重复使用。此种决策方法使管理工作趋于简化和便利，可以降低管理成本，简化管理过程，缩短决策时间，使方案的执行较容易。

非程序化决策又称为非常规决策、例外决策，指的是具有极大偶然性、随机性，又无先例可循且有大量不确定性因素的决策。这类决策往往是独一无二的，因此，在很大程度上依赖于决策者的知识、经验、洞察力及胆识来进行。例如，一个新产品的营销组合方案决策就是非程序化决策。因为产品是新的，竞争者是不同的，市场环境也时过境迁，以前的决策方案不能再用，必须制订新的方案。

（四）按决策的主体分类

按决策主体的不同，决策分为个体决策和群体决策。

个体决策是指个人依据自己的经验、判断力，经过信息的收集、分析和处理做出的决策。

测试题

群体决策是指由若干个决策者通过一定的程序与方法进行的决策。它和个体决策相比能更大范围地汇总信息、能拟定更多的备选方案、能更好地沟通、能更好地做出决策等。但同时也存在耗费时间、责任不明确等缺点。

(五)按决策的起点分类

按决策的起点,决策分为初始决策和追踪决策。

初始决策又称零起点决策。它是指在有关活动尚未进行,从而环境未受到影响的情况下进行的决策。

追踪决策又称非零起点决策。它是指随着初始决策的实施,组织环境发生变化的情况下进行的决策。

三、决策的程序

决策是一项非常复杂、非常重要的管理工作。决策者要做出正确的决策,必须遵循正确的决策程序,按照科学化、合理化的要求进行有效的决策。一般来说,决策的程序应包括以下内容:

(一)确定决策目标

决策的目标是决策分析的出发点和终结,只有明确了决策目标,才能有针对性地做好各个阶段的决策分析工作。

(二)搜集资料

决策分析所需的资料是进行决策分析的重要依据。决策目标确定之后,就要有针对性地搜集有关数据资料和信息资料,并进行必要的检查、整理和加工。资料占有得越多,分析的结论也就越精确。可见,搜集资料是做好决策分析的一项重要工作。

(三)确定决策标准

决策标准就是运用一套合适的标准来分析和评价每一个方案。按照确定的目标,把目标分解为若干层次的确定的价值指标,同时指明实现这些指标的约束条件,这些指标实现的程度就是衡量达到决策目标的程度。在决策时,可按照确定的评判方法和标准,给每一个可行方案进行打分评比,并按每一个方案的得分高低进行排列,为决策工作的顺利进行奠定基础。

(四)拟订备选方案

拟订多个备选方案的过程非常重要,如果此过程存在缺陷,那么决策就很难优化。备选方案的产生,可大致分为以下步骤:首先在研究环境变化和发现问题的基础上,根据组织的宗旨、使命和任务,提出初步设想;然后将提出的各种设想加以集中、整理和归类,形成内容比较具体的若干个初步方案;接着对这些初步方案进行筛选、修改和补充以后,对留下的可行方案做进一步完善处理,并预计其执行的各种结果,形成一定数量的可替代的决策备选方案。

(五)分析方案

决策者对每一个备选方案都要加以分析和评价。可以进行重要性程度的评分加权,鉴定各种方案的优缺点和执行结果,并把它们与目标进行比较;还可以对一些各有利弊的备选方案进行优势互补,使最终的结果更加优化。

(六)选择和实施方案

选择方案就是对各种备选方案进行总体权衡后,由决策者选择一个最好的方案。决策制定的目的在于付诸实施。决策实施过程也是信息反馈过程，在实施过程中，要使主观意志与客观条件相统一，就必须在不断的信息反馈中主动寻找问题，补充、修正决策，以争取满意的决策效果。

第四节 决策方法与技术

在决策中为了保证管理决策的正确性，必须利用科学的决策方法。决策有很多方法，概括起来分为两大类：一类是主观决策法，另一类是计量决策法。

一、主观决策法

主观决策法是指运用社会学、心理学、组织行为学、政治学和经济学等有关专业知识、经验和能力，在决策的各个阶段，根据已知情况和资料，提出决策意见，并做出相应的评价和选择，以使决策更加完善。主观决策常用的方法有：

1. 专家意见法

专家意见法又称德尔菲法。这种方法是用会议或信函的形式，征求某些专家就某个问题的看法和意见。会议形式属于面对面的方式，较容易实现沟通和形成一致意见，但有可能受集体思维的影响使决策失去理想的理性状态；信函形式则是"背对背"的，被征询的专家彼此不相知，收到专家回答的意见后，综合归纳、整理，再分寄给各位专家继续征求意见，如此反复数次，直至意见比较集中为止。专家人数一般以 10～15 人为宜，对重大问题的决策，专家人数可相应增加。

2. 智力激励法

智力激励法又称畅谈会法。这种方法的特点是邀集专家，针对一定范围的问题敞开思想，畅所欲言。同时，智力激励法有四条规矩：第一，鼓励每一个人独立思考、开阔思路，不要重复别人的意见；第二，意见和建议越多越好，不受限制，也不怕冲突；第三，对别人的意见不要反驳、不要批评，也不要做结论；第四，可以补充和发展相同的意见。这种方法旨在鼓励创新并集思广益。

3. 创造工程方法

创造工程方法追求的目的是针对一定问题提出创新性的方法或方案。创造工程方法把创新过程看作一种有秩序、有步骤的工程。它把创新过程分为三个阶段和诸多个步骤。第一阶段是确定问题阶段，这一阶段通过主动搜索、发现问题、认识环境、取得资料、确定问题等步骤，把需要解决的问题确定下来；第二阶段是孕育创新思想阶段，这一阶段通过"发射发散—聚合收敛"思维、主动想象、不断搜索逼近等步骤形成初步的创造性设想；第三阶段是提出设想和付诸实施阶段，这一阶段通过成型、出世、审核、试验、满足等步骤把创造性设想形成方案，并接受实践验证。至此，这一创造工程的全过程宣告结束，并转入下一个创造过程。创造工程方法的核心是第二阶段，其灵魂是创造性思维。

二、计量决策法

计量决策法是建立在数学公式计算基础上的一种决策方法，是运用统计学、运筹学、电子计算机等科学技术，把决策的变量（影响因素）与目标，用数学关系表示出来，求出方案的损益值，然后选择出满意的方案。

测试题

（一）确定型决策方法

确定型决策是指决策者对决策的各种条件和因素完全掌握的决策。它必须具备四个条件:①具有决策者希望达到的目标;②客观条件相对稳定;③有两个以上可供选择的方案;④各方案执行的结果是明确的。确定型决策一般用于程序化的管理性或业务性的决策。确定型决策的主要方法有:

小视频

1.直观判断法

直观判断法是指决策的因素简明,无须复杂的计算,可以直接选择出最优方案的决策方法。

【例5-4】 某企业生产所需的原材料可从 A、B、C 三地购得,如果 A、B、C 三地距该企业的距离相等,运费相同,A、B、C 三地的同种原材料价格见表5-2,问该企业应从何地购进原材料?

表5-2 三地同种原材料价格

产地	A	B	C
价格(元/吨)	1000	1100	1200

在其他条件相同的情况下选择价格最低的,即选择从 A 地购进原材料是最佳方案。

2.线性规划法

线性规划法是研究在线性约束条件下,使一个线性目标函数最优化的理论和方法。线性规划法在经营决策中常用于解决利润最大、成本最低、时间最省、资源调配最合理等问题。

【例5-5】 某企业生产4种产品,产品型号、各生产车间设备每日生产能力、每件产品的利润,以及生产各种产品所需要的设备台时数见表5-3,问如何组织生产使企业的利润最大?

表5-3 设备台时数

车间＼产品（台时）	A	B	C	D	生产能力
Ⅰ	8	18	14	20	3600
Ⅱ	2	2	6	80	2400
利润(元)	24	40	36	80	

用线性规划求解。

(1)设置决策变量:

设 X_1、X_2、X_3、X_4 分别为4种产品的计划产量,Z 表示利润。

(2)建立目标函数:

$$\max f(Z) = 24X_1 + 40X_2 + 36X_3 + 80X_4$$

(3)列约束方程:

$$\begin{cases} 8X_1 + 18X_2 + 14X_3 + 20X_4 \leqslant 3600 \\ 2X_1 + 2X_2 + 6X_3 + 80X_4 \leqslant 2400 \\ X_j \geqslant 0(j=1,2,3,4) \end{cases}$$

(4)求解:

求解过程略,解得 $X_1=400,X_2=0,X_3=0,X_4=20$。

这时目标函数的最佳值为:

$$\max f(Z)=24\times400+80\times20=11200(元)$$

即 A 产品生产 400 件,B 产品、C 产品不生产,D 产品生产 20 件,可获得最佳利润为 11200 元。

3.盈亏分析法

盈亏分析法是依据与决策方案相关的产品产量(销售量)、成本(费用)和盈利的相互关系,分析决策方案对企业盈利和亏损发生的影响,据此来评价、选择决策的方法。

盈亏平衡分析的原理可用图 5-2 来说明。在直角坐标内,横轴表示产量(销售量),纵轴表示费用和销售收入。

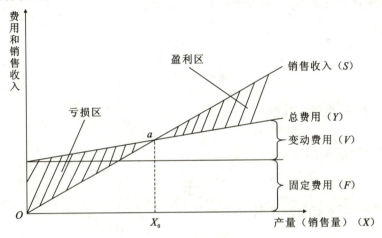

图 5-2　盈亏平衡分析图

根据费用与产量的关系将总费用分成固定费用和变动费用。固定费用是不随产量变化而变化的。它是一个固定的值,比如固定资产折旧费用等,在图上是一条与横坐标平行的线。变动费用是随产量的变化而变化的,而且是成正比例变化,如材料费等,在图上是一条斜线。把固定费用与变动费用相加就是总费用(Y)。销售收入线和总费用线的交点 a 称为盈亏平衡点(又称保本

点),此时销售收入恰好等于总费用,即企业处于不亏不盈的保本状态。a 点把这两条线所夹的范围分成两个区域,a 点右边的是盈利区,a 点左边的是亏损区。通过盈亏平衡图可以分析如下问题:

(1)可以判断企业目前的销售量对企业盈利和亏损的影响。当 $X>X_0$ 时,企业在盈利区;当 $X<X_0$ 时,企业在亏损区;当 $X=X_0$ 时,企业保本经营。

(2)可以确定企业的经营安全率。经营安全率是反映企业经营状况的一个指标。其计算公式为:

$$\eta=(X-X_0)/X\times100\%$$

式中　η——经营安全率。

η 的值越大,说明企业对市场的适应能力越强,企业经营状况越好;η 的值越小,说明企业经营的风险越大,经营状况越差。增加销售量而盈亏平衡点不变,可增大经营安全率。采

取措施,降低盈亏平衡点也可以增大经营安全率。一般可根据表 5-4 的标准来判定企业经营安全状况。

表 5-4　企业经营安全状况

经营安全率(%)	30 以上	20～30	15～25	10～15	10 以下
经营安全状况	安全	较安全	不太好	要警惕	危险

盈亏平衡分析的中心内容是盈亏平衡点的确定及分析。盈亏平衡点的确定就是找出这一点所对应的产量或销售量。有三种方法:

(1)产量销售量法。以某一产品的固定费用与变动费用确定盈亏平衡点。此法适用于单一品种生产的决策分析,或虽属多品种生产,但各品种的固定费用可以划分清楚。

令 W 为单件产品价格, C_v 为单件产品变动费用,则:

销售收入

$$S = W \times X$$

总费用

$$Y = F + V = F + C_v \times X$$

当盈亏平衡时,则 $S = Y$,即

$$W \times X_0 = F + C_v \times X$$

盈亏平衡点的产(销)量:

$$X_0 = \frac{F}{W - C_v}$$

根据此公式,可求产量为 X 时的利润(P):

$$P = (W - C_v) \times X - F$$

也可求利润为 P 时的产(销)量(X):

$$X = (P + F)/(W - C_v)$$

(2)销售额法。以某一产品销售额的固定费用与变动费用确定盈亏平衡点。此法适用于多品种生产而每个品种的固定费用又不能划分清楚的情况。计算公式如下:

$$S_0 = \frac{F}{1 - \dfrac{V}{S}}$$

用销售额法亦可求得或验证盈亏平衡点的产(销)量。

$$X_0 = \frac{F}{1 - \dfrac{V}{S}} \div W$$

(3)边际利润率法。边际利润率(m)是指边际利润(M)与销售收入之比。边际利润则是销售收入扣除变动费用后的余额。此法是以某一产品的边际利润率与固定成本的关系来求盈亏平衡点。边际利润率法又可分为两种情况。

单一品种生产时盈亏平衡点的计算:

$$S_0 = \frac{F}{1 - \dfrac{V}{S}} = \frac{F}{M/S} = \frac{F}{m}$$

多品种生产时,先求全部产品的综合平均边际利润率,然后将它去除总固定费用。

$$S_0 = \frac{F}{\sum \frac{M_i}{S_i}}$$

式中 M_i——某一产品的边际利润；

S_i——某一产品的销售收入。

现举例说明盈亏分析法的应用。

【例5-6】 某企业生产某种产品，年固定费用为50万元，生产单位产品的单位变动成本为60元/台，销售价格为100元/台，年计划安排生产17500台。企业能否盈利？盈利多少？

企业不亏损时至少应生产和销售的数量（即盈亏平衡点产量）：

$$X_0 = \frac{F}{W-C_V} = \frac{500000}{100-60} = \frac{500000}{40} = 12500（台）$$

即该企业至少应生产和销售12500台，企业才不会亏损。现计划生产17500台，大于盈亏平衡点产量，故企业肯定盈利，其盈利额为：

$$P = (W-C_V) \times X - F$$
$$= (100-60) \times 17500 - 500000$$
$$= 200000（元）$$

所以该企业如能生产和销售17500台产品，可获利200000元。

【例5-7】 某企业生产A、B、C三种产品，有关资料见表5-5，试计算各种产品的盈亏平衡点销售量。

表5-5 三种产品资料

品种	计量单位	销售量	单价	销售收入	变动成本总额	固定成本总额
A	件	10000	200	2000000	1400000	
B	台	120	2000	240000	168000	400000
C	吨	600	100	60000	42000	
合计				2300000	1610000	400000

（1）计算边际利润率

$$边际利润率 = 1 - \frac{变动成本总额（V）}{销售收入总额（S）} = 1 - \frac{16100000}{2300000} = 0.3$$

（2）计算盈亏平衡点销售额：

$$盈亏平衡点销售额（S_0） = \frac{固定成本总额（F）}{边际利润率（m）} = \frac{400000}{0.3} = 1333333（元）$$

（3）计算各种产品的盈亏平衡点销售额：

$$S_A = 1333333 \times \frac{2000000}{2300000} = 1159420（元）$$

$$S_B = 1333333 \times \frac{240000}{2300000} = 139130.4（元）$$

$$S_C = 1333333 \times \frac{60000}{2300000} = 34782.5（元）$$

A产品盈亏平衡点的销售量 = 1159420 ÷ 200 ≈ 5797（件）

B产品盈亏平衡点的销售量 = 139130.4 ÷ 2000 ≈ 70（台）

C产品盈亏平衡点的销售量＝34782.5÷100≈348(吨)

(二)风险型决策方法

风险型决策也叫随机性决策或概率性决策。它需要具备下列条件:第一,有一个明确的决策目标;第二,存在着决策者可以选择的两个以上的可行方案;第三,存在着决策者无法控制的两个以上的客观自然状态;第四,不同方案在不同自然状态下的损益值可以计算出来。由于风险型决策自然状态出现的概率不肯定,只能估计出一个概率,所以决策人要承担因估计失误而带来的风险。这种决策方法主要应用于有远期目标的战略决策或随机因素较多的非程序化决策,如投资决策、技术改造决策等。常用的方法有:

1.期望值法

首先计算出每个方案的损益期望值,并以此为目标,选择收益最大或最小的方案为最优方案。期望值等于各自然状态下损益值与发生概率的乘积之和,计算公式为:

$$EMV_{(i)} = \sum (V_{ij} \cdot P_j)$$

式中　$EMV_{(i)}$——第 i 个方案的损益期望值;

　　　V_{ij}——第 i 个方案在第 j 种自然状态下的损益值($i=1,2,\cdots,n$);

　　　P_j——自然状态下(S_j)的概率值($j=1,2,\cdots,m$)。

期望值法以决策矩阵表为工具。

【例5-8】　某冷食厂夏季生产冰淇淋,每箱成本为50元,售出价格为100元,每箱销售后可获利50元。如果当天销售不出去,剩余1箱就要损失冷藏保管费30元。去年夏季日销售量的资料见表5-6。据预测,今年夏季市场需求量与去年同期无大变化,应怎样安排今年的日生产计划,才能使期望利润最大?

表5-6　去年夏季日销售量资料

日销售量(箱)	完成日销售量的天数(天)	概率
100	18	0.2
110	36	0.4
120	27	0.3
130	9	0.1
合计	90	1.0

用最大期望收益值作为决策的标准,决策分析步骤如下:

(1)根据去年夏季日销售量资料,确定不同日销售量的概率值(见表5-6概率栏)。

(2)根据有关数据编制决策矩阵表(表5-7)。

以日产量120箱为例,表5-7中收益值(V_{ij})的计算方法如下:

日销售量为100箱的收益值　$V_{31}=100\times50-20\times30=4400(元)$

日销售量为110箱的收益值　$V_{30}=110\times50-10\times30=5200(元)$

日销售量为120箱的收益值　$V_{33}=120\times50=6000(元)$

日销售量为130箱的收益值　$V_{34}=120\times50=6000(元)$

其余各方案的收益值依此类推。

表 5-7　决策矩阵表

自然状态 S_j	每日销售量（箱）				期望值 $\sum(V_{ij} \cdot P_j)$
损益值 V_{ij}　　概率 P_j　方案 A_i	100	110	120	130	
	0.2	0.4	0.3	0.1	
生产 100 箱	5000	5000	5000	5000	5000
生产 110 箱	4700	5500	5500	5500	5340
生产 120 箱	4400	5200	6000	6000	5360
生产 130 箱	4100	4900	5700	6500	5140
最大期望值 $\left[EMV_{(j)} = \max\sum(V_{ij} \cdot P_j)\right]$					5360

（3）计算每个备选方案的期望值。

仍以日产量 120 箱方案为例，代入公式得：

$$EMV = 4400\times0.2 + 5200\times0.4 + 6000\times0.3 + 6000\times0.1$$
$$= 5360（元）$$

其余各方案的期望值均依此类推。

（4）比较不同方案的期望值并选择最大值为最优决策。从计算结果看，以日产量 120 箱方案的期望值最大，故列为最终决策方案。

2.决策树法

决策树法是以决策损益值为依据，通过计算比较各个方案的损益值，绘制树枝图形，再根据决策目标，利用修枝寻求最优方案的决策方法。该方法最大的优点是能够形象地显示出整个决策问题在不同时间和不同阶段的决策过程，逻辑思维清晰，层次分明，对复杂的多级决策尤为适用。

测试题

决策树的结构要素（图 5-3）介绍如下：

决策结点通常用□表示。决策结点是要选择的点，从它引出的分枝叫方案分枝，有几条分枝就有几个方案。

状态结点通常用○表示。状态结点表示一个方案可能获得的损益值。从它引出的分枝叫概率分枝，每一条分枝代表一个自然状态。

末梢通常用△表示。末梢是状态结点的终点，在末梢处标明每一个方案在不同的自然状态下的损益值。

运用决策树决策的步骤是：

第一，自左向右绘制决策树，并标出数据。

第二，自右向左逐级计算出同一方案在不同自然状态下的损益值，进而计算出方案期望值，并标在结点上。

第三，逐个比较不同方案期望值的大小，然后修枝，并剪去（在舍去的方案枝上划上"∥"符号）期望值较小的方案枝。如果是期望损失值，则剪去期望值较大的方案枝。

下面举例说明决策树法的应用。

（1）单级决策。单级决策是指决策问题的整个决策期中只进行一次决策，就能选择满意方案的决策过程。

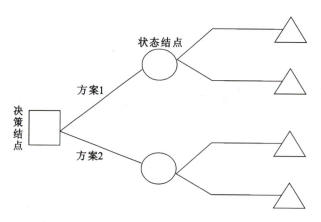

图 5-3　决策树的结构要素

【例 5-9】　某企业准备生产某种产品,预计该产品的销售有两种可能:销路好,其概率为 0.7;销路差,其概率为 0.3。可采用的方案有两个:一个是新建一条流水线,需投资 220万元;另一个是对原有的设备进行技术改造,需投资 70 万元。两个方案的使用期均为 10年,损益资料见表 5-8。试对方案进行决策。

表 5-8　损益资料

方案	投资(万元)	年收益(万元)		使用期(年)
		销路好(0.7)	销路差(0.3)	
1.新建流水线	220	90	−30	10
2.技术改造	70	50	10	10

绘制决策树如图 5-4 所示。

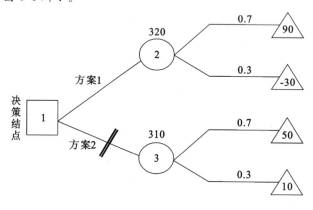

图 5-4　决策树

然后计算期望值:

结点②的期望值=[90×0.7+(−30)×0.3]×10−220=320(万元)

结点③的期望值=(50×0.7+10×0.3)×10−70=310(万元)

从期望收益值来看,方案 1 较高,因此应采用方案 1。

(2)多级决策。多级决策又称序列决策,是指面临的决策问题比较复杂,非一次决策所能解决问题,而需进行一系列的决策过程才能选出满意方案的决策。

【例 5-10】　某厂为生产某种新产品设计了两个建厂方案:一是建大厂,二是建小厂。建大厂需投资300万元,建小厂需投资160万元。两个方案的经济寿命均为10年。估计在10年内,前3年销路好的概率为0.7;销路差的概率为0.3。同时预测投产后,如果前3年销路好,后7年销路好的概率为0.9,销路差的概率为0.1;如果前3年销路不好,后7年销路也一定不好。在这种情况下,有人又提出第三个方案,即先建小厂,如果全年销路好,再扩建成大厂,这样更有把握。扩建需投资140万元。各方案的年损益值见表5-9。应如何决策?

表5-9　各方案的损益值

方案 ＼ 自然状态	损益值（万元）		寿命（年）	投资（万元）
	销路好(0.7)	销路差(0.3)		
1.建大厂	100	−20	10	300
2.建小厂	40	10	10	160
3.先建小厂后扩建				140

根据题意绘出决策树,如图5-5所示。

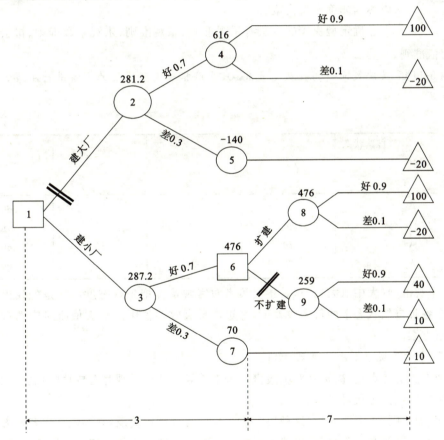

图5-5　决策树

根据决策树图计算各点期望收益值。先计算后7年的,再计算前3年的。

点⑧$EMV_8 = [0.9 \times 100 + 0.1 \times (-20)] \times 7 - 140 = 476$（万元）

点⑨$EMV_9 = (0.9 \times 40 + 0.1 \times 10) \times 7 = 259$（万元）

这两点的期望收益值计算出来后,进行比较。由于$EMV_8 > EMV_9$,故决定选择扩建方案，把不扩建的方案剪掉，并把点⑧的期望收益值移至⑥点。

点④ $EMV_4 = [0.9 \times 100 + 0.1 \times (-20)] \times 7 = 616$（万元）

点⑤ $EMV_5 = [1.0 \times (-20)] \times 7 = -140$（万元）

点⑦ $EMV_7 = 1.0 \times 10 \times 7 = 70$（万元）

点② $EMV_2 = 0.7 \times 100 \times 3 + 0.7 \times 616 + 0.3 \times (-20) \times 3 + 0.3 \times (-140) - 300$
$= 281.2$（万元）

点③ $EMV_3 = 0.7 \times 40 \times 3 + 0.7 \times 476 + 0.3 \times 10 \times 3 + 0.3 \times 70 - 160 = 287.2$（万元）

因 $EMV_3 > EMV_2$，故选择先建小厂后扩建的方案。

（三）非确定型决策方法

测试题

非确定型决策的条件与风险型决策的基本相同，只是无法测算各种状态出现的概率。这时的决策主要取决于决策者的经验、智能和思维判断。由于决策者面临哪一种自然状态是完全不确定的，决策的结果也是完全不确定的，所以称为非确定型决策。

非确定型决策的方法有乐观准则、悲观准则、乐观系数准则、机会均等准则、后悔值准则。

【例5-11】 某决策问题的收益见表5-10，试用非确定型决策的方法进行决策。乐观系数 $a = 0.8$。

表5-10　决策问题的收益　　　　　　　　　　　单位：万元

方案 \ 收益值 \ 自然状态	S_1	S_2	S_3	S_4
A_1	50	60	70	80
A_2	40	60	90	100
A_3	70	30	50	60
A_4	20	60	80	90

（1）乐观准则（大中取大）。这是指决策者对客观情况抱乐观态度。它是先找出各种行动方案在各种自然状态下的最大收益值，并选取最大收益值中的最大值所对应的行动方案作为决策方案。

例5-11的乐观准则决策见表5-11。

这种方法的特点是，决策者对决策事件未来前景的估计乐观并有成功的把握，因此愿意以承担风险的代价去获得最大收益。

（2）悲观准则（小中取大）。这种决策方法与乐观准则正相反，它要先算出各种方案在各种自然状态下可能有的收益值，再找出各种自然状态下的最小收益值，把最小收益值中的最大值对应的方案作为决策方案。

例5-11的悲观准则决策表见表5-12。

采用这种方法是非常保守的，决策者唯恐决策失误而造成较大的经济损失，因此在进行决策分析时比较小心谨慎，从最不利的客观条件出发来考虑问题，力求损失最小。

（3）乐观系数准则（折中准则）。这是介于上述两个准则之间的一个准则，把自然状态好和差的概率变成人为地估计一种可能性,对乐观和悲观出现的可能性估计就是乐观系数。决策人根据市场预测和经验判断确定一个乐观系数 a 为主观概率,其值在 $0\sim1$ 之间,每个方案的估计损益期望值＝$a\times$最大损益值＋$(1-a)\times$最小损益值。

表 5-11 乐观准则决策表 单位:万元

自然状态 收益值 方案	S_1	S_2	S_3	S_4	最大收益值
A_1	50	60	70	80	80
A_2	40	60	90	100	100
A_3	70	30	50	60	70
A_4	20	60	80	90	90
最大收益值中的最大值					100
所选定的决策方案					A_2

表 5-12 悲观准则决策表 单位:万元

自然状态 收益值 方案	S_1	S_2	S_3	S_4	最小收益值
A_1	50	60	70	80	50
A_2	40	60	90	100	40
A_3	70	30	50	60	30
A_4	20	60	80	90	20
最小收益值中的最大值					50
所选定的决策方案					A_1

若例 5-11 中的 $a=0.8$,则:

A_1 方案的损益期望值＝$0.8\times80+0.2\times50=74$(万元)

A_2 方案的损益期望值＝$0.8\times100+0.2\times40=88$(万元)

A_3 方案的损益期望值＝$0.8\times70+0.2\times30=62$(万元)

A_4 方案的损益期望值＝$0.8\times90+0.2\times20=76$(万元)

然后根据各个方案估算损益期望值的大小,选择最大值为决策方案,故应选方案 A_2。乐观系数准则比较接近实际,但乐观系数的决定很关键,常带有决策者的主观性。

(4)机会均等准则(等可能准则)。假定各个自然状态发生的概率相等,计算各个方案损益期望值,再以损益期望值为决策标准。

例 5-11 中:

A_1 方案的损益期望值＝$1/4\times(50+60+70+80)=65$(万元)

A_2 方案的损益期望值＝$1/4\times(40+60+90+100)=72.5$(万元)

A_3 方案的损益期望值＝$1/4\times(70+30+50+60)=52.5$(万元)

A_4 方案的损益期望值＝$1/4\times(20+60+80+90)=62.5$(万元)

故以损益期望值最大的 A_2 方案为最优方案。

(5)后悔值准则。我们常因决策的失误造成机会损失而后悔。采用后悔值准则决策的目的是使折中后悔减少到最低限度,故以各个方案机会损失大小来判定方案的优劣。决策过程是在计算出各个方案在各种自然状态下的后悔值以后,从中选择每个方案的最大后悔值,然后从最大后悔值中选取最小者为决策方案。

$$决策后悔值＝理想效益值－现实结果值$$

例 5-11 中,按后悔值准则决策,应采用方案 A_1,见表 5-13。

表 5-13　后悔值准则决策   单位:万元

	收益值				后悔值				最大后悔值
	S_1	S_2	S_3	S_4	S_1	S_2	S_3	S_4	
A_1	50	60	70	80	20	0	20	20	20
A_2	40	60	90	100	30	0	0	0	30
A_3	70	30	50	60	0	30	40	40	40
A_4	20	60	80	90	50	0	10	10	50
最大后悔值中的最小值							20		
应选择的决策方案							A_1		

以上五种方法,作为非确定型决策优选方案的依据,都带有相当程度的随意性。从例 5-11 中可以看出,决策方法不同,决策的结果是不一样的。在实际工作中,决策方法的选择主要取决于决策者的知识、经验、观念、综合分析判断能力和魄力。

问题探讨

权衡利弊决策制胜

在某城市有甲、乙、丙三家出版社鼎足而立,彼此间的竞争颇为激烈。三家出版社曾有过竞相出版《康熙传》之争。首先是甲在报上刊出征求《康熙传》订户的广告,每本定价25元。乙根据掌握的信息对此算了一笔账:甲印该书 10000 册,每本成本 15 元,可获利 10 万元。乙认为销路还有潜力,并通过一番计算,迅速抛出了世界版的影印《康熙传》,印数比甲的多五倍,每本成本降为 10 元,他们把销售价定为 15 元,结果大获全胜。

分析问题:

根据科学决策的原理,你认为出版《康熙传》的决策需要做哪些调查研究和定量分析?

小　结

本章在预测概述中阐述了预测的概念、预测的步骤,在预测技术中阐述了算术移动平均法、加权移动平均法及指数平滑法;在决策概述中阐述了决策的概念、决策的类型、决策的程序,在决策方法与技术中阐述了主观决策常用的专家意见法、智力激励法、创造工程方法,在计量决策法中阐述了确定型决策方法、风险型决策方法及非确定型决策方法等。

思考与练习

一、名词解释

预测　　决策　　程序化决策　　非程序化决策　　确定型决策

风险型决策　　不确定型决策　　线性规划法

思考题答案

二、单项选择题

1.运用加权移动平均法进行预测,关键在于(　　)的选择。

A.平均数　　　　B.指数　　　　　C.权数　　　　　D.平滑系数

2.餐厅的女服务员不慎将饮料溅到了一位顾客的衣服上,顾客要求赔偿,餐厅经理就从餐厅的开支中拿出一笔开销给顾客洗净衣服,这是一个(　　)决策。

A.程序化　　　　B.非程序化　　　C.风险型　　　　D.不确定型

3.决策者的经验、感觉和估计对(　　)决策影响最大。

A.程序化　　　　B.非程序化　　　C.风险型　　　　D.不确定型

4.某厂生产一种产品,其总固定成本为200000元,单位产品变动成本为10元,产品售价为15元。该厂的盈亏平衡点产量应为(　　)件。

A.30000　　　　B.35000　　　　C.40000　　　　D.45000

三、多项选择题

1.下列对决策的理解正确的是(　　)。

A.决策的主体是管理者　　　　　　B.决策的目的仅仅是为了解决问题

C.决策的本质是一个过程　　　　　D.决策是解决问题和/或利用机会

E.决策要有两个或两个以上的可行方案供选择

2.决策树的构成要素包括(　　)。

A.决策结点　　　B.方案枝　　　　C.状态结点　　　D.概率枝

E.期望值

3.由于决策的对象和内容不同,相应地产生了多种不同的决策方法,归纳起来可以分为(　　)。

A.统计决策　　　B.定性决策　　　C.主观决策　　　D.定量决策

E.客观分析

4.风险型决策需要具备的条件包括(　　)。

A.有一个明确的决策目标

B.客观条件相对稳定

C.存在着决策者可以选择的两个以上的可行方案

D.存在着决策者无法控制的两个以上的客观自然状态

E.不同方案在不同自然状态下的损益值可以计算出来

四、判断题

1.一个完整的预测过程，其首要步骤是选择预测方法。　　　　　　　　　（　　）

2.运用算术移动平均法预测比简单平均法要准确些，因此可以用于长期预测。（　　）

3.企业方针、目标与计划的确定，销售计划的制订等都属于战略决策的范畴。（　　）

4.不确定型决策使用的各种方法作为决策优选方案的依据，都带有相当程度的随意性。

　　　　　　　　　　　　　　　　　　　　　　　　　　　　　　　　（　　）

五、计算题

1.假设某厂2017年7—12月各月实际的销售额见表5-14。

表5-14　某厂2017年7—12月实际销售额

月　　份	7	8	9	10	11	12
实际销售额(万元)	240	235	270	245	255	265

（1）用算术移动平均法预测计算2018年1月份的销售量（移动期数为5）。

（2）如果观察值取9、10、11、12四个月的，根据每个月的数值对2018年1月份预测值的不同影响程度确定权数：9月份（a_1）为2；10月份（a_2）为2；11月份（a_3）为3；12月份（a_4）为3。试用移动加权平均法求2018年1月份的销售量。

（3）假定该企业2018年1月份的预测值为259万元，实际销售额为265万元，如果平滑系数$a=0.3$，则用指数平滑法计算2月份的预测销售额。

2.一企业某产品的销售量为100件，单位产品的售价为400元，固定成本为12000元，总变动成本为24000元，问保本点的月产量应该是多少？假定该企业的目标利润为6400元，产品单位售价和固定成本不变，单位变动成本下降至96元，销售量和销售额应该为多少？

3.企业生产甲产品，该产品的销售单价为500元，2017年的销售量为48000台，每年固定成本为800万元，变动总成本为1200万元。试求：

（1）盈亏平衡点的产量；

（2）年产量为60000台时的盈利额和经营安全率；

（3）目标利润为1000万元时的销售量。

4.某摩托车厂欲建立一个方便消费者的商店。经研究拟订了建立大型、中型、小型商店的三个方案。各种商店在不同状态下的销售概率及利润数值预测见表5-15。试问：该摩托车厂应决定兴建哪种类型的商店？（用决策树法进行决策。）

表5-15　建立商店的方案比较

方案 ＼ 利润(万元) ＼ 状态概率	较好 0.2	一般 0.5	较差 0.3	投资额(万元)
大型商店	25	12	−5	5
中型商店	20	10	5	3
小型商店	15	8	3	2

案例分析

该如何决策

某企业从 1998 年以来一直生产经营甲产品,虽然产品品种单一,但是市场销路一直很好。后来由于经济政策的暂时调整及客观条件的变化,甲产品完全滞销,企业职工连续半年只能拿 60% 的工资,更谈不上奖金。企业上下怨声载道,职工积极性受到极大的影响。

新厂长上任后,决心用 1 年的时间改变企业的面貌。他发现企业与其他部门合作的环保产品乙产品是成功的,于是决定下马甲产品,改产乙产品。1 年过去,企业总算没有亏损,但日子仍然不十分好过。

后来市场形势发生了巨大的变化。原来的甲产品脱销,用户纷纷来函来电希望该厂能尽快恢复甲产品的生产。与此同时,乙产品销路不好。在这种情况下,厂长又回过头来抓甲产品,但一时又无法搞上去,无论数量和质量都不能恢复到原来的水平。为此,集团公司领导对该厂长很不满意,甚至认为改产是错误的决策,厂长感到很委屈,总是想不通。

(资料来源:中国人力资源网,http://www.chinahrd.net/,有删改)

案例思考题:

1. 该厂长的决策有问题吗? 管理者在决策之前应考虑哪些因素?

2. 该厂长应用何种决策方法对产品进行决策?

他山之石

第六章 组 织

学习目标

1. 了解组织的含义；
2. 了解组织变革的含义与特点；
3. 掌握组织设计的程序；
4. 理解并掌握几种主要的组织结构形式；
5. 了解互联网情景下的企业组织变革特点。

能力目标

1. 熟悉组织的基本功能，培养管理者的组织能力；
2. 能熟练了解和判断各种组织结构形式的优缺点，并具备根据组织具体情况决定采用何种组织结构形式的能力。

引入案例

由两位员工辞职引起的组织制度变革

一家在同行业居领先地位、注重高素质人才培养的高新技术产品制造公司，不久前有两名精明能干的年轻财务管理人员提出辞职，到提供更高薪资的竞争对手公司里任职。其实，这家大公司的财务主管早在数月前就曾要求公司给这两个年轻人增加薪资，因为他们的工作表现十分出色。但人事部门的主管认为，按同行业平均水平来说，这两名年轻财务管理人员的薪资水平已经是相当高的了，而且这种加薪要求与公司现行建立在职位、年龄和资历基础上的薪资制度不符合，因此拒绝给予加薪。

对这一辞职事件，公司里的人议论纷纷。有的人说，尽管这两个年轻人所得报酬的绝对量高于行业平均水平，但他们的表现那么出色，这样的报酬水准是很难令人满意的。也有的人质疑，公司人事部门的主管明显地反对该项提薪要求，但是否应当由了解其下属表现好坏的财务部门主管对本部门员工的酬劳行使最后决定权？公司制定了明确的薪资制度，但是否与公司雇用和保留优秀人才的需要相适应呢？公司是否应当制定出特殊的条例来吸引优秀的人才？……这些议论引起了公司总经理的注意，他责成人事部门牵头与生产、销售、财务等各部门人员组成一个专案小组，就公司酬劳计付方式广泛征求各部门职工的意见，并提出几套方案，供下月初举行的公司常务会讨论和决策之用。

（资料来源：华北电力大学网，http://bbs.kaoyan.com/，有删改）

案例思考题：

1.这家高新技术产品制造公司的组织结构是何种结构模式？
2.人事部门主管拒绝给财务管理人员增加薪资,这是行使了什么权力？

　　任何组织都有自己的组织管理制度,组织内任何部门或任何个人都要按照组织制定的规章制度办事,这是毫无疑义的。但是,组织在制定管理制度时,要符合实际情况,要遵循客观规律,要对组织的发展有保证作用。

第一节　组织概述

一、组织的含义

　　组织是为了达到某些特定目标,在分工合作基础上构成的人的集合。

　　组织作为人的集合,不是简单的毫无关联的个人的加总,它是人们为了实现一定目标,有意识地协同劳动而产生的群体。

　　应从以下几点理解组织的含义：

(一)组织是一个人为的系统

　　"人为"的系统是以人为主体组成的具有特定功能的整体。由于是人为的系统,系统的功能差异较大,相同要素组成的系统可能因结构的不同而直接影响系统的功能。

(二)组织必须有特定目标

　　目标是组织存在的前提。任何组织都是为特定目标而存在的。组织目标反映了组织的性质和其存在的价值。

(三)组织必须有分工与协作

　　组织的本质在于协作。正是人们聚集在一起,协同完成某项活动才产生了组织。组织功能的产生是人类协作劳动的结果。

(四)组织必须有不同层次的权利与责任制度

　　权责关系的统一,能使组织内部形成反映自身内部有机联系的不同管理层次。这种联系是在分工协作的基础上形成的,是实现合理分工协作的保障,也是实现企业目标的保障。组织规模越大,权责关系的处理越显得重要。

　　在管理学中,组织被看作是反映一些职位和一些个人之间的关系的网络式结构。

　　从以上定义可以看出,在管理学中,组织的含义可以从静态与动态两个方面来理解。静态方面,指组织结构,即反映人、职位、任务以及它们之间的特定关系的网络。这一网络可以把分工的范围、程度、相互之间协调配合关系、各自的任务和职责等用部门和层次的方式确定下来,成为组织的框架体系。动态方面,指维持与变革组织结构,以完成组织目标的过程。正是从资质的动态方面理解,组织被作为管理的一种基本功能。通过组织机构的建立与变革,将生产经营活动的各个要素、各个环节,从时间上、空间上科学地组织起来,使每个成员都能接受领导、协调行动,从而产生新的、大于个人和小集体功能简单加总的整体功能。

二、正式组织与非正式组织

组织的类型多种多样,正式组织与非正式组织是其中一种划分方法。

正式组织是由管理者通过正式的筹划而建立起来的,有明确的目标、任务、结构、职能以及由此形成的成员间的责权关系,并借助组织结构图和职务说明书等文件予以明确规定的组织。

正式组织具有三个基本特征:

(一)目的性

正式组织是为了实现组织目标而有意识建立的,因此,正式组织要采取什么样的结构形态,从本质上说应该服从于实现组织目标、落实战略计划的需要。这种目的性决定了组织工作通常是在计划工作之后进行的。

(二)正规性

正式组织中所有成员的职责范围和相互关系,通常都在书面文件中加以明文的、正式的规定,以确保行为的合法性和可靠性。

(三)稳定性

正式组织一经建立,通常会维持一段时间相对不变,只有在内外环境条件发生了较大变化而使原有组织形式显露出不适应时,才提出进行组织重组和变革的要求。

非正式组织是指建立在某种共同利益基础上的一种没有明文规定的群体。

非正式组织形成的原因很多,如工作关系、兴趣爱好、血缘关系等。非正式组织常出于某种情感的要求而采取共同的行动。非正式组织不一定具有明确的共同目标,但有着共同的利益、观点、习惯或准则,具有自发性、内聚性和不稳定性的基本特征。

非正式组织与正式组织相互交错地同时并存于一个单位、机构或组织之中,这是一种不可避免的现象。有些场合下,利用非正式组织能够取得意想不到的益处,而有些情况下非正式组织则有可能会对正式组织的活动产生不利影响。

非正式组织对正式组织的积极的、正面的作用表现在:它可以满足成员心理上的需求和鼓舞成员的士气,创造一种特殊的人际关系氛围,促进正式组织的稳定;弥补成员之间在能力和成就方面的差异,促进工作任务的顺利完成;可以用来作为改善正式组织信息沟通的工具。

非正式组织的消极作用主要表现在:它可能在有些时候会和正式组织构成冲突,影响组织成员间的团结和协作,妨碍组织目标的实现。

因此,正式组织的领导者应善于因势利导,最大限度地发挥非正式组织的积极作用,克服其消极作用。

第二节 组织结构与设计

一、组织结构的影响因素

组织结构是指组织内部各构成部分及各部分之间确立的相互关系形式。从实现组织目标的过程来看,组织结构是组织将它的工作划分为具体的任务,并且在这些任务当中实现合作的方式。组织结构不仅静态地描述了组织的框架体系,而且动态地描述了这个框架体系是如何在分工与合作的过程中把个体和群体结合起来去完成任务的。

组织结构是组织的"框架",而"框架"是否合理完善,在很大程度上决定了组织目标能否顺利实现。对组织结构精心设计的同时还要考虑组织结构的影响因素。组织结构的影响因素有以下几个方面:

(一)组织层次与宽度

组织结构设计的内容之一是划分组织层次,解决组织的纵向结构问题。这样组织层次就必然成为影响组织结构的因素之一。随着生产的发展、科技的进步和经济的增长,组织的规模越来越大,管理者与被管理者的关系随之复杂化。为处理这些错综复杂的关系,管理者需要花费大量的时间与精力。而每个管理者的能力、精力与时间都是有限的,主管人员为有效地领导下属,必须考虑能有效地管理直接下属的人数问题。当直接管理的下属人数超过某个限度时,就必须增加一个管理层次,通过委派工作给下一级主管人员而减轻上层主管人员的负担。如此下去,就形成了有层次的组织结构。

管理宽度也称管理幅度,是指主管人员有效地监督、管理其直接下属的人数。对于管理宽度的研究源远流长。我们常说的部门划分主要解决的就是组织的横向结构问题,其目的在于确定组织中各项任务的分配与责任的归属,以求分工合理、职责分明,有效地达到组织的目标。

测试题

管理层次与管理宽度成反比。这样按照管理宽度与管理层次就形成了两种层次:扁平结构和直式结构。扁平结构有利于密切上下级之间的关系,信息纵向流动快,管理费用低,被管理者有较大的自由性和创造性,因而有满足感,同时也有利于选择和培训下属人员;但不能严密地监督下级,上下级协调较差,同级间相互沟通联络困难。直式结构具有管理严密、分工细致明确、上下级易于协调的特点,但层次增多带来的问题也多:管理人员之间的协调工作急剧增加,互相扯皮的事不断;管理费用增加;上下级的意见沟通和交流受阻;上层对下层的控制变得困难;管理严密影响了下级人员的积极性与创造性。一般为了达到有效管理,应尽可能地减少管理层次。

(二)人员配备

人员配备是组织有效活动的保证。人是组织最重要的资源,但在组织的所有人员中,最重要的是主管人员。主管人员在整个管理过程中起着举足轻重的作用,是实现目标的关键人物。主管人员既是组织中的"建筑师",又是指挥者、集合者,同时还是一个执行者。有效地为组织机构配备各级主管人员是组织活动取得成效的最好保证之一。主管人员配备的恰当与否,与组织的兴衰存亡密切相关。所以一个组织结构的合理,与人员配备密不可分。

测试题

(三)组织战略

战略是实现组织目标的各种行动方案、方针和方向选择的总称。在组织结构与战略的关系上:一方面,战略的制定必须考虑企业组织结构的现实;另一方面,一旦战略形成,组织结构应做出相应的调整,以适应战略实施的要求。战略选择的不同,在两个层次上影响组织的结构:不同的战略要求开展不同的业务活动,这会影响管理职务的设计;战略重点的改变,会引起组织的工作重点及各部门与职务在组织中重要程度的改变,因此要求对各管理职务及部门之间的关系做相应的调整。

(四)职权划分

职权划分是组织结构设计的内容之一,主要解决组织结构的职权问题。职权是经由一定的正式程序赋予某一职位的一种权力。同职权共存的是职责,职责是某项职位应该完成的某项任务的责任。在组织结构内要遵循责权一致的原则。责权一致原则是指在组织结构设计中,职位的职权和职责越是对等一致,组织结构就越是有效。

作为主管人员,在组织中占据一定的职位,从而拥有一定的职务、一定的职权,必然要负一定的责任,即职务、职责和职权三者是相等的。组织层次越高,明确职务、职权和职责关系以及责任范围便越困难;由于活动日趋广泛和复杂,事情因果距离较远,权与责更难明确。为坚持权责对等,法约尔认为,避免滥用职权和克服领导人弱点的最佳方法在于提高个人素质,尤其是必须具备高度的道德素质。

另外,还要做到集权与分权相结合。集权与分权相结合原理是指对组织结构中的职权的集权与分权的关系处理得越是适中,就越是有利于组织的有效运行。集权管理是社会化大生产保持统一性与协调性的内在需要。但集权又有其致命的弱点:弹性差,适应性弱,特别是在社会化大生产的复杂性和多样性面前,无弹性的集权甚至可以造成组织的窒息。因此,必须实行局部管理权力的分散。所以,在一个组织内部,如果权责混乱,高度集权或任意放权都会导致组织涣散和组织结构的松散。

二、组织设计的程序

组织结构的设计是一项复杂的系统工程,因而必须服从科学的程序。这个程序一般包括以下几个步骤:

(一)确定组织目标

组织目标是进行组织设计的基本出发点。任何组织都是实现其一定目标的工具,没有明确的目标,组织就失去了存在的意义。因此,管理组织设计的第一步,就是要在综合分析组织外部环境和内部条件的基础上,合理确定组织的总目标及各种具体的派生目标。

(二)确定业务内容

根据组织目标的要求,确定为实现组织目标所必须进行的业务管理工作项目,并按其性质适当分类,如市场研究、经营决策、产品开发、质量管理、营销管理、人员配备等。明确各类活动的范围和大概工作量,进行业务流程的总体设计,使总体业务流程优化。

(三)确定组织结构

根据组织规模、生产技术特点、地域分布、市场环境、职工素质及各类管理业务工作量的大小,参考同类其他组织设计的经验和教训,确定应采取什么样的管理组织形式,需要设计哪些单位和部门,并把性质相同或相近的管理业务工作分归适当的单位和部门负责,形成层次化、部门化的结构。

(四)配备职务人员

根据各单位和部门所分管的业务工作的性质和对职务人员素质的要求,挑选和配备称职的职务人员及其行政负责人,并明确其职务和职称。

(五)规定职责权限

根据组织目标的要求,明确规定各单位和部门及其负责人对管理业务工作应负的责任以及评价工作成绩的标准。同时,还要根据做好业务工作的实际需要,授予各单位和部门及其负责人以相应的职权。

(六)联成一体

这是组织设计的最后一步,即通过明确规定各单位、各部门之间的相互关系,以及它们之间在信息沟通和相互协调方面的原则和方法,把各组织实体上下左右联结起来,形成一个能够协调运行,有效地实现组织目标的管理组织系统。

三、组织结构的形式

从传统管理到现代管理,企业组织结构形成了多种模式。传统的组织结构模式主要有直线制、职能制、直线职能制。现代组织结构模式主要有事业部制、矩阵制、网络结构等。虽然组织结构的模式多种多样,但其中最主要的是直线职能制和事业部制两种,其他的结构模式都与此两种密切相关。了解各种组织结构的模式,选择适宜的组织结构模式是非常重要的。

(一)直线制组织结构

直线制是组织发展初期的一种简单的组织结构模式。它的特点是:组织中的各级管理者都按垂直系统对下级进行管理,没有专门的职能管理部门,命令的传送只有一条直线渠道。这是一种集权式的组织结构模式,如图6-1所示。

小视频

这种组织结构形式结构简单,权责分明,指挥统一,工作效率高。但这种

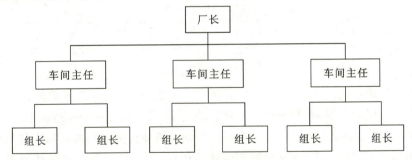

图6-1　直线制组织结构

形式没有专业的管理分工,这就要求管理者是全能型的,即具有多方面的管理业务和技能。这种组织结构一般适合于产品单一、工艺技术比较简单、业务规模比较小的企业。

(二)职能制组织结构

职能制是指按照专业分工设置管理职能部门,各部门在其业务范围内有权向下级发布命令和下达指示,下级既服从上级领导者的指挥,又听从几个职能部门的指挥。职能制组织结构如图6-2所示。

测试题

这种组织结构形式的优点是:适应企业生产技术发展和经营管理复杂化的要求,能够发挥职能机构的专业管理作用和利用专业管理人员的专长。

其不足之处是:妨碍了企业生产经营活动的集中统一指挥,形成多头领导,命令不统一,

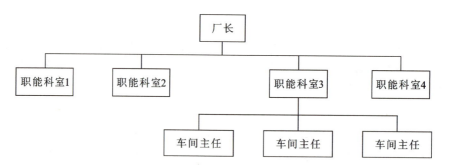

图 6-2 职能制组织结构

下属无所适从,不利于责任制的建立,有碍于工作效率的提高。

(三)直线职能制组织结构

直线职能制组织结构又称 U 型结构。它是指以直线制为基础,在领导者之下设置相应的职能部门,作为该级领导者的参谋部门,分别从事专业管理。直线职能制组织结构是企业管理机构的基本组织形式。职能部门拟订的计划、方案,以及有关指令,由领导者批准下达。职能部门对下级领导者和下属职能部门无权直接下达命令或进行指挥,只起业务指导作用。直线职能制组织结构如图 6-3 所示。

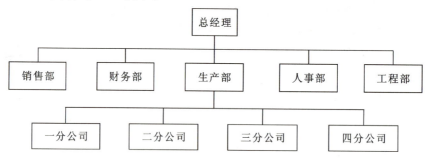

图 6-3 直线职能制组织结构

这种组织结构形式的优点是:组织既保证了命令的统一,又发挥了职能部门的作用,有利于企业集中有限的资源,有利于优化管理者的决策。因此,它在企业组织中被广泛应用。

其不足之处是:企业生产经营活动中的许多问题需要许多部门协同解决,但是各部门由于分管不同的专业管理工作,观察和处理问题的角度不同,往往会产生种种矛盾,所以横向协调比较困难。此外,直线职能制各职能部门的问题只有通过直线行政领导人才能得到处理。为了克服这些弊端,直线领导可以在职能部门的业务范围之内,授予职能部门一定程度的决策权、控制权和协调权,以利于职能部门发挥其作用。

(四)事业部制组织结构

事业部制组织结构又称 M 型结构。它是在总公司的领导下,设立多个事业部,各事业部都有各自独立的产品和市场,实行独立核算;事业部内部在经营管理上拥有自主和独立性。它具有集中决策、分散经营的特点,即总公司集中决策,事业部独立经营,是一种分权式的组织结构。事业部下设自己的职能部门,如生产、销售、开发、财务等。事业部在大多数情况下可以按地区、产品来划分。目前,事业部制组织结构已成为大型企业、跨国公司普遍采用的一种组织结构,如图 6-4 所示。

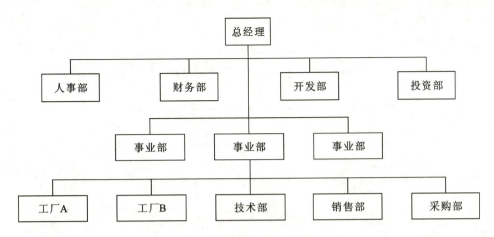

图 6-4　事业部制组织结构

这种组织结构形式的优点是：经营单一产品系列，对产品生产和销售实行统一领导，独立经营，便于灵活地根据市场动向做出相应的决策，取得竞争的主动权；有利于公司最高管理者摆脱日常生产经营业务工作，专心致力于公司的战略决策和长期规划；有助于调动部门和职工的主动性和创造性，发展新产品，采用新技术，开拓市场，充分利用公司资源，有效控制产品成本和利润；有益于锻炼和培养管理人员，提高部门领导者的专业知识、领导能力和工作效率；便于公司考核和评定部门的生产经营成果，促进各事业部的利益与整个公司利益之间的协调一致。

其不足之处是：容易产生本位主义，由于允许事业部之间的竞争，造成事业部之间人员互换的困难，以及影响先进技术和科学管理方法的交流，并为总公司推进事业部组成统一经营系统带来困难；各事业部设置职能部门，造成管理机构重叠，管理人员浪费，增加了管理费用。

（五）矩阵制组织结构

矩阵制是把按职能划分的部门和按产品（或项目）划分的小组结合起来组成一个矩阵，使同一名管理人员，既同原职能部门保持组织与业务上的联系，又参加项目小组的工作。为了保证完成一定的管理目标，每个项目小组的成员受双重领导：一方面受项目小组领导，另一方面受原属职能部门的领导。此种形式适用于一些需要集中多方面专业人员集体攻关的项目或企业，如图 6-5 所示。

小视频

这种组织结构形式的优点是：使企业管理中的纵向联系和横向联系很好地结合起来，加强了各职能部门之间的配合，及时互通情况，共同决策，使各项专业管理能够比较协调灵活地执行任务，提高工作效率；把不同部门的专业人员组织在一起，有助于激发人们的积极性和创造性，培养和发挥专业人员的工作能力，提高技术水平和管理水平；将完成某项任务所需要的各种专业知识和经验集中起来，有利于加速开发新技术和试制新产品，推广现代科学管理方法，同时也为企业综合管理和职能管理的结合提供了组织结构模式。这种组织结构具有较好的适应性和稳定性，每个小组所担负的产品或项目可以根据情况变化。

其不足之处是：由于项目组是临时性的组织，容易使人员产生短期行为；小组成员的双重领导问题会造成工作中的矛盾。

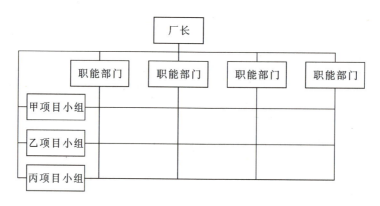

图 6-5　矩阵制组织结构

(六)网络组织结构

网络组织是一种小型的核心组织,其结构趋向扁平。它与其他组织结构不同,没有直线结构,只有从事协调和控制的职能管理部门。它是通过与其他组织签订合同,从外部买入各种业务和服务来完成其本身的业务。它通过契约建立了一种关系组织,保持了组织的极大灵活性,使组织对动荡的环境有较强的适应能力。网络型组织适用于环境动荡、产品批量化、品种复杂化的现代社会,多见于商业组织,如图 6-6 所示。

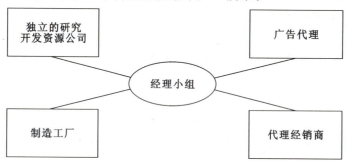

图 6-6　网络组织结构

这种组织结构形式的优点是:运营成本低,适应能力和应变能力强。组织结构具有更大的灵活性和柔性,网络中各个价值链部分可以根据市场需求的变动情况增加、调整或撤并。此种组织结构简单、精练,由于组织中的大多数活动都实现了外包,而这些活动更多的是靠电子商务来协调处理的,所以组织结构可以进一步扁平化,效率也更高了。

其不足之处是:外协单位的工作质量难以控制,创新产品的设计容易被他人窃取。

第三节　组织变革

一、组织变革的含义与内容

(一)组织变革的含义

组织变革是指组织为了适应内外环境与条件的变化,对组织的目标、结构及组成要素等适时而有效地进行的各种调整和修正。建立组织是为了实现管理目标,当管理目标发生变化时,组织也需要通过变革自身来适应这种新的变化的要求。即使管理目标没有发生变化,影响组织的外部环境和内部环境如果发生了变化,那么组织也必须对自身进行变革,才能保证管理目标的实现。因此,组织不是僵硬的、一成不变的。管理目标的变化,或者影响组织存在和管理目标实现的各种因素的变化,必然会带来组织模式、组织结构、组织关系等的相应变化,否则,就无法使管理目标得到实现。

一般说来,组织模式应力求相对稳定,频繁而不必要的变动对于实现管理目标是不利的。但任何组织都处于动态的社会变动中,环境的变化,以及影响管理目标的各种因素的变化,都会导致组织通过变革而发生某些变化,一成不变的组织是不存在的。因为不变革的组织是没有生命力的,是必然要走向衰亡的。所以,组织的变革是绝对的,而组织的稳定是相对的。

(二)组织变革的内容

在组织变革实践中,首先应该解决的问题,也就是组织变革冲突的焦点。组织变革大致涉及四个方面的内容:组织的人员,组织的任务、技术,组织的结构和组织的环境等。不同的变革内容所采取的变革对策和措施是不同的。

(1)以人员为中心的变革。通过对组织成员的知识、技能、行为规范、态度、动机和行为的变革,来达到组织变革的目的。

(2)以任务、技术为中心的变革。通过对组织工作与流程的再设计,对完成组织目标所采用的方法和设备的改变以及组织目标体系的建立达到组织变革的目的。

(3)以组织结构为中心的变革。通过对组织的目标体系、权责体系的改变,角色关系的调整,沟通、协调体系的有效建立来达到组织变革的目的。

(4)以适应组织环境为中心的变革。即以调节和控制外部环境为中心的组织变革。

组织变革的四个方面以及在各自基础上制定的各种变革对策是相互依赖、相互影响、相互促进的。在制定组织变革对策的过程中,它们往往构成一个完整的变革规划体系。当然,由于不同组织所处的变革环境及组织内部状况不同,在选择变革内容时,其侧重点是不同的。

二、组织变革的动因

组织变革是任何组织都不可回避的问题,也应当是组织发展过程中一项经常性的活动。能否抓住时机、顺利推进组织变革,就成为衡量管理工作是否有效的重要标志之一。决定组织结构,并诱发组织变革的主要动因有以下几个方面:

(一)环境动因

任何组织都是开放的系统,都与外部环境之间存在着各种各样的联系,所以环境变化是引起组织结构变革的一个主要力量。通常,环境越不确定,越要求灵活、有弹性、有机的组织形式。

(二)技术动因

任何组织都需要利用一定的技术将投入转化为产出。随着当代科学技术日新月异的发展,特别是电子信息化、办公自动化、网络技术在政府组织的广泛普及与应用,网络政府和电子政府的出现促使组织做出相应的变革:组织结构从金字塔型向扁平型发展;组织权力结构走向分权化;组织信息结构走向网络化、交互化;组织管理方式趋于民主化等。这些都促使管理组织结构变得更具柔性和有机性。

(三)职能动因

职能是组织存在的依据,组织是职能的载体或承担者。因此,职能的变化必然引起组织结构的变化。随着经济体制改革的进行和市场机制的逐步形成,各种职能的转变,就使得重新调整组织管理机构的设置成为不可避免的事情。

(四)人事动因

组织与人事密切相关,人事变动会影响到组织上的变动。这里所说的人事变动及影响包括两种情况:一是组织中高级管理者的变动对组织的影响。不同的管理者要采用不同的施政策略或领导对策,因此,会对组织结构提出特殊的要求。二是人员素质的变化对组织的影响。以高素质的管理者为基础的组织将是一个精干、高效的组织,以低素质的管理者为基础的组织必然是一个臃肿低效的组织。

(五)组织目标和价值观的动因

组织的目标反映了组织的价值观和对客观环境的判断,是组织战略的凝聚点。因此,组织目标的重新制定或修正,都将引起行政组织的变革。组织的价值观是组织的动力源泉和理性后盾,而目标的制定或修正本身是组织价值观念体系平衡的结果,价值观念方面的变化必然将引起目标的变化,并通过组织目标的变化对组织变革发生强烈的推动作用。价值观念在许多条件下构成组织变革的原动力,它往往为组织变革提供长期和持久的推动力。

三、组织变革的阻力与对策

(一)组织变革的阻力

组织变革的阻力是指人们反对变革、阻挠变革甚至对抗变革的制约力,它可能来源于个体、群体,也可能来自组织本身甚至外部环境。组织变革阻力的存在,给管理者提出了更严峻的变革管理任务。组织变革不可能一帆风顺,会遇到来自各方面的阻力,深刻认识这些阻力,并设法排除阻力是保证组织变革取得成功的基本条件。组织变革的阻力主要来源于以下几个方面:

1. 误解方面的阻力

人们对组织变革的认知,有时差别很大,其结果可能导致基于理解不清或理解混乱而抵制、干扰变革的行为。有时,由于组织变革前的信息沟通不够,也会引起一些有关人员的不满和误解,形成一些阻力。事先消除误解,将有助于改革与发展的顺利进行。

2. 利益方面的阻力

组织的变革意味着组织内权力、利益和资源的调整或再分配,因此会触动人们的切身利益,进而形成不满和阻力。来自于利益方面的阻力是最顽强的和最富有破坏力的,对此应当始终保持高度的警惕。通常,组织变革所带来的预期收益低于预期成本时,人们就会对变革持反对态度。

3. 成本方面的阻力

组织的变革都要付出一定的成本,如改革所需的时间、改革中的各种损失、改革所需用的财政经费等。如果成本投资大于收效,改革与发展就难以继续进行。

4.组织惰性方面的阻力

对社会而言,组织在功能上是不可取代的,它们几乎没有竞争者和对手,没有能够代替它们的私人对应物;几乎垄断了本领域的经验、知识和才能。组织的成员也是如此,他们在本质上趋于保守、墨守成规、动作缓慢。而组织变革的本身就是对既定模式和习惯的一种否定,因此容易受到组织惰性的抵制和阻挠。

5.变革不确定性方面的阻力

组织的变革会给组织带来新观念、新技术、新结构等,新的东西是人们不了解和不熟悉的,通常会产生不安全感,从而会导致对变革持有一定的观望和保留态度。再加之组织变革的复杂性,人们很难在变革付诸实践之前证明改革是有益的,更难对自己从变革中获得的预期收益进行精确计算,使人们对变革产生疑虑,进而形成消极态度和抵触性行为,妨碍和制约变革的顺利进行。

6.习惯性方面的阻力

组织里的人员长期处在一个特定的组织环境中从事某种特定的工作,就会在不自觉之间形成对这种环境和工作的认同,形成关于环境和工作的一套较为固定的看法和做法,即习惯性。这种习惯性一旦形成,就会在一个较长的时期内影响甚至支配人们的心理活动和行为。而组织变革本身通常意味着对某种习惯性的否定,会导致组织人员的不良反应,产生抵制态度。

(二)组织变革的对策

组织变革的过程,是增强动力与减少阻力的过程。管理者应积极创造条件、消除阻力,保证变革的顺利进行。组织变革的对策有以下几个方面:

1.客观分析变革的动力与阻力的强弱

组织变革的动力和阻力并不是各自分开的,而是相互作用和影响着,并不断地保持着动态平衡。任何一项变革,都存在着动力与阻力两种对抗力量,动力可以发动并维持变革,阻力则阻止变革发生或进行。当两种力量对等、处于均衡时,组织不进不退,保持原状;当动力大于阻力时,变革发生并向前发展;当阻力大于动力时,变革受到阻碍,甚至有可能倒退。所以管理者应全面了解变革的动力和阻力的相互作用关系,才能保持系统的稳定,确保组织变革的顺利进行。

2.精心设计方案,加强改革宣传

制订合理而完善的设计方案,是保证组织变革成功的基本前提。一些组织变革未能取得成功的一个重要原因,就是没有一个科学而行之有效的变革方案。改革前的宣传工作也十分重要,它可以让人们在改革前就进行充分的沟通与讨论,这既有助于宣传改革的意义,消除人们的误解,又有助于制订合理的改革方案。

3.进行人事调整,做好组织保证

通常,在进行重大的组织变革之前,都要对组织中的某些关键性职位进行人事调整,以便从宏观的组织体系上保证未来的组织变革能够顺利进行。但这种人事调整范围不宜过宽,避免因组织变革带来的振荡。

4.提高组织人员对组织变革的参与程度

组织人员参与变革活动包括:共同选择和拟定变革方案、共同分享情报资料、及时公布组织变革的进展情况等。对出现的问题尽量采取民主协商的方式,可以增强组织人员的心理满足感和成就感,减少思想阻力,从而促进变革顺利进行。

5.正确运用组织动力,消除对变革的抵制心理

组织人员应形成对变革的共同认识,认清变革的必要性和重要性,在组织内形成要求变革的强大力量,促使人们自觉去变革。可通过各种形式和途径力争组织变革的目标与组织的共同目标最大限度地重合或协调,便于有效影响组织成员的态度与行为。利用组织中良好的规范对抵制变革的个别人员施加压力,迫使他们遵从组织行为。尽量避免采取强硬措施,以免引来更强烈的抵制。

6.强化革新行为

管理者应对在组织内表现出新态度、新行为的团体和个人给予积极的宣传和充分的肯定,其扩散效用是十分重要的。组织的公开的变革态度和倾向性,尤其是组织高层管理者的公开的变革态度和倾向性,是克服或抑制变革阻力的一个重要因素。

7.折中妥协

在变革阻力强大且持久的情况下,而组织又必须得进行某种变革时,组织将不得不接受现实的压力,放弃较高的目标期望值,以降低目标的方式来换取有限目标的实现,即折中妥协。折中妥协是非常必要的,在实际过程中,绝大多数组织的变革都存在这一现象,只是采取的折中妥协的程度和方式不同。

8.提高领导者的自身素质,完善领导行为方式

组织内高层管理者若作风正派、秉公办事,具有较高的群众威信,他们的行为就会对组织内的人员产生较大的影响力和积极的心理效应,提出的变革主张也易于得到肯定。反之,若领导者拉帮结派,甚至以权谋私,则会引起组织人员的反感,加大心理差距,由他们提出的变革措施就难以产生积极反应,甚至引起抵触。

9.妥善安置因改革而受到冲击的人员

组织在变革以前和变革之中都要慎重而妥善地考虑如何安置那些因改革而涉及切身利益的人,要设法使其中能继续工作的人员安心工作,以减少来自于利益方面的阻力,保证改革与发展的顺利进行。这些人员往往是造成组织变革与发展活动夭折的主要因素。

问题探讨

如何应对组织变革的阻力

王明任职于一家合资企业,由于其工作努力,责任心强,很快就被总经理赏识,并委以重任——改革公司的现状。王明雄心勃勃地和同事一起策划、实施,公司状况一步步得到改善。但是,改革触动了副总经理的亲信以及亲戚的利益,为此该副总经理趁总经理等人出差之际,令亲信做员工满意度调查,结果王明的员工满意度极低。以此为据,该副总经理要求总经理撤换掉王明。王明不愿因自己给领导造成困扰,也不愿意给和自己一起努力的同事造成麻烦,所以想辞职离开这个是非之地,希望能够找到一个可以让员工全心为公司工作的地方。

分析问题:

1.从组织变革的角度出发,分析此次变革的阻力主要是什么。

2.王明该如何应对这些阻力？

四、组织变革的发展趋势

随着经济的全球化和知识经济时代的到来,组织的结构也在发生深刻的变化。对组织变革趋势的研究与预测就具有了非常重要的意义。目前组织变革的发展趋势有以下几个方面:

(一)组织的动态性和灵活性

这是组织未来发展变化的首要趋势,只有主动应变才能求得生存和发展。所以,加强对多个目标的协调,注重管理知识的积累及现代信息技术的应用尤为重要。

(二)组织扁平化

由于计算机技术在组织中的广泛应用,组织的信息收集和各种控制手段趋于现代化,传统的层级结构正向扁平化组织模式演进。在当今组织结构的变革中,减少中间层次,加快信息传递速度,直接控制是一种发展趋势。

(三)组织团队协作化

团队组织打破了传统的部门界限,形成以任务为中心的、直接面对服务对象,以群体和协作优势来赢得竞争,发挥整体优势的组织结构和理念。这是一种新的以"团队"为核心的扁平化的组织模式。

(四)组织运作柔性化

柔性的概念最初起源于柔性制造系统,指的是制造过程的可变性、可调整性,描述的是生产系统对环境变化的适应能力。后来,柔性就应用到企业的组织结构,指企业组织结构的可调整性,对环境变化、战略调整的适应能力。在知识经济时代,外部环境变化以大大高于工业经济时代的变化数量级的速率变化,企业的战略调整和组织结构的调整必须及时,因此,柔性组织结构就应运而生,使得组织结构的运作带有柔性化的特征。

(五)加强学习型组织

知识经济时代的组织必须不断地学习和更新。面对充满希望和竞争的时代,未来组织不仅需要培养大批的管理专家,而且需要培养具有全球眼光的战略组织家,从而更加走向开放、灵活,更加具有动态性和适应能力,这是未来组织的魅力和希望所在。组织要保持领先的唯一办法就是比对手更快、更好地学习。

 小 结

本章先从四个方面剖析了组织的含义,明确了正式组织与非正式组织各自的特征;之后阐述了组织结构的影响因素、组织结构设计的程序及组织结构的各种形式;在此基础上又对组织变革的含义、内容、动因、对策等进行了介绍,并分析了组织变革的发展趋势。

思考与练习

一、名词解释

组织　　组织结构　　管理层次　　管理幅度　　组织扁平化　　组织变革

二、单项选择题

1. 在组织结构形式中,仅适合于规模小的组织结构形式是(　　)。

A.直线制组织结构　　　　　　　　　B.职能制组织结构

C.事业部制组织结构　　　　　　　　D.直线职能制组织结构

2. 最适合采用矩阵制组织结构的是(　　)。

A.纺织厂　　　　　B.医院　　　　　C.电视剧制作中心　　　　D.学校

3. (　　)组织结构是企业管理机构的基本组织形式,在企业组织中被广泛应用。

A.直线制　　　　　B.直线职能制　　　　C.矩阵制　　　　　D.事业部制

4. 下列选项中,(　　)不是诱发组织变革的动因。

A.中层干部任免　　B.职能　　　　　C.环境　　　　　D.技术

三、多项选择题

1. 组织中存在着非正式组织,下列说法正确的是(　　)。

A.非正式组织与正式组织相互交错地同时并存于一个单位、机构或组织之中

B.非正式组织对正式组织既有积极的、正面的作用,也有消极作用

C.非正式组织的存在对正式组织威胁很大,应该取缔

D.非正式组织常出于某种情感的要求而采取共同的行动

E.正式组织的领导者应善于因势利导,最大限度地发挥非正式组织的积极作用,克服其消极作用

2. 下列关于管理层次与管理幅度关系的论述中正确的是(　　)。

A.直式结构的管理幅度窄,管理层次多　　B.直式结构的管理幅度窄,管理层次少

C.扁平结构的管理幅度宽,管理层次少　　D.扁平结构的管理幅度窄,管理层次少

E.扁平结构在未来将在各行业全面取代直式结构

3. 事业部制组织在设立事业部,即部门或称分公司时,采用的主要标准有(　　)。

A.企业产品　　　　B.人员特长　　　　C.地区分布　　　　　D.生产技术

E.部门经营需要

4. 矩阵制组织结构的优点是(　　)。

A.较大的灵活性　　B.适应性强　　　　C.较好的稳定性　　　D.集权性

E.民主性

四、判断题

1. 非正式组织的存在对于正式组织总是弊大于利。　　　　　　　　　　　(　　)

2.管理者能有效地直接管理下属的人数总是有限的,因此必然产生管理层次。(　　)

3.矩阵制组织结构中的每个项目小组的成员接受双重领导,容易造成工作中的矛盾。

(　　)

4.组织之所以不断变革,完全是为了适应残酷的环境变化。(　　)

五、简答题

1.如何理解组织的含义?

2.管理幅度是如何确定的?它与管理层次的关系是怎样的?

3.组织变革包括哪些具体内容?

4.简述设计组织结构的程序。

思考题答案

 **案例分析**

一名经理的烦恼

陈铭是一家生产小型机械的装配厂的经理。每天他到达工作岗位时,都随身带来一份列出他当天要处理的各种事务的清单。清单上的有些项目是总部的上级电话通知他需要处理的,另一些是他自己在一天多次的现场巡视中发现的或者他手下报告的不正常的情况。

一天,陈铭与往常一样带着他的清单来到了办公室。他做的第一件事是审查工厂各班次监督人员呈送上来的作业报告。他的工厂每天 24 小时连续工作,各班次的监督人员被要求在当班结束时提交一份报告,说明这班次开展了什么工作,发生了什么问题。看完前一天的报告后,陈铭通常要同他的几个主要下属开一个早会,会上他们决定对于报告中所反映的各种问题应采取一些什么措施。陈铭在白天也参加一些会议,会见各方面来访者。他们中有些是供应商或潜在供应商的销售代表,有些则是工厂的客户。此外,有时也有一些来自地方、省、国家政府机构的人员。总部职能管理人员和陈铭的直接上司也会来厂考察。当陪同这些来访者参观的时候,陈铭常常会发现一些问题,并将它们列入他那待处理事项的清单中。陈铭发现自己明显无暇顾及长期计划工作,而这些工作是他改进工厂的长期生产效率所必须做的。他似乎总是在处理某种危机,他不知道哪里出了问题。为什么他就不能以一种使自己不这么紧张的方式工作呢?

(资料来源:中国人力资源管理网,http://www.sinohrm.com/,有删改)

案例思考题:

1.从管理学的角度分析,组织正常运营和提高经济效益的支撑和载体是什么?

2.陈铭所在的装配厂是否应该建立合理高效的组织结构?

3.陈铭的烦恼是什么?他的管理出现了什么问题?

他山之石

第七章　领　　导

学习目标

1. 了解领导者和被领导者的含义、特征以及领导理论的发展史；
2. 理解领导是一门艺术；
3. 理解领导与管理的关系；
4. 明确各种领导环境的内容；
5. 掌握各种领导理论的内涵；
6. 了解新形势下领导干部应具备的基本素养。

能力目标

1. 熟悉领导者的素质并能够正确运用领导艺术；
2. 熟悉掌握各种领导理论的风格并培养其技能。

引入案例

谁是最成功的领导者

在一份寻找最成功的领导人员的问卷中，来自500个实业公司和500个服务性公司的206个首席执行官一致认同三个高级领导人员：福特公司的唐·彼特森（排名第一位）、克莱斯勒公司的李·亚科卡和通用电器公司的塔克·维尔西。被询问的绝大多数高级行政管理人员认为在美国不存在管理上的危机。持反对意见的人指出：在国际市场上竞争时，美国管理人员效率低；过分注意短期结果，以公司的长期健康发展为代价；缺乏对企业的投资。

大约2/3的答卷人认为领导风范可以被传授。人们也认识到潜在的领导能力是成为合格的领导者的基础。

下属的信任是代表权威的基础。一个领导是通过下属来完成工作的。

领导必须为企业绘制蓝图，而且应该激励其他人为实现这个蓝图做贡献。

领导必须在危机时行使指挥权。即便是那些认同参与性管理的领导者也意识到在非常时期他们必须负起责任。

承担风险是领导者工作的一部分——不是无畏的冒险而是经过计算的风险。可能那些从没有失败过（让风险变得安全）的人并不一定能做得好。

领导者必须在自己的领域中有竞争力而且能得到职员的尊敬。

一个被一群点头称是的人围着的高级行政管理人员并不能对公司内外发生的事情有正确的认识。因此,行政管理人员应该欢迎不满或否定意见。

成功的领导者能够发现并理解复杂形势。他们可以把问题简单化。

（资料来源:王绪君,《管理学基础》(第3版),中央广播电视大学出版社,2016年版）

案例思考题:

1.为什么这几个领导者在调查中被认可?你认为他们中谁是最成功的领导者?

2.领导者的特点是什么?

3.领导者的特征是怎样与其管理职能结合起来的?

领导是指运用手中的权力指挥、带领、引导、影响与鼓励下属为实现目标而努力的过程,目的是让被领导者服从、接受,并努力去贯彻领导者的意图,从而实现既定的组织目标。

第一节 领 导 概 述

小视频

一、领导理论的发展史

领导理论是研究领导本质及其行为规律的科学。领导理论的发展大致经历了三个阶段:

第一阶段:特质论阶段。

从20世纪初到30年代,领导理论的研究侧重于领导者的性格、素质方面的特征,被称为特质论阶段。研究的内容包括身体特征、个体特征和才智特征等。

领导特质论以领导者为中心,从不同领导者在领导活动中显示出的不同特质出发,希望通过领导特质的研究,发现领导者的一般特征,并解释领导现象的发生与变化。这一理论的创始人是阿尔波特,代表人物有斯托格蒂尔、吉伯和穆恩。

第二阶段:行为论阶段。

20世纪40年代到60年代后期,领导理论的研究以研究领导行为为主,这一阶段被称为行为论阶段。该阶段的研究者从领导者的风格和领导应起的作用入手,把领导者的行为划分为不同的领导类型,分析各类领导行为的特点、优缺点并进行相互比较。

领导行为论认为:领导的本质是一种影响力,它是在领导者与被领导者之间的互相作用中形成的,领导者借助这种相互作用来引导被领导者的思想与行为,以最终实现组织目标。行为理论在对领导行为的基本倾向进行划分的基础上,分析不同领导风格和领导行为对领导绩效的影响。这一理论的主要代表人物有斯多基尔、勒温、利克特、坦南鲍姆、布莱克和莫顿等;主要成果有领导行为四分图理论、三种领导方式理论、领导"连续带"模式、四制度领导模式、管理方格图理论等。

第三阶段:权变论阶段。

20世纪70年代迄今,属于领导权变理论研究阶段。这一阶段的重点是研究在不同的环境条件下,领导行为的有效性问题,这是一种对领导理论的动态研究。

权变论的主要特点是:认为一种领导行为的效果,不仅取决于领导者本人的素质和能力,而且还取决于许多客观因素,如被领导者的特点、领导的环境等,是许多因素起作用并且相互影响的过程。这一观点可用下述公式表示:

$$领导 = f(领导者、被领导者、环境)$$

权变论的代表人物是菲德勒。其主要成果有菲德勒的权变领导模型(1967年)、戴维斯与豪斯的目标—路径理论(1971年)、弗罗姆与耶顿的领导规范模式理论(1973年)等。

20世纪以来,西方领导理论的研究经历了上述三个发展阶段:首先是领导者特质研究阶段,其研究之重点在于认定领导者的素质或特性,从而了解究竟何种人才适合担任领导职务;其次为领导者行为研究阶段,其研究旨在描述领导者行为或领导方式,即了解作为一个领导者应该做些什么以及如何做好;最后是领导者的权变理论研究阶段,其研究目的在于探究领导方式与团体组织效能之关系。权变理论在其出现后即以它特有的魅力而使以往的领导理论黯然失色。

二、领导要有艺术思维

领导这一活动过程,既是一门学问又是一门艺术,作为领导行为主体的领导者要卓有成效地工作,不仅需要有科学的领导理论做指导,而且还要讲究领导艺术。领导艺术就是领导者以一定的知识、经验、才能和气质等因素为基础,巧妙地运用各种领导条件、领导原则和领导方法所表现出来的才能。领导艺术是领导者的一种特殊才能。这种才能表现为创造性地灵活运用已经掌握的科学知识和领导方法,是领导者的智慧、学识、胆略、经验、作风、品格、方法、能力的综合体现。

领导者在进行领导的过程中要面对不同的人、不同的事物。因此,领导者要灵活地运用各种领导方法,创造性地开展工作,以实现组织的目标。领导艺术的内容非常丰富,一般包括如下几个方面:

(一)领导的科学决策

尽管决策的内容极其广泛,但无论何种决策,都有一个科学的决策过程,其中最重要的就是对经营战略、程序化、非程序化、风险型、不确定型这些与决策有关的重大问题做出决策的艺术。

1. 准确掌握和利用信息

进行决策之前,要做到知己知彼,就必须掌握决策所需要的各种信息。决策的多谋艺术和各种方案的可行性,在很大程度上取决于信息的及时、准确和完整。因此,善于掌握和利用信息,需要具有高超的艺术。

2. 不同的决策问题采取不同的决策方法

对于短期性和程序化的决策,可以采用经验判断法或主观决策法。管理者依靠长期积累的知识和经验,以及相关的能力和现有的资料,通常可以提出比较正确的决策目标、方案。这种方法的有效程度,关键取决于决策者的智慧、能力和艺术。对于非程序性、风险型和非确定型的决策,需要采用计量的决策方法。常用的有概率法、期望值法和决策树法等。运用数学决策的技巧,把与决策有关的变量与变量之间、变量与目标之间的关系用数学关系表示出来,建立数学模型,根据决策条件,通过计算确定决策方案。对于战略性的长期决策,一般采用集体决策的方法。发挥集体智慧,广泛听取各方意见。

3. 尽量使决策程序化

决策是按照事物发展的客观要求分阶段来进行的,这就需要有一个科学的程序。决策理论学派的代表人物西蒙把决策的动态过程分为四个阶段:

(1)参谋活动——确定决策目标。

(2)设计活动——寻找各种可能方案。

(3)选择活动——从各种可能决策方案中进行优选。

(4)反馈活动——执行方案、跟踪服务,以不断发现和补充新方案,修订目标或提出新的决策目标。

(二)科学合理地使用人才

1.科学用人是一门艺术

(1)知人善用的艺术——用人用其德才,不受名望、年龄、资历、关系亲疏的干扰。

(2)量才适用的艺术——帮助职工找到自己最佳的工作位置。

(3)用人不疑的艺术——对委以重任的员工,应当放手使用,合理授权,使他们能够对所承担的任务全权负责。

2.有效激励也是艺术

激励艺术对组织人员积极性、创造性的发挥,有着直接的、重要的作用。常用的激励方法有:

(1)目标激励法。目标是组织及其成员一切活动的总方向,如组织信誉、形象、文化、职工个人心理方面的满足。

(2)环境激励法。如果一个组织缺乏良好的工作环境和心理氛围,人际关系就会紧张,会使许多人员不安心工作。相反,如果有一个人人相互尊重、关心和信任的工作场所,就能激励每个组织成员安心工作,积极进取。

(3)领导行为激励法。据有关资料表明,一个人在报酬引诱及社会压力的情况下,仅能发挥个人能力的60%,其余的40%有赖于领导者去激发。

(4)奖励惩罚激励法。奖励是对某种良好行为的肯定与表扬,会使组织人员在物质上和心理上得到一种满足。惩罚是对某种不良行为的否定和批评,会使组织人员从失败和错误中汲取教训,以克服不良行为。

3.适度治理更是艺术

表扬、奖励是管理人的艺术,而批评、指责人也需要有良好的技巧。

(1)弄清批评的原因。掌握事实的真实情况,确保批评的准确性。

(2)选择合适的批评时机。批评要及时,以免不良行为的蔓延。

(3)注意批评的场合。尽量避免当众批评,特别注意不要在被批评者的下级面前进行批评。

(4)要讲求批评的态度。批评者要对人真诚、公正,要帮助被批评者认识发生过失的主客观原因,并指出改正方向。

(5)正确运用批评的方式。点名批评与不点名批评相结合,批评与奖励相结合等。

(三)善于正确处理人际关系

1.分析影响人际关系的因素

(1)组织人员空间距离的远近。组织人员在工作中的地理空间位置越接近,就越容易相互了解。

(2)组织人员彼此交往的频率。交往的频率越高,越容易相互了解。

(3)组织人员观念的相似性。如果组织人员具有共同的理念、价值观、思想感情,就容易相互理解,交流思想,形成较为密切的关系。

(4)组织人员的性格、品德、气质各异,也是影响人际关系的重要方面。个人的偏见、庸俗、贪权等意识和行为,是损害人际关系的腐蚀剂;理解、宽容、关心是优化人际关系的润滑剂。

2.人际关系的协调

(1)善于了解和认识别人。可以从组织人员的言论中、在日常待人接物中、在爱好方面等,去了解一个人的德、才、学、识、体、能、勤各个方面。既看现象,又看本质。

(2)善于调动、激励组织人员。领导者的行为激励,对调动组织人员的积极性有直接影响,领导者的模范表率对部属具有榜样作用。可大胆应用目标激励、奖惩激励、参与激励以及关怀激励等方式。

(3)处理好与上级的关系。下级对上级应尊重和服从,但不是盲从。应把握上级的性格特点、工作习惯,默契配合。要体谅上司的处境,不强人所难,主动为上级分担忧愁。

(4)处理好与下级的关系。要正确对待自己,职位的高低不能说明一个人水平的高低。要主动承担责任,不能把罪过推给下级。要与人为善,善于运用感情,尊重和关怀下属。要以身作则,努力培养领导者的自身威信。

(四)要科学利用时间

时间对每个人来说都很宝贵。特别是对于领导者,要处理大量的事务更需要这种宝贵资源。因此,科学地利用时间是领导者必须具备的能力。一般有以下几种技巧:

1.要养成记录时间的习惯

每天把自己所做的事情所消耗的时间记录下来,每隔一段时间分析一下自己的时间消耗,找出在时间利用上的不合理之处,并加以改进。长期坚持下去,就会掌握充分利用时间的方法,提高领导的工作效率。

2.学会合理地安排时间

领导者时间安排得是否合理,不仅与领导者个人的工作习惯有关,而且还与组织的管理体制和组织结构,及领导者的分工和个人的职责有关。通常,领导者应把主要的时间用于学习、思考、研究业务和研究决策方案等。

3.提高会议效率

在组织中开会是交流信息的有效方式。会议不仅占用了领导者的时间,而且占用了参加会议人员的时间。因此,领导者在开会之前一定要认真考虑会议是否有必要开。如果有必要,一定要事先考虑好会议的日程,提高会议的效率。

三、领导与管理的关系

领导是管理的一个职能,组织中的领导行为仍属于管理活动的范畴。

(一)领导与管理的联系

(1)领导是从管理中分化出来的。就领导活动自身发展的历史而言,决策与执行的分离、领导权与管理权的分离,是领导科学发展进程中的重要变革,这一具有里程碑意义的变革同样证明了领导是从管理中分化而来的。

(2)领导和管理无论是在社会活动的实践方面,还是在社会科学的理论方面,都具有较强的相容性和交叉性。

(二)领导与管理的区别

(1)管理侧重于处理复杂的问题,优秀的管理者通过制订详细的步骤或时间表,及监督计划实施的结果而确保目标的达成。领导主要处理变化的问题,领导者规划未来前景,制定出达到前景的变化战略,并与员工进行有效的沟通,激励他们克服困难,实现目标。

(2)管理的计划与预算强调微观方面,覆盖的时间范围为几个月到几年,希望降低甚至排除风险,追求合理性。领导注重宏观方面,着重于更长的时间范围,不排斥带有一定风险性的战略。

(3)管理行为的从业人员强调专业化,领导行为的从业人员注重于综合素质和整体能力。

(4)领导与管理的根本区别体现在功用上。管理行为通常具有很强的可预测性,以有效地维持秩序为目标;领导行为则具有较大的可变性,能带来有益的变革。

领导是从管理中分化而来的,但是也具有管理所不具备的一些特点,主要体现在:

第一,领导具有战略性。领导侧重于重大方针的决策和对人、事的统御,强调通过与下属的沟通和激励实现组织目标;管理则侧重于政策的执行,强调下属的服从和组织控制实现组织目标。领导追求组织乃至社会的整体效益;管理则着眼于某项具体效益。

第二,领导具有超脱性。领导重在决策,管理重在执行。工作重点的不同,使领导不需要处理具体、琐碎的具体事务,主要从根本上、宏观上把握组织活动。管理则必须投身于人、事、财、物、信息、时间等具体问题的调控与配置,通过事无巨细的工作实现管理目标。

第二节　领导的基本要素

经典语录

一、领导者

(一)领导者的含义

领导者是指在正式的社会组织中经过合法途径被任用而担任一定领导职务、履行特定领导职能、掌握一定权力、肩负某种领导责任的个人和集体。

领导者的职务、权力、责任和利益的统一,是领导者实现有效领导的必要条件。职务是领导者身份的标志,并由此产生引导、率领、指挥、协调、监督、教育等基本职能;权力是领导者履行领导职能所需要的法定权利;责任是领导者行使权力所需要承担的后果;利益是领导者因工作好坏受到的奖惩。

领导者是领导活动中的重要因素。它与领导的区别主要表现在:领导是由领导者、被领导者、领导行为、组织目标、行为结果等共同构成的内容体系;领导者是领导活动的主体,其在领导活动中发挥主导作用,在领导活动中居于中心地位。

测试题

(二)领导者的特征

领导者的出现既是社会发展的必然产物,又是人类社会分工的必然要求。领导者一开始就以特殊的身份出现,具有如下特征:

1.拥有职权

领导者首先必须担任一定的职务,然后根据职务的性质、轻重赋予一定的权力。职务是领导者行使权力、履行职责的身份。任何社会的领导者要进行领导活动,都不能没有职务。

2.负有责任

依据权责一致原则,领导者的职权越大,其责任越重。领导者有领导责任,是任何社会所共有的。领导者的责任有以下几个方面的内容:第一,政治责任。领导者必须积极贯彻党的路线、方针、政策,在政治上与党中央保持高度一致。第二,工作责任。领导必须保证本组织的工作任务的高效完成,对工作失误承担相应的责任。第三,法律责任。领导者必须在国家法律、法令和各级政府的法规、条例允许的范围内工作,遵纪守法,依法办事。

3.提供服务

领导者之所以存在,是因为组织或群体的共同劳动、共同生活需要领导者的服务。这种服务包括指导性的服务、管理性的服务、事务性的服务等内容。

4.富于创新

这是领导者区别于普通组织成员的本质所在。一个人之所以能够当上领导者,重要的就是因为他具有很强的创新素质与能力,他能创造性地提出目标和推行目标,他能创造性地给被领导者提供服务,而且还能创造性地总结领导经验并上升为领导理论。

二、被领导者

(一)被领导者的含义

被领导者是指在领导活动中执行具体决策方案、命令、任务,实现组织目标的具体执行者。被领导者是领导活动中的基本要素,在领导活动中能够表现出鲜明的个性、社会性(如团体性、阶级性、交往性)、能动性。这些特性是由被领导者在社会中的政治、经济、文化地位决定的。被领导者在领导活动中处于重要地位并发挥着基础作用。

(二)被领导者的特征

1.服从性

被领导者是在领导者的组织、指挥下进行社会活动的,要服从于领导者,这是古今中外任何组织都通用的原则。

2.受动性

领导者在领导活动中发挥主观能动性,带动被领导者努力实现组织目标。

3.对象性

领导者的一个重要特征是服务性,那么作为领导者的对应方,就具有领导者服务的对象性。

4.源泉性

这是相对领导者所具有的创新性而言的。被领导者是广大人民群众,是社会实践的主体。他们在实践活动中不断积累知识、总结经验、提出新问题。这些正是领导者开拓创新所需的知识、经验、智慧等。

三、领导环境

(一)领导环境的含义

领导环境是指制约和推动领导活动发展的各种自然要素和社会要素的总和。它与领导者、被领导者共同构成了领导活动的基本要素。

领导环境具有如下几个主要特点：

1.客观性

领导环境是客观存在的，它对领导者和被领导者的活动是一个先决的限制条件，同时也是领导者与被领导者要认识、适应、利用和改造的对象。只有客观地、清醒地认识环境，才能顺应形势发展的必然要求，做出科学的领导行为选择。

2.综合性

领导环境的构成因素是复杂的，外部的各种因素与组织内部的各种因素交互发生作用，形成综合效应，对领导者的行为及其与被领导者的关系产生重要的影响。领导者必须用系统的眼光去认识环境，并以开放的心态和系统思维去把握环境的整体运动。

3.可变性

环境是可以变化的，领导者总是在不断影响甚至改造某些环境因素。环境的可变性要求领导活动必须顺应环境发展变化的大趋势，并在此前提下有效地利用和改造环境。

4.可预见性

环境的发展是动态的，也是有规律的，所以是可以预见的。领导者应该用动态的、长远的眼光去认识环境的发展。

(二)领导环境的划分

1.外部领导环境

外部领导环境是领导环境的重要组成部分，是领导活动中所有能直接、间接地参与或影响领导行为或领导过程的外部有效因素的总和。从其地位作用看，外部领导环境是同领导成败得失直接相关的外在条件，是领导主体赖以生存、发展和发挥作用的综合性客观基础和客观条件。反过来，领导者的行为选择又会对外部领导环境产生直接或间接的影响。

外部领导环境包括经济环境、政治环境、文化环境和社会环境。

2.内部领导环境

内部领导环境是指组织内部对领导活动产生制约和推动作用的各种要素的总和，即领导活动发生的具体的内部环境，它对领导活动的影响最为直接、最为现实，与领导活动的方式和功效密切相关。

内部领导环境包括职位权力、任务结构、领导关系、组织的性质与类别、组织的物质和经济基础、领导者的特质。

3.外部领导环境与内部领导环境的相互作用

一般而言，外部社会环境对领导活动的影响和作用是从根本上决定领导活动的特性和功能，具有宏观性、整体性、战略性的特点；内部社会环境则具体规范了领导活动的目标、管理模式、领导者的价值标准、心理特征等。

需要指出的是,外部领导环境和内部领导环境在一定条件下会发生转换,"外部"与"内部"只有影响范围和影响程度上的不同,并无实质上的差异。

(三)领导环境发展的过程

领导环境发展的过程包括认识环境、适应环境和改造环境三个方面。这三个方面是环环相扣、密切关联、缺一不可的,具有时间上的相继性和逻辑上的继承性。在实现领导环境发展的过程中,任何一个步骤的疏漏或失误,都有可能造成环境发展的受阻、停滞乃至倒退。

第三节　领 导 理 论

一、领导特质理论

小视频

西方管理学把一个有效的领导者应具备哪些特性或素质的研究成果称为领导特质理论。领导特质理论的基本观点是:个人品质或特征是决定领导效果的关键因素。

传统的特质理论认为领导所具有的特性是天生的,是遗传因素决定的。著名心理学家吉赛利(EdwinE. Ghiselli)提出了八种个性特征和五种激励特征。

1.八种个性特征

(1)才智——语言与文字方面的才能;

(2)首创精神——开拓创新的愿望和能力;

(3)督察能力——指导和监督别人的能力;

(4)自信心——自我评价高、自我感觉好;

(5)决断力——决策判断能力较强,处事果断;

(6)适应性——善于和下属沟通信息;

(7)性别——男性与女性有一定的区别;

(8)成熟程度——经验、工作阅历较为丰富。

2.五种激励特征

(1)对工作稳定的需求;

(2)对金钱奖励的需求;

(3)对指挥别人权力的需求;

(4)对自我实现的需求;

(5)对事业成就的需求。

1969年,吉伯(Gibb)的研究认为天才领导者应该具有七种特质:善于言辞、外表英俊、智力高超、充满自信、心理健康、支配趋向、外向敏感等。后来,斯托格迪尔(Stogclill)等认为领导者的特质应包括十六种。

现代特质理论认为领导者的特性和品质是在实践中形成的,是可以通过教育和培训培养的。现代特质理论把领导特性归纳为六类:身体性特性、社会背景性特性、智力性特性、个性特性、与工作有关的特性、社交性特性。

二、领导行为与风格理论

领导行为理论研究的是领导者的行为。该理论认为：一个领导者的成功靠的是领导行为和领导风格，并且认为行为和风格是后天可以培养、锻炼出来的。有关领导者行为的研究主要有领导方式理论、连续统一体理论、领导行为四分图理论、管理方格理论。

（一）领导方式理论

领导方式理论是由德国心理学家莱温通过一系列试验在 20 世纪 30 年代提出的。他认为领导者存在三种极端的领导方式：

(1)专断型领导方式——领导者个人决定一切，靠权力和命令让人服从。

(2)民主型领导方式——领导者与下属共同讨论，上下融合，合作一致地工作。

(3)放任型领导方式——领导者放手不管，下属完全自由。

一般而言，民主型领导方式效果最好，专断型次之，放任型效果最差。但是上述结论不能绝对化，必须根据管理目标、管理环境等因素灵活选择，最适应的领导方式就是最好的领导方式。

（二）连续统一体理论

连续统一体理论是由美国管理学家坦南鲍姆和施米特于 1958 年提出的。他们认为领导行为包含了各种领导方式的连续统一体，领导风格与领导者运用权威的程度和下属在做决策时享有的自由度有关。连续体的最左端表示的领导行为是专制的领导；连续体的最右端表示的是将决策权授予下属的民主型的领导。在管理工作中，领导者使用的权威和下属拥有的自由度之间是一方扩大另一方缩小的关系。一个专制的领导掌握完全的权威，自己决定一切，他不会授权下属；一位民主的领导在制定决策的过程中，会给予下属很大的权力。民主型和专制型只是两个极端，两者中间存在多种领导方式。他们在领导方式连续流中列举了 7 种有代表性的模式，如图 7-1 所示。

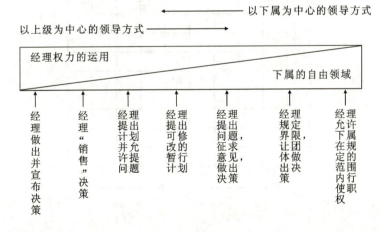

图 7-1　领导方式连续流示意图

管理者应根据管理者、员工、环境等因素的特征和要求，有针对性地在一系列备选的领导方式中选出最合适的一种来。如果下属有独立做出决定并承担责任的愿望和要求，他们已经做好了这样的准备，他们能理解所规定的目标和任务，且有能力承担这些任务，领导者就应给下级较大的自主权力。如果这些条件不具备,领导者就不要把权力授予下级。

(三)领导行为四分图理论

领导行为四分图理论是 1945 年由美国俄亥俄州立大学工商企业研究所的学者们提出的。他们列出了一千多种领导行为的因素,高度概括为两个方面,即着手组织(领导者规定他与工作群体的关系)和体贴精神(领导者与被领导者之间的行为),认为组织与体贴不是一个连续带的两个端点,不是注重一个就忽视另一个,领导者的行为可以任意重合。可以用二维坐标表示领导行为四分图,如图 7-2 所示。

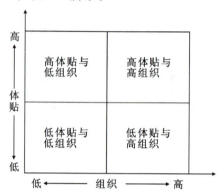

图 7-2 领导行为四分图

如图 7-2 所示的四种情况中,究竟哪种最好? 结论是不肯定的,应视具体情况而定。

(四)管理方格理论

管理方格理论是 1964 年由美国管理学家布莱克和穆顿提出的。他们巧妙地设计出管理方格图,用横坐标表示领导者对生产的关心程度,用纵坐标表示领导者对人的关心程度。横、纵坐标都被划分为 9 个尺度,形成了 81 种领导方式的管理方格图,如图 7-3 所示。

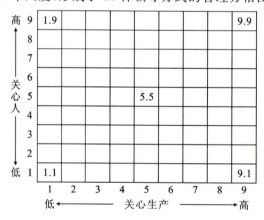

图 7-3 管理方格图

以下列举 5 种典型的领导方式。

(1)1.1 型:贫乏式领导——对生产和人的关心程度都很低,单纯地把上级的信息传达给下级。

(2)9.1 型:任务式领导——对生产的完成情况很关心,但很少去注意下属的状况,只抓业务,不抓思想。

（3）1.9 型：逍遥式领导——只注重创造良好的人际关系，很少去关心工作。

测试题

（4）9.9 型：协作式领导——对于人员和生产都表现出最大的关心，这类领导才是真正的"集体主管者"。

（5）5.5 型：中间路线式领导——对人和生产都有中等程度的关心。

副总家失火以后

一家公司的销售副总在外出差时家里失火了，他接到妻子电话后连夜火速赶回家。第二天一早，他去公司找到老总，说家里失火要请几天假。按理说，这个要求也不过分，但老总说："谁答应你回来的？你要马上出差，如果你下午还不走，我就免了你的职。"这位副总很有情绪，但又无可奈何，从老总办公室里出来后又马上出差走了。

老总听说副总已走，马上把党、政、工负责人都叫了过来，要求他们分头行动，在最短的时间内，不惜一切代价把副总家里的损失弥补回来，把家属安顿好。

分析问题：

1. 从管理方格理论分析这位老总属于哪一种领导风格，为什么？
2. 从本案例中你可以获得哪些启迪？
3. 你赞成这位老总的做法吗？有何建议呢？

三、领导权变理论

权变理论亦称随机制宜理论，强调领导无固定模式，领导效果因领导者、被领导者和工作环境的不同而不同。

西方学者对领导权变理论进行了大量研究，其中比较有代表性的理论有菲德勒的权变理论和豪斯的"路径—目标"理论。

（一）菲德勒的权变理论

1951 年，美国伊利诺大学的心理学和管理学家菲德勒提出了权变理论。这一理论的关键在于首先界定了领导风格以及不同的情境类型，然后建立领导风格与情境的恰当结合。菲德勒认为，领导成功的关键因素之一是个体的领导风格。为了测量领导者的风格，菲德勒设计了"最难共事者"问卷，通过问卷测定出领导的领导方式是属于工作任务型还是人际关系型。同时，他还承认有一小部分人是介于二者之间的。

评估了领导风格后，就要评估情境，并将领导者与情境进行匹配。菲德勒的研究揭示了确定情境的三项基本因素，即上下级关系、任务结构和职位权力。三项因素组成八种情况，菲德勒据此对 1200 多个团体进行了调查分析。调查结果表明：在最不利和最有利的两种情况下，采取以"工作任务为中心"的领导方式效果最好；处于中间状态的环境，采用以"人为中心"的领导方式效果较好。具体情况如图 7-4 所示。

菲德勒认为领导风格是稳定不变的，提高领导的有效性有两条途径：一是选择领导者适

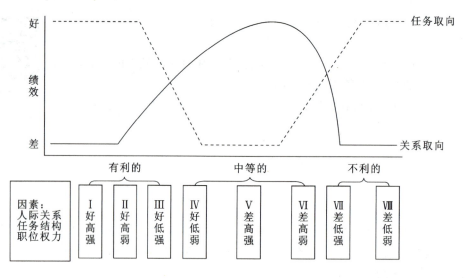

图 7-4　菲德勒的权变模型

应情境;二是改变情境适应领导者。

(二)豪斯的"路径—目标"理论

"路径—目标"理论是由加拿大多伦多大学教授豪斯提出的。该理论把领导行为分为四种,即指导型领导、支持型领导、参与型领导和成就型领导,并认为领导者不仅可以改变领导行为,而且还应该根据不同的环境特点来调整领导行为。

"路径—目标"理论提出两大类情境变量作为影响领导行为与结果之间关系的变量:一是下属可控之外的环境;二是下属个人特点中的部分内容。路径—目标理论如图 7-5 所示。

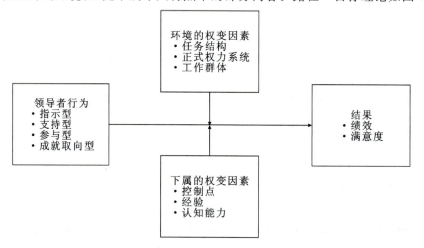

图 7-5　路径—目标理论

豪斯认为:当环境内容与领导者行为重复,或领导者行为与下属特点不一致时,效果均不佳。

问题探讨

刘成耀的领导方式

刘成耀在从西部的一所财经大学拿到会计专业的学士学位后,到一家大型的会计师事务所的贵阳办事处工作,由此开始了他的职业生涯。9年后,他成了该事务所的一名最年轻的合伙人。事务所执行委员会发现了他的领导潜能和进取心,遂指派他到遵义开办了一个新的办事处。其最主要的工作是审计,这要求员工具有高度的判断力和自我控制力。他主张员工之间要直接称呼名字,并鼓励下属参与决策制定。

办事处发展得很迅速,经过5年,专业人员达到了30名,刘成耀被认为是一位很成功的领导者。

刘成耀于是又被安排到乌鲁木齐办事处当主管。他采取了在贵阳、遵义工作时取得显著成效的同样的管理方式。上任后,他更换了几乎全部25名员工,并制订了短期的和长期的客户开发计划。为了确保有足够数量的员工来处理预期扩增的业务,很快,办事处有了约40名员工。

但在遵义成功的管理方式并没有在乌鲁木齐取得成效,办事处在1年的时间内就丢掉了最好的两个客户。刘成耀马上意识到办事处的人员过多,因此决定解聘前1年刚招进来的12名员工,以减少开支。

他相信挫折只是暂时性的,因而仍继续采取他的策略。在此后的几个月里,公司又招聘了6名员工,以适应预期增加的工作量,但预期中的新业务并没有接来,所以又重新削减了员工队伍,13名员工离开了乌鲁木奇办事处。

伴随着这两次裁员,留下来的员工感到工作没有保障,并开始怀疑刘成耀的领导能力。事务所的执行委员会了解到这一问题后,将刘成耀调到昆明办事处,在那里,他的领导方式显示出很好的效果。

分析问题:

1. 刘成耀作为一位领导者,其权力的来源有哪些?
2. 这个案例更好地说明了领导的行为理论还是领导的权变理论?说明你的理由。
3. 刘成耀在乌鲁木奇办事处没有获得成功,你能帮助他分析原因吗?

小　结

本章通过对领导理论的发展史、领导者和被领导者的含义和特征、领导环境的发展过程的阐述,进一步分析了领导与管理的关系。在此基础之上明确了合理用人是一门领导艺术,包括领导的决策艺术、用人艺术、处理人际关系艺术和利用时间艺术,并介绍了各种领导理论的领导方式和领导风格。

思考与练习

一、名词解释

领导　　领导者　　被领导者　　领导环境

二、单项选择题

1.构成领导活动的基本要素不包括(　　)。

A.领导环境　　　　B.领导者　　　　　C.领导方法　　　　　D.被领导者

2.在莱温的领导行为与风格理论中,他认为效果最好的领导方式是(　　)。

A.专断型　　　　　B.民主型　　　　　C.放任型　　　　　D.自由型

3.管理方格图中,1.9型对应的领导方式是(　　)领导。

A.贫乏式　　　　　B.任务式　　　　　C.逍遥式　　　　　D.协作式

4.路径—目标理论指出的领导方式是(　　)。

A.独裁型、支持型、推销型和成就型　　　B.指导型、授权型、参与型和推销型

C.独裁型、授权型、参与型和推销型　　　D.指导型、支持型、参与型和成就型

三、多项选择题

1.领导理论的发展大致经历了(　　)三个阶段。

A.特质论阶段　　　　　　　　　　B.行为论阶段

C.科学管理方法论阶段　　　　　　D.权变论阶段

E.规范模式论阶段

2.有关领导者行为研究的主要理论有(　　)。

A.领导方式理论　　　　　　　　　B.连续统一体理论

C."路径—目标"理论　　　　　　　D.管理方格理论

E.领导行为四分图理论

3.管理方格理论把管理中领导者的行为概括为(　　)。

A.对利润的关心　　　　　　　　　B.对生产的关心

C.对人的关心　　　　　　　　　　D.对制度的关心

E.对企业的关心

4."路径—目标"理论认为,领导方式有(　　)。

A.专制型　　　　　B.支持型　　　　　C.参与型　　　　　D.指导型

E.成就型

四、判断题

1.领导和管理无论是在社会活动的实践方面,还是在社会科学的理论方面,都具有较强的相容性和交叉性。　　　　　　　　　　　　　　　　　　　　　　　　　　(　　)

2.领导重在决策,管理重在执行。　　　　　　　　　　　　　　　　　　　(　　)

3.领导行为四分图中,只有在"高体贴与高组织"的情况下,领导效果最好。　　　（　　　）

4.权变理论强调领导无固定模式,领导效果因领导者、被领导者和工作环境的不同而不同。　　　（　　　）

五、简答题

1.如何理解领导者的含义?

2.领导者应该具备哪些特征? 请举例说明。

3.为什么说领导是一门艺术?

4.简述领导与管理的关系。

5.领导环境是如何划分的?

思考题答案

 案例分析

如何采用不同的领导风格

郑明在某大型家电产品公司工作,前几年因为工作特别突出被从基层职员提拔为西区的大区经理。他现在管理 12 个人。

郑明认为自己是"富有人情味的人",但他的手下的工作效率并不高。郑明的手下出现了分化,一部分人有能力而且积极地完成工作,而另一些人则显得对工作漠不关心且难以完成工作。有两个典型:王力和吴强。王力已经工作 4 年,是个靠得住的人,平时关心顾客,工作有效率。郑明与王力处得很好,而且他相信王力能在没有监督的情况下完成工作。

吴强的情况则完全不同,他在这个岗位上的时间还不到 1 年。在郑明看来,吴强在与同事的交往上花了太多的时间。每天吴强都是第一个下班的人,他几乎没有完成过规定标准 75% 的工作量。郑明经常找吴强谈话,明确地告诉他应该达到的目标和标准,但没有什么效果。

在一次沟通技巧培训课程结束后,郑明决定对每个人要更加友善和坦诚,尤其是对吴强和其他表现差的人,他要更关心他们的生活、理解他们的感受。因为从前他给了他们太多的压力,要求他们取得更高的绩效并建立有纪律的工作习惯。他希望吴强(还有其他人)会逐渐成长并进入良好的工作状态。

两个星期后,郑明坐在自己的办公室里,心情沮丧。他在自己领导风格方面所做的改变显然是不成功的,不仅吴强的绩效没有提高,而且其他雇员(包括王力在内)的工作业绩与以前相比都出现了下滑。假日购物黄金季节正处于关键时刻,郑明的老板正不断地向他施加压力,要求他马上进行改进。

郑明想知道,到底哪里出了问题呢?

（资料来源:中国供应商网,http://cn.china.cn/,有删改）

案例思考题:

1.从领导理论的角度来看,郑明采用的是哪种领导风格?

2.评价郑明的管理风格与员工的成熟度是否相匹配。

3.对于王力和吴强,应该分别采用何种领导风格进行管理?

第八章 控制与协调

学习目标

1. 了解控制的含义及其类型；
2. 掌握控制的几种方法；
3. 了解协调的内容、协调组织冲突的对策；
4. 了解利益协调的各种方式；
5. 掌握培养核心竞争力的方法；
6. 了解我国传统文化中的内部控制思想。

能力目标

1. 熟悉制定合理的控制标准的方法；
2. 熟悉协调原理，培养协调组织冲突的能力。

引入案例

综合控制计划的制订

张正在几天前被任命为一家化妆品公司的总经理。他很快就发现这家公司存在着很多问题，而且其中的大多数问题都与公司不适当的控制管理有关。例如，他发现公司各部门的预算是由各部门自行制定的，前任总经理对各部门上报的预算一般不加修改就签字批准；公司内部也没有专门的财务审核人员，因此对各部门的预算和预算的实施情况根本就没有严格的审核。在人事方面，生产一线人员流动率大，常有人不辞而别；行政工作人员迟到、早退现象严重，而且常有人在工作时间利用公司电话炒股票。

公司对这些问题都没有采取有效的控制措施，更没有及时解决。不少中层管理者还认为：公司业务不景气，生产人员想走是很正常的；行政工作人员在没什么工作可做的情况下迟到、早退，自己想办法赚点钱也是可以理解的，对此没有必要大惊小怪。

张正认为，要改变公司的面貌，就一定要加强资金、人员等方面的控制，为此，就需要制订出一个综合控制计划。

（资料来源：企业管理论坛，http：//www.sooit.net，有删改）

案例思考题：

1. 张正的想法是否正确？控制能起到什么作用？

2.为了改变公司的面貌,这个综合控制计划应包括哪几个方面的内容?

任何组织完成计划都需要控制,管理中的控制是指管理者为保证实际工作与计划一致,有效实现组织目标而采取的一切行动。所以,在现代管理系统中,要想实现组织目标,求得组织在竞争中的生存与发展,不进行控制工作是不可能的。

第一节　控制概述

经典解读

一、控制的概念与特点

控制是指控制者按照给定的条件和目标,对受控者施加影响的过程和行为。控制一词最初运用于技术工程系统。自从维纳的控制论问世以来,控制的概念更加广泛,它已被用于生命机体、人类社会和管理系统之中。从一定意义上说,管理的过程就是控制的过程,因此控制既是管理的一项重要职能,又贯穿于管理的全过程。一般来说,管理中的控制则是指管理者为了达到一定的目的,运用一定的控制机制和控制手段,对被管理者施加影响的过程。

在管理中,构成控制活动必须具备三个条件:

第一,要有明确的目的或目标,没有目的或目标就无所谓控制;

第二,受控者必须具有多种发展可能性,如果事物发展的未来方向和结果是唯一的、确定的,就谈不上控制;

第三,控制者可以在被控者的多种发展可能性中通过一定的手段进行选择,如果这种选择不成立,控制也是无法实现的。

控制活动具有如下特点:

(1)控制是一种有目的的活动。控制工作的意义体现在通过发挥"纠偏"和"适应"的功能,促使组织更有效地实现其根本目标。

(2)控制是一种整体性的活动。控制的主体不仅是管理人员,还应是组织的全体成员参与,控制的对象包括组织活动中的各个方面。所以管理控制中应把组织的活动作为一个整体来看待,使各个方面协调一致,达到整体优化。

(3)控制是一种动态性的活动。组织本身是动态的,其外部环境和内部条件随时都在发生变化,从而决定了控制标准和方法不可能固定不变。

二、控制的目的与作用

(一)控制的目的

控制的主要目的是保证组织在复杂多变的内外部环境中实现事先设定的目标,具体包括以下两个方面的内容:

(1)通过维持现有状况确保组织实现计划目标。由于组织处于复杂多变的内外部环境之中,控制工作必须随时将计划的执行情况和设定的标准进行比较,找出存在的偏差并及时纠正偏差,使组织的行为活动趋于稳定,并始终围绕既定的目标,沿着相对固定的轨迹发展。

(2)通过突破现有状况促进组织目标实现。组织中一些内外环境的变化,会对组织提出一些新的要求,甚至会对组织既定的目标和计划方案提出挑战。此时,管理人员必须实施控制,根据变化的环境条件适当地修正组织目标和计划方案,使组织的目标和计划更符合实际的要求,为组织有效实施管理的其他职能奠定基础。

(二)控制的作用

1.控制是完成计划任务,实现组织目标的保证

计划是对组织未来行动的谋划和设计,是组织在未来一段时间内需要执行的行动规划。为了使计划及时适应变化了的环境和条件,推动组织目标的实现,必须通过控制及时了解环境变化的程度、原因、趋势,并据此对计划目标和计划过程做出适当的调整,使计划更加符合实际。

2.控制是及时改正缺点、提高组织效率的重要手段

控制一方面有利于组织少走弯路,降低失误对组织效率的负面影响;另一方面可以帮助管理者积累经验,提高未来管理工作的效率。

3.控制是组织创新的推动力

控制是一种动态的、适时的信息反馈过程,是一种积极主动的管理活动。现代管理越来越强调控制中的反馈机制。在控制中,控制者和被控制者都可以及时发现一些问题,促使管理者推陈出新,在推动管理工作动态适应环境的过程中创新。

三、控制的类型

(一)按控制的主体分类

按控制的主体分类,控制分为直接控制和间接控制。

直接控制是相对于间接控制而言的,它是通过提高管理人员的素质和领导水平,从而消除或减少由于管理不善造成偏差的一种控制。其指导思想认为,合格的主管人员出的差错最少,他能觉察到正在形成的问题,并能及时采取纠正措施。"合格"就是指他们能熟练地应用管理的概念、原理和技术,能以系统的观点来进行管理。因此,主管人员及其下属的素质越高,就越不需要进行直接控制。

间接控制是观察管理人员的未来行动,跟踪和找出造成不良结果的原因,追究个人责任并使他们改正的过程。在实际工作中,在所定的标准正确的前提下,产生偏差的原因常常有两种,即由于不肯定因素或是由于管理人员缺乏知识和经验。对于不肯定的因素是无法估计的,因而由此造成的管理失误也就不可避免。在这种情况下,间接控制就不能起作用。

(二)按控制的环节分类

按控制的环节分类,控制分为前馈控制、现场控制和反馈控制。

测试题

前馈控制是指在活动开展之前就认真分析、研究,进行预测,并采取防范措施,使可能出现的偏差在事先就可以筹划和解决的控制方法。前馈控制系统比较复杂,影响因素也很多,输入因素常常混杂在一起,这就要求前馈控制建立系统模式,对计划和控制系统作好仔细分析,确定重要的输出变量,并定期估计实际输入的数据与计划输入的数据之间的偏差,评价其对预期成果的影响,保证采取措施解决这些问题。前馈控制比反馈控制更为理想,但由于计划必须面对许多不肯定因素和无法估计的意外情况,即使进行了前馈控制,也不能保证结果一定符合计划要求,计划执行结果仍然要进行检验和评价。

现场控制是指计划正在执行的过程中,主要由基层管理人员采取的一种控制工作的方法。通过深入现场亲自监督、检查、指导来控制下属人员的活动。其内容有:向下级指示恰当的工作方法和工作过程;监督下级的工作以保证计划目标的实现;发现不符合标准的偏差时,立即采取纠正措施。

测试题

反馈控制是指管理人员分析以前工作的执行结果,将它与控制标准相比较,发现已经发生和即将出现的偏差,分析其原因和对未来的可能影响,及时拟定纠正措施并予实施,以防止偏差继续发展或再度发生。

在实际中,反馈控制还有很多类型,各种不同类型的控制都有不同的特点、不同的功能,因而适用于各种不同的控制要求。以下仅举几例:

1.定值控制

定值控制是一种预期量不随时间而变化的常量反馈控制。在定值控制中,由于预期量是一个常量,其控制系统的主要任务是抗拒外来的干扰。当外部干扰影响系统运行时,输出量将偏离预期值,控制系统的作用是使被控变量恢复到预期的常量。在实际中,国家对于物价水平和经济增长速度的控制,一般都是定值控制。

2.程序控制

程序控制是一种预期量是一个预先知道的时间控制程序的反馈控制。在这类控制中,预期量是一个由决策者预先规定的随时间而变化的控制程序。这种控制虽然不可避免地受到干扰的作用,但作为一种控制方式来说,只考虑被控变量按预定规律变化的问题。如果预期量变化了一个值,因被控变量来不及变化,反馈后有偏差输出,从而使控制系统驱使被控对象做相应变化,如

测试题

此直至两者按一定准确度做相应变化为止。在实际中,某些长期计划的完成多属程序控制,如投资对 GDP(国内生产总值)增长的控制。

3.超前控制

超前控制也称预先控制,是指观察作用于系统的可以测量的输入量和主要扰动量,分析它们对系统输出的影响关系,在这些可测量的输入量和扰动量产生不利影响之前,通过及时采取纠正措施,来消除它们的不利影响。超前控制与前述超前监督的道理一样,可以克服事后控制的时滞,具有事先预防的作用,因此在管理中有广泛的用途。

4.过程控制

过程控制也称自动控制,是指在无人直接参与的情况下,采用自动化装置使各生产或其他活动环节能以一定的准确度自动调节的控制。这种控制多用于生产中的自动操作系统,在市场经济条件下自觉运用价值规律和市场机制的调节,从某种意义上说,也是一种自动控制。

5.优化控制

优化控制是指在给定的约束条件下,寻求一个控制系统,使给定的被控系统性能指标取得最大值或最小值的控制。一般来说,进行优化控制必须具备三个条件:一是要给出系统的性能指标;二是要给出约束条件;三是要寻找优化控制的机制和方法。由于在实际中情况是复杂多变的,进行优化控制不可能达到十全十美,优化控制只能是相对的或满意的控制,而难以做到最优控制。

随着科学技术的发展,目前智能控制已开始广泛应用。这种控制将人类的智能,如将适应、学习、探索等能力引入控制系统,使其具有识别、决策等功能,从而使自动控制和优化控

制达到了更高级的阶段。

6.自组织控制

自组织控制是指工作条件和外部发生不确定性变化时,系统能改变自身组织结构,以达到预期的理想目的的一种控制。

自组织控制是适应性控制的进一步发展,它不但能适应外部环境和条件的变化,改变原定策略及某些参数,而且还能改变管理系统的组织结构。实行自组织控制要不断测量系统的输入和输出,积累经验,深入研究,以求在低成本的情况下,使组织结构与环境变化相适应,取得较好的控制效果。

第二节　有　效　控　制

一、控制的原理

测试题

任何系统都是由因果关系链联结在一起的元素的集合。元素之间的这种关系就叫耦合。控制论就是研究耦合运行系统的控制和调节的。为了控制耦合系统的运行,必须确定系统的控制标准。可以通过对系统的调节来纠正系统输出与标准值之间的偏差,从而实现对系统的控制。

检查工作是否按既定的计划、标准、方法进行,若有偏差,就要分析原因,发出指示,并做出改进,以确保组织目标的实现。

在管理中,控制过程可以分为开环控制和闭环控制两种。以下分别说明这两种控制的原理:

(一)开环控制

开环控制是指受控者不对控制者产生反作用的控制过程,也即不存在反馈回路的控制。在这种控制中,控制系统的输出仅由输入来确定。在实际中则表现为控制者在发出控制指令后,不再参照受控者的实际情况重新调整自己的指令。其控制原理是:在对系统情况和外界干扰有了大致分析研究的基础上,通过控制初始条件,使系统能不受外界干扰的影响准确无误地转移到目标状态。这种控制可用图8-1表示。

图8-1　开环控制

在管理中采用开环控制具有作用时间短、成本低等优点,在外界干扰较小且变化不大的情况下,有一定的控制作用。但这种控制由于没有反馈机制,无法发现和纠正计划和决策实施中与预定目标之间的偏差,缺乏抗干扰能力,仅能适用于那些干扰不大且能规则变化的管理活动,在复杂多变的情况下不能起到控制作用,有很大的局限性。

(二)闭环控制

闭环控制是指存在反馈闭合回路的控制。在闭环控制中,受控者能反作用于控制者,并使其再输出增强或者减弱,以保证预定目标的实现。其控制原理是:当受控者受干扰的影响,其实现状态与期望状态出现偏差时,控制者将根据这种偏差发出新的指令,以纠正偏差,抵消干扰的作用。这种控制如图 8-2 所示。

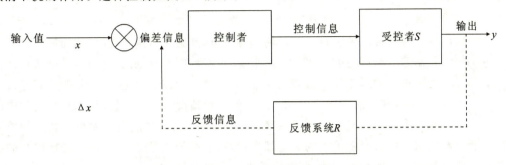

图 8-2　闭环控制

在闭环控制中,由于控制者能根据反馈信息发现和纠正受控者运行的偏差,所以有较强的抗干扰能力,能进行有效的控制,从而保证预定目标的实现。管理中所实行的控制多是闭环控制,所用的控制原理主要是反馈原理。

在图 8-2 中,如果用 x 表示输入值,用 y 表示输出值,用 S 表示受控者的功能,用 R 表示控制系统也即反馈系统的作用,用 Δx 表示偏差信息,则有:

$$y = S(x + \Delta x) = S(x + Ry) = Sx + SRy$$

于是可以得到:

$$y = \frac{S}{1 - SR}x$$

式中 $\dfrac{S}{1 - SR}$——反馈因子或控制参数,它反映闭环控制系统的反馈功能或控制功能。

管理中所运用的反馈原理主要是负反馈原理,其反馈回路的流程如图 8-3 所示。

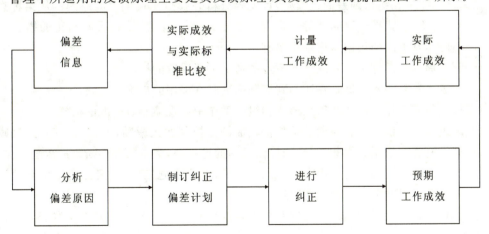

图 8-3　反馈回路的流程

二、控制的过程

控制的基本过程是根据计划的要求建立衡量绩效的标准,把实际结果与预定标准相比较,以确定组织活动中出现的偏差,在此基础上,有针对性地采取必要的纠正措施,确保组织资源的有效利用和组织目标的实现。不论控制活动的对象是什么,任何一项活动的全过程都存在相似之处。管理控制的工作过程包括三个步骤,即确立标准、衡量绩效和纠正偏差。

(一)确立标准

测试题

确立标准是进行控制的前提,没有标准就无法进行控制,因而确立标准是控制首先要进行的步骤。一般来说,控制标准是计划的具体化,又是从计划方案中选出的对工作成效进行评价的关键指标或关键点。在这些点上进行控制,可以使管理人员了解计划进展的关键情况,而不必过问计划执行过程中的每一个步骤。确立标准要明确两个问题:一是控制范围的大小。其总的原则是应对所有与组织目标有紧密关系的活动都进行控制,但有时也要有重点。二是控制的标准要求。要求标准的目的性要明确,要有可行性和可检验性。

(二)衡量绩效

标准一旦确立,控制过程的第二个基本步骤就是对绩效的衡量,即用标准去衡量活动的成效,提示偏差,并为纠正偏差提出要求,指明方向。

对实际活动成效的衡量,就是将实际活动的结果同标准进行比较。从决策或计划的执行过程来看,也就是进行追踪检查。通过追踪检查,可以获得大量执行情况的信息,将这些信息反馈给主管部门,经过整理和分析,就可作为制定纠正偏差的措施,也即进行有效控制的依据。所以,衡量绩效是关系到控制准确、有效的承上启下的重要步骤。

(三)纠正偏差

测试题

控制最终是通过纠正偏差来实现的。因此,纠正偏差是控制的目的,也是最关键的一个环节。纠正偏差是根据反馈的偏差信息进行分析、决策,制定措施,并付诸实施,以使系统重新进入原定计划轨道,保证目标实现的过程。

在纠正偏差的过程中,首先要分析并找出出现偏差的原因。从某种意义上说,找准了原因就等于问题解决了一半。其次,就是采取纠正的措施和行动。在管理中,常见的纠正偏差措施主要有:

(1)调整原计划。这是在发现计划不当的情况下所采取的措施。

(2)改进方法和技术。这是在达不到控制标准时常采用的措施。

(3)改进组织工作。这是在组织形式和组织工作中出现障碍时采取的措施。

(4)改进激励工作。控制与激励是相辅相成的。控制如无激励,就会失去动力;激励如无控制,就没有客观依据。因此,在达到控制目的的过程中,常常需要不断改进激励工作。

当然,在有些纠正偏差的过程中,常常需要采取综合措施,有时还可能会产生新的计划和组织,即需要从根本上进行调整和改进。

总之,控制标准、衡量绩效、纠正偏差是控制过程的三个要素,它们相互关联、相互依存、缺一不可。

三、控制的方法

在管理实践中,人们总结出一系列控制方法。

(一)预算控制

预算是以数字形式表示的计划。预算多数是指财务预算,即用财务数字表明的组织未来经济活动的成本费用和总收入、净收益等。预算控制是指根据预算规定的收入与支出标准来检查和监督各个部门的生产经营活动,以保证各种活动在完成既定目标、实现利润的过程中对经营资源的利用,从而使费用支出受到严格有效的约束。

生产经营活动的特点不同,预算表中所涉及的项目也不同。预算主要涉及以下几个方面的内容:

1. 收入预算

收入预算是对企业未来一段时间经营收入情况的说明。它从财务的角度预测了企业未来活动的成果。由于企业来源主要是产品销售,所以收入预算的主要内容是销售预算,即通过分析企业过去的销售情况、目前和未来的市场需求特点及其发展趋势,比较竞争对手和本企业的经营实力,确定企业在未来时期内为了实现目标利润必须达到的销售水平。为了更好地控制企业的未来活动,需要按产品、市场和消费群编制分项销售计划和季度或月度销售收入。

2. 支出预算

支出预算是编制企业在生产经营活动中的各种支出预算。收入预算和支出预算都是从财务角度计划和预测未来活动的成果以及为取得这些成果所付出的费用。不同的企业,支出的项目不同。支出预算是针对直接材料预算、直接人工预算和附加费用预算编制的。

(1)直接材料预算是指企业为了实现销售收入,而对所需的原材料的种类和数量进行的预算。直接材料预算可成为采购部门编制采购预算的基础。

(2)直接人工预算是指企业为了生产一定量的产品,而对所需的人工的数量和种类进行的预算。

(3)附加费用预算是指企业支付于行政管理、销售服务、设备维修和固定资产折旧等方面的预算。

3. 现金预算

现金预算是对企业未来生产与销售活动中现金的流入与流出进行预测,通常由财务部门编制。现金预算只能包括现金流程中的项目,赊销所得的应收款在用户实际支付以前,不能列作现金收入。

收入预算、支出预算和现金预算都属于短期预算。

4. 资金支出预算

资金支出预算是一个长期预算,可以有效地组织各种资源。支出的项目包括:用于新改造或扩充生产设施的支出;用于增加品种、完善产品性能或改进工艺的研究与开发支出;用于广告宣传、寻找顾客的市场支出等。

5. 资产负债预算

资产负债预算是对企业会计年度末期的财务状况进行预测。它是指将分预算汇总在一起,通过对预算表的分析,可以发现某些分预算的问题,有助于及时地采取调整措施。通过分析流动资产与流动负债的比率,可以发现企业的财务安全性和偿债能力的大小;通过将本期预算与上期实际发生的资产负债情况进行对比,可以发现企业财务状况发生的变化,从而进行事前控制。

（二）比率分析控制

比率分析是指用同一期财务报表上的有关数额互为比较,得出判断经营效果好坏的比率。常用的比率有两种类型:财务比率和经营比率。

1.财务比率

(1)流动比率,是指企业的流动资产与流动负债之比。它反映了企业偿还需要付现的流动债务的能力,是衡量公司短期偿债能力最常用的指标。一般情况下,流动比率越大,表明公司的短期偿债能力越强;反之,说明公司的短期偿债能力不强。一般财务健全的公司,其流动资产应远高于流动负债,流动比率起码不得低于1:1,一般认为大于2:1较为合适。但是,流动比率过大,并不一定表示财务状况良好,尤其是由于应收账款和存货余额过大而引起的流动比率过大,则对财务健全不利。一般认为这一比率超过5:1,则意味着公司的资产未得到充分利用。

(2)负债比率,是指企业总负债与总资产之比。它反映了企业所有者提供的资金与外部债权人提供的资金的比率关系。这一比率,可以测知公司长期偿债能力的大小,因为负债是一种固定责任,不管公司盈亏,均应按期支付利息,到期必须偿还。一般认为负债比率的最高限为3:1。但是,负债比率过低并不一定有利,因为公司自有资本相对于负债来说,只需维持在一定水准足以保障公司信用就可以了。此比率过低表明公司的举债经营能力有待增强。

(3)盈利比率,是指企业利润与销售额或全部资金等相关因素的比例关系,反映了企业在一定时期从事某种经营活动的盈利程度及其变化情况。常用的比率有:

①销售利润率,是销售净利润与销售总额之间的比例关系。它反映了企业在一定时期内产品销售中获得利润的能力。将不同的销售利润率相比较,能为企业的经营控制提供信息。

②资金利润率,是指某经营时期的净利润与该期占用的全部资金之间的比例关系。它是衡量企业资金利用效果的一个重要指标,反映了企业利用投入的全部资金实现净利润的能力。

③投资报酬率,是指一定时期内的营业利润和该期的投资占用额的比例关系。该比率表示了投资和投资所产生的现金之间的特有关系,它提供了一种对各种投资收益进行比较的方法。

2.经营比率

(1)库存周转率,是指销售总额与库存平均价值的比例关系。它反映了与销售收入相比库存数量是否合理,表明了投入库存的流动资金使用情况。

(2)固定资产周转率,是指销售总额与固定资产的比例关系。该指标用以测知固定资产的利用效率。其比率越高,表明固定资产的周转速度越快,固定资产的闲置越少;反之则不然。当然,这一比率也不是越高越好,太高则表明固定资产过度投资,会缩短固定资产的使用寿命。

(3)销售收入与销售费用的比率。该比率表明单位销售费用能够实现的销售收入,在一定程度上反映了企业营销活动的效率。销售费用包括的内容很多,还可以进行更加具体的分析。

(三)审计控制

审计是对反映企业资金运动过程及其结果的会计记录及财务报表进行审核、鉴定,以判断其真实性和可靠性,从而为控制和决策提供依据。可将审计分为三种类型:外部审计、内部审计和管理审计。

1.外部审计

外部审计是由外部机构(如会计师事务所)选派的审计人员对企业财务报表及其反映的财务状况进行独立的评估。外部审计人员需要抽查企业的基本财务记录,验证其真实性和是否符合会计准则。

外部审计的优点是审计人员与经营管理者没有行政上的依附关系,能够保证审计的独立性和公开性。

外部审计的缺点是外来审计人员不了解经营情况,在具体业务的审计中带来一些困难。

2.内部审计

内部审计是由企业内部的机构或由财务部门的专职人员来独立地进行的。内部审计兼有许多外部审计的目的。它不仅要像外部审计那样核实财务报表的真实性和准确性,而且要分析企业的财务结构是否合理;不仅要评估财务资源的利用效率,而且要检查和分析企业控制系统的有效性;不仅要检查目前的经营状况,而且要提供改进这种状况的建议。

内部审计的局限性:内部审计需要很多的费用;要搜集事实,而且需要解释事实,并指出事实与计划的偏差所在;要能很好地完成这些工作,而又不引起被审计部门的不满,需要对审计人员进行充分的技能训练;如果审计过程中不能进行有效的信息和思想沟通,那么可能会对组织活动带来负激励效应。

3.管理审计

管理审计是一种对企业所有管理工作及其绩效进行全面、系统的评价和鉴定的方法。它比外部审计和内部审计的范围广。管理审计是利用公开记录的信息,用管理绩效把企业和其他同行企业进行比较,来判断企业经营和管理的水平。

企业的管理绩效包括:经济功能、收入合理性、企业组织结构、研究与开发、财务政策、生产效率、销售能力、管理者素质和能力。

管理审计通过管理绩效为组织未来的工作程序和结果提供了依据。但管理审计也存在缺陷,即过多地评价过去的结果,而不注重未来和预测,需要在工作中不断完善。

由于控制贯穿于管理的全过程,涉及管理的各项职能,各种类型的控制及控制的各个工作阶段所用的方法是广泛的。例如,在预算控制中,要运用财务会计、管理会计的许多方法;目标控制要运用目标管理的许多方法;参数控制要运用管理技术,包括预测技术、计划技术、决策技术的许多方法等。

第三节　有效协调

一、协调概述

(一)协调的含义

协调,或译和谐。"和谐"一词起源于希腊文"harmonia",意即联系、匀称,是指客观事物诸方面的配合和协调,亦指自然界多样性中的统一。"和谐"一词,英语为"harmony",俄语为"Гашоия",是指各种物质运动过程内部各种质的差异部分、因素、要素,在组成一个统一整体、协调一致时的一种相互关系和

小视频

属性。协调作为一种相互关系和物质属性,具有三个重要特点:

第一,协调是一个整体概念,物质内部单独一个孤立的组成要素不能构成协调。因为协调统一体中,除了要素的量的差异以外,还有质的对立或区别,各组成要素内部及相互间的作用和联系。协调统一体必然是一个有机的整体,有机整体是协调的基础。协调统一体绝非是一堆杂乱无章的堆积物,而是一个其内部具有各种有机联系的整体。有机联系的整体之所以是协调统一体的基础,是因为自然界的一切物质系统和物质运动过程,只有在以有机整体的形式和状态出现并运动变化时,它们的内部各组成部分、要素、因素之间的数量比例才能协调和匀称,结构才能合理而有序,从而才能使协调统一体向着最优功能的方向发展。

第二,各个组成部分、要素、因素之间不是杂乱无章的关系,而是有机联系,并表现为协调一致性、对称性和有序性。根据协调原理,自然界物质及其运动过程内部各组成部分、要素之间的比例协调性和结构有序性是其内部关系协调统一的标志。只有达到了内在的比例协调、结构有序和结构合理,物质或物质运动才能显示出对称性和整体性。一个协调统一体就其内部联系而言,必然表现在以下诸方面:首先,协调统一体各组成成分、要素之间不是杂乱无章、彼此孤立的,而是互为条件、紧密联系、互相依赖、相互作用的;其次,各组成部分、要素之间是协调一致的关系,具有一定的、互相搭配合理的数量比例;再次,在协调一致中建立平衡、有序的整体结构,使得整体各组成部分、要素之间的空间配置、排列顺序表现出一定的规律性;最后,在有机统一整体中,各组成成分、要素相互促进,向着结构越来越合理的方向发展。

第三,协调不是"调和""停滞",也不能简单地归结为"共性",协调不能取消事物的矛盾斗争和事物之间的差异性,协调是事物对立面的统一,差异中的一致。协调原理所揭示的,是物质世界中对立、差异的组成要素构成的统一整体在稳定平衡时和功能最优时的一般规律。协调统一体所表现的规律性,其内容不是单一的,而是复杂多样的,包括物质系统整体上的特征和规律性,物质系统内部各对立、矛盾部分的本质联系,以及不同物质系统所组成的和谐整体内部的规律性,等等。

管理中的协调是指采用一定的方法和技术,引导组织之间、人员之间建立互相协同、互相配合的关系,以有效地达到共同目标的行为。协调的功能是通过正确处理组织内外各种关系,为组织发展创造良好的内部条件和外部环境,从而促进组织目标的实现。组织内经常因目标不一致而出现矛盾、冲突,这就需要管理者通过协调加以解决。

协调的作用表现在以下几个方面:

(1)使个人目标与组织目标一致,促进组织目标的实现。若个人目标与组织目标相一致,人们的行为就会趋向统一,组织目标就容易得到实现。管理者可以通过协调工作,使个人目标与组织目标相辅相成,从而促进组织目标的实现。

(2)解决冲突,促进协作。人与人之间、人与组织之间、组织与组织之间的矛盾冲突是不可避免的,并且这种矛盾和冲突如果积累下去就会由缓和变到激烈、由一般形式发展到极端形式。如果这样下去,轻则干扰组织目标的实现,重则会使组织崩溃、瓦解。所以,管理者必须通过协调,很好地处理和利用冲突,发挥冲突的积极作用,并使部门之间、人与人能够相互协作与配合。

(3)提高组织效率。协调使组织各部门、各成员都能对自己在完成组织总目标中所需承担的角色、职责以及应提供的配合有明确的认识,组织内所有力量都集中到实现组织目标的轨道上来,各个环节紧密衔接,各项活动和谐地进行,而各自为政、相互扯皮、不顾组织整体利益的现象则会大大减少,从而极大地提高组织的效率。

(二)协调的内容

企业是一个由多要素组成的、开放的组织,在其生存和发展过程中,需要协调的关系很多也很复杂,大体上可以分为两部分:一部分是企业内部关系,另一部分是企业与外部环境间的关系。

1.组织内部关系的协调

(1)各生产要素的协调。组织要顺利地运转,必须根据组织总目标的要求,对组织各要素进行统筹安排和合理配置,并使各环节相互衔接、相互配合。对生产要素进行协调的主要工具是计划。同时,完善、科学的规章制度是协调工作能够顺利进行的基本保证。另外,会议也是一种重要的协调方式。横向部门间可采用定期或不定期的会议方式,加强彼此间的联系与沟通。

(2)企业与股东关系的协调。在所有权和经营权相分离的现代企业制度下,没有股东也就没有企业。应协调企业与股东的关系,争取现有股东和潜在投资者的了解、信任和支持,以最大限度地扩大企业资金来源。在这方面,首先应完善企业法人治理结构,在产权清晰和责权利统一的基础上,实现对企业控制权的合理配置,在企业所有者和经营管理者之间形成相互制衡的机制及有效的激励和约束机制,以最大限度地提高企业运营效率。其次,企业,尤其是上市的公众公司,应按《公司法》《证券法》的要求,规范自己的信息披露行为,为投资者提供充分、准确的投资信息。

(3)组织内部人际关系的协调。组织内部的人际关系主要指的是正式途径以外的非正式关系,如同学关系、亲朋关系等。这些关系一般是自愿自发的人际关系,所以往往比正规的沟通渠道更迅速有效、更富于弹性。协调组织内部的人际关系,可以提高员工对组织的归属感和认同感,增强组织凝聚力。协调组织内部人际关系应坚持以下原则:相互尊重;平等待人;互助互利;诚实守信。

2.组织与外部环境的协调

(1)组织与消费者关系的协调。市场经济下,企业与消费者可谓"唇齿相依"。没有了消费者,企业就失去了生存的基础。协调企业与消费者的关系,要求企业树立消费者导向观念,在经营决策和经营管理中充分考虑消费者的需要。

(2)企业与政府关系的协调。这里的政府不是指作为国有资产所有者的政府,而是指作为经济、社会管理部门的政府。企业作为社会的一员,必须接受政府的统一监督和管理。协调与政府的关系:首先,要加强企业与政府的信息沟通;其次,要熟悉政府机构的内部层次、部门职能和办事程序,以提高办事效率;再次,要利用一切机会扩大企业在政府部门的影响和信誉;最后,要正确处理企业利益与国家利益的关系。

(3)企业与新闻界关系的协调。新闻界通过新闻报道、新闻评论、社会讨论等形式来引导公众舆论。它既是企业处理对外关系的一个重要媒介,又是企业对外关系中的一个方面。企业可以借助新闻界塑造自己的良好形象,加强与政府、消费者等外界间的沟通。新闻界对企业也有一定的监督作用。协调与新闻界的关系时应注意:尊重新闻界人士,了解他们的工作性质和工作方式,给予工作上的方便和合作,提供真实信息;与新闻界的沟通、联络应保持经常性;根据新闻媒体的特点、背景,选择合适的新闻中介。

(4)企业与社区关系的协调。社区是指人们共同生活的一定区域,如城镇、街道等。任何组织都是在一定的社区中运作的,因此,必然与社区及社区中的社会公众发生种种联系。这要求企业必须从多方努力,搞好与社区的关系,以取得社区的支持,使企业能够顺利地发展下去。企业社区化是建立和维持良好社区关系的根本方法。企业社区化是指通过接受、汲取社区文化并以自己的行为反作用于社区,从而使企业被社区公众接受、爱戴,并融为社区一员。在实现企业"社区化"的过程中应注意:加强企业与社区之间的沟通;企业要像爱护自己的家园一样爱护社区;妥善处理与社区间的冲突、摩擦。

(三)协调组织冲突的对策

冲突是指两个或两个以上的行为主体因在特定问题上目标不一致、看法不相同或意见分歧而产生的相互矛盾、排斥、对抗的一种态势。从20世纪40年代开始,人们对冲突的认识有所变化,即组织中的冲突是不可避免的,所以应该接纳它。

通常,解决组织冲突的对策有以下几种方法:

1.回避

回避是解决冲突的最简单的一种方法,即让冲突双方暂时从冲突中退出或抑制冲突。当冲突微不足道时,或当冲突双方情绪非常激动时,可以采取让双方暂时回避的方法来解决冲突。

2.强制解决

管理者利用职权强行解决冲突。当你需要对一个事情做出迅速的处理时,或当你的处理方式与其他人赞成与否无关紧要时,可以采取强制的办法。在强制解决中,往往以牺牲某一方的利益为代价。

3.妥协

通过要求冲突各方都做出一定的让步,使问题得到解决。当冲突各方势均力敌时,或当希望某一问题尽快得到解决时,可以采取这种处理方法。

4.树立更高目标

当其中一方靠自己的能力不能完成目标时,冲突双方可能会进行合作并做出一定让步,为完成更高的目标而统一起来。

5.合作

将冲突各方召集到一起,让他们进行开诚布公的讨论,搞清楚分歧在哪里,并商量可能的解决办法。这种方法可以使各方的利益都得到满足,因此从结果来说是最好的选择。

问题探讨

如何进行协调

裕丰实业总公司的孙总经理与王副总经理,因为工作上的分歧产生了误解,最近一段时间,隔阂越来越大,矛盾也在加剧。总经理办公室的吴秘书想方设法在其间协调,但收效甚微,分歧和矛盾依然存在,双方都认为是对方故意跟自己过不去。

机会终于来了。一天,孙总经理病了,住进了医院,吴秘书到医院看望,把带来的礼品放到床头,然后对孙总经理说:"我是代表王副总经理来的。孙总经理病了,王副总经理听说后很关心,叫我同他一起来看望您,但在来医院的路上被销售部经理叫去了,说有急事,非要他去处理不可。"孙总经理听后很感动。过了一段时间,王副总经理病了,住进了同一家医院,吴秘书到医院看望,又买了礼品放到床头,然后对王副总经理说:"我是受孙总经理的委托来的,孙总经理原定下班后与我一起来医院看望您,临时业务部经理有急事,硬把他给拉走了。孙总经理要我转达他对您的问候,并祝您早日恢复健康,说公司离不开您!"躺在病床上的王副总经理听后感动得热泪盈眶,心想自己过去是错怪孙总经理了,今后一定要配合孙总经理积极工作。

吴秘书从中的协调缩短了两位总经理之间的距离,驱散了笼罩在他们心头的乌云。王副总经理出院后,主动与孙总经理打招呼,孙总经理也热情问候,两人和好如初。

分析问题:

1.应用协调原理分析吴秘书的协调对策。

2.评价吴秘书处理两位老总之间的矛盾的做法。

二、协调的升华——核心竞争力

核心竞争力最早由美国学者普拉哈拉德和哈默于 1990 年提出。他们认为,企业的核心竞争力是能使企业为顾客带来特别利益的独有技能和技术,是组织的积累性学识,特别是关于如何协调不同的生产技能和有机结合多种技术流派的学识,是企业把技术、治理机制和集体学习实行有机结合、高度协调和统一,从而使企业在多个事业中使用和产生稳定效益的一种关键能力。正是企业的专有知识与高度协调使核心竞争力表现得独一无二、与众不同和难以模仿。

(一)核心竞争力的含义

核心竞争力是指组织内部一系列互补的技能和知识的结合,是组织内部经过整合了的知识和技能,它具有使一项或多项业务达到竞争领域一流水平、具有明显优势的能力。核心竞争力有其独具的特征:

1.独特性

核心竞争力必须是独一无二、为组织所特有的,没有被当前和潜在的竞争对手所拥有。核心竞争力是相对于竞争对手而言的,因而它一定是与竞争对手不同的独特的能力。

2.价值性

核心竞争力是组织独特的竞争能力,这种能力首先能很好地实现组织所看重的价值,从而给组织带来竞争优势,并富有战略价值。

3.不易模仿性

核心竞争力是组织所特有的,并且是竞争对手难以模仿的,这种难以模仿的能力能为组织带来超过平均水平的利润。

4.时间性

通常来说,核心竞争力是组织长期沉淀积累形成的,不容易被改变,但并不是一成不变的。随着组织的不断发展,核心竞争力会被不断赋予新的内容,如组织战略、竞争对手实力以及外界环境发生变化,核心竞争力也应有相应的改变。因而,核心竞争力具有一定的时间性。

5.集合性

核心竞争力虽然具有局部性,但绝不是单一的,它是经过整合了的能力,也正由于集合性的特点,核心竞争力才具有独特性。

6.延展性

核心竞争力能够较大程度地满足客户的需要,不仅是当前的而且包括潜在需要,这种需要的满足往往是通过核心竞争力在新领域的积极运用而得以实现,从而可为组织不断创造新的利润点。

(二)核心竞争力的影响因素

组织人员所掌握的知识是组织获取核心竞争能力的根本动力,而财务和设备等是物质基础,组织机制和组织文化以及外部环境是核心竞争力形成的环境因素,组织战略为核心竞争力提供方向。核心竞争力的影响因素有以下几个方面:

(1)人力资源——获取核心竞争优势最根本的动力。组织运作需要人的参与,需要把组织外部的知识和内部的知识融合起来,因此说人是获取核心竞争优势的原动力。

(2)物质资源——获取核心竞争优势的物质基础。要保持组织的核心竞争力,还必须具备相应的物质基础。这些物质条件包括组织的核心技术、信息系统、办公场所等,它们都对核心竞争力产生一定的影响。

(3)组织环境——保持和增强核心竞争力的软环境。组织环境包括内部环境和外部环境。内部环境包括组织制度和文化等;外部环境包括组织所在的行业、地域等。内部环境为提升核心竞争力提供了精神支持与动力;外部环境是核心竞争力的原动力。

(4)战略——指引核心竞争力的方向。真正能够指引组织健康发展的应该是融合了组织高层领导思维的科学系统的经营战略。要结合组织特点,制定相应的战略来指导组织的发展,从而为核心竞争力的培育和增强提供方向。

(三)核心竞争力的组成部分

1.研究和开发能力

研究与开发是指为增加知识总量,以及运用这些知识去改造新的应用而进行的系统性创造活动。它包括基础研究、应用研究和技术开发等内容。知识和技术是企业核心竞争力的首要核心,企业只有拥有自己的研究和开发能力,形成自己的技术、知识核心,才能使竞争对手难以模仿和超越,从而保持长久不衰的竞争优势。

2.技术转化能力

技术转化能力是指企业把技术创新活动得到的新技术应用于产品生产和提供服务,从而转化为实际生产力的能力。技术转化过程实际是科技成果的转化过程。它对新技术有一定的要求:利用新的技术知识生产的产品和所提供的服务具有使用价值,符合市场需要,市场前景广阔,竞争力强;新的技术知识应用于生产实践时,能节约能源,降低消耗,提高生产效率;新的技术知识与企业现有原材料、厂房、设备、人才等配套要素结合时,能有效利用企业的现有生产条件。

3.技术保护能力

核心竞争力的重要载体之一是企业的核心技术,它是企业长期保持竞争优势的核心之一,因此企业对核心技术的保护能力是企业核心竞争力的核心之一。

4.应变能力

应变是人的主观思维的一种"快速反应能力"。企业应变能力是企业能够改变特定资源，使其产品能够快速满足客户需求的能力。它包括对客观变化的敏锐感应能力和对客观变化迅速制定应对策略的能力。

(四)核心竞争力的培育

企业长久发展的最好手段是提高企业自身的竞争力，而全面培育企业核心竞争力是其中的关键。培育企业核心竞争力应从以下五个方面着手：

1.提高企业领导人的核心竞争力意识

竞争力在客观上的演变过程是必然的。面对这种客观上不可逆转的过程，企业为保持核心竞争力的领先进而获得竞争优势，就必须从其主观方面努力。提高企业领导人的核心竞争力意识是主观努力的重要方面。企业领导人的核心竞争力意识是获得核心竞争力的必要条件，具有核心竞争力意识的企业领导人，往往能够在认准市场需求和产品技术变化趋势的基础上，对企业的核心竞争力进行准确定位，然后建立相应的企业机制，配备相应的环境条件来塑造和提升核心竞争力，并将其转化成竞争优势。同时，这一切反过来又进一步增强了企业的核心竞争力。

2.掌握核心技术

掌握核心技术对企业提升竞争力来说是至关重要的。这类技术可以重复使用，在使用过程中价值不但不减少，而且能够增加，具有连续增长、报酬递增的特征。因此，核心技术是企业在市场中取得超额利润的主要原因。一个企业即使没有整体竞争优势，也可以通过少数几个关键技术或少数几个关键能力大获成功，这种竞争对手难以超越的关键技术和能力就是核心竞争力。

3.集中资源进行差异化经营与管理

过去企业总是简单地讲市场战略、产品战略、技术战略等，这些职能战略是企业外在和显性化的战略，最多只能获取暂时的优势。企业应集中自己的资源从事某一领域的专业化经营，并在这一过程中逐步形成自己的经营管理、技术、产品、销售、服务等多方面与同行的差别。在发展自己与其他企业上述诸多方面的差异之中，就可能逐步形成自己独特的可以提高消费者特殊效用的技术、方式、方法等，而这些有可能构成今后公司核心竞争力的重要因素。

4.注重构建与发展企业的比较优势

相对成本优势的获得能力是核心竞争力的体现。某些进入壁垒较低的产业一旦有高于市场平均的回报率就会大量资本涌入。这时产业整合势在必行。在产业整合阶段，主要的竞争策略便是取得相对成本优势；从竞争对手和市场空缺中寻找机会，建立自己的比较优势，并构建支撑这种优势的核心竞争力。

5.塑造知名品牌

在日益动荡多变的市场条件下，品牌已经成为赢得顾客忠诚和企业求得长期生存与成长的关键。在这种情况下，企业就要重新审视其品牌管理策略。特别是对于国内的企业，经济全球化和新技术不断创新的压力已经直逼本土的企业必须将竞争的水平提升到国际水准。品牌作为一种独有的无形资产，具有特殊的附加值。它隶属于一定的组织，并且有相应的专利和法律保护，所以从这个意义上讲，品牌的竞争力也代表了企业的核心竞争力。

三、协调的首要目标——利益协调

利益协调是指针对组织内部在各种利益,主要是物质利益分配方面可能出现或已经出现的问题而展开的协调。

(一)利益协调的方式

利益协调机制是指在社会系统变化中协调不同利益主体之间相互关系的组织、制度和发挥其功能的作用方式。一般情况下,人们按照其作用领域,将利益协调机制区分为经济协调、政治协调、法律协调和道德协调四种方式。

1. 经济协调

利益矛盾主要是经济的、物质的矛盾,因而经济协调机制是利益协调的基本手段。首先,建立健全与生产力发展状况相互适应的经济制度和经济体制,用制度协调利益关系,促进经济发展。制度和体制从宏观上规定了各方面利益分配的基本比例,使社会利益体系保持大体上合理与稳定的格局。其次,运用经济法规、政策、管理手段和方法处理和调整不同利益主体之间的利益矛盾,如运用价值规律、运用"看不见的手"等。

2. 政治协调

政治是经济的集中体现,政治反映了经济关系中各阶层的根本利益。政治协调机制是利用国家的职能、政治制度以及各种政治手段进行协调。国家职能实际就是政府职能,随着私有制的产生,国家职能逐渐形成并不断增强。直到工业革命和市民阶层的崛起,自由市场经济形成,政府干预经济的现象才有所减弱。当然,适当的政府干预还是必要的,这就是政府与国家从私权领域退出来,把公权领域中应该做好而没有做好的事情努力做好,以此来调节社会利益关系。

3. 法律协调

法律协调与政治协调极为密切。任何国家不可能没有法律,法律作为政治的一个部分而存在。按照传统的说法,法律实质上是统治阶级意志的体现,是统治者施政的工具。其实,法律作为基本的行为规范不仅可以作为政治手段,而且可以超越政治的范围,协调人们在各个领域的利益关系。法律协调以权利和义务为特征,它通过明确规定人们的权利义务来协调利益关系,维持社会秩序。同时,法律还通过监督社会公共事务的实施,维护全体社会成员的基本利益,如保证公民的人权、财产权等。

4. 道德协调

道德的产生早于法律。在人类早期,尖锐的利害冲突产生之前,维护秩序的只有道德。出现了尖锐的利害冲突之后,便产生了国家与法律。早期的法律实际上是对传统道德习俗的直接肯定与认可。但是道德仍然具有其独特的功能与作用。它有两个显著特点:一是广泛性,二是软弱性。广泛是指:凡是有人群的地方都会有道德,道德对人们生活的方方面面都可以发挥作用,道德在某些方面与法律还有所交叉。软弱是指:道德对利益的协调主要是通过习惯、习俗、传统、教育、舆论等来实现的。它通过善恶、真假、美丑、诚信与虚伪、公正与偏激、正与邪等道德观念引导人们的言行,以此协调人们之间的利益关系,不具有强制性。但是道德又是分层次的,甚至是对立的:不同地位、不同阶层人群有不同的道德观。当然人们还是有一些基本的、共同的道德规范,这些道德规范成为利益协调的基本准则。

(二)利益协调的内容

利益协调包括利益引导、利益约束、利益调节和利益补偿四个方面。

1.利益引导

利益引导是指利用宣传说教,让人们树立合理合法、公平公正的利益观念,引导人们合理处理个人与团体、局部与整体、当前与长远的利益关系。利益观念的形成与改变都比较滞后,尤其是在社会巨变时期,各种利益观念会经常发生碰撞。比如,在我们今天的现实中,有人习惯于平均主义,对利益的分化认识不足;有人对正当的个人利益讳莫如深,经常批判;有人重利忘义,唯利是图;有人重小团体利益而忽视社会整体利益,等等。除了教育引导之外,更重要的是建立正常的、合法的利益表达与沟通机制。这是因为,随着市场主体的多元化和阶层化,利益需求也日渐多元,不同利益群体之间总是存在着矛盾与冲突,如果没有畅通的利益表达渠道和及时的信息沟通与反馈渠道,那么很容易激化矛盾。

2.利益约束

人们获取利益的行为应受到法律和道德的双重约束,它们是利益需求和利益行为的调节器和控制器。法律是刚性的社会规范,它规定了人们的行为方式,维护社会的基本秩序。道德是引导人们合理确定利益目标,自觉调整利益需求,选择利益行为的内在约束力量。在法律与道德建设上,首先应该强化法律规范,然后再谈道德教化。

3.利益调节

利益调节是任何社会都有的一种利益协调机制。随着社会主体多元化、社会阶层多样化、利益主体多元化,地区、阶层、行业之间的收入差距迅速扩大,旧的利益调节机制基本上被淘汰,但是新的机制还没有建立起来。首先,要让全社会都树立社会公正观念,尤其是公共权力机关要用公正观念指导政策的制定和实施,教育和引导社会成员尤其是既得利益者用社会公正的一般标准约束与规范追逐利益的行为,该交的交,该捐的捐,该牺牲的要牺牲,该束手的要束手,维护社会公正,只有这样,才能更好地保护既得利益。其次,充分发挥市场在调节利益中的作用,利用市场机制为不同的市场主体创造公平的竞争环境,调整利益分配格局,缩小不同利益群体之间的差距。最后,适度发挥政府在公共领域的调控作用:一是应该创造平等竞争的环境,取消或降低行业、阶层、地区的进出门槛,用市场手段消除行业之间的收入差距;二是取消垄断保护;三是制定和强化、刚性化税法,调节高收入,扶持和帮助低收入者,深入研究二次分配的策略。

4.利益补偿

社会的急剧变革导致相当部分的人群利益受到伤害,因此,尽快建立利益补偿机制是当务之急。对于特殊的困难群体的基本生活之需要给予保障,更重要的是需要建立一套相对完善的社会保障制度。利益补偿的主要工作包含三个方面的制度建设:一是社会保险制度,如养老保险制度、失业保险制度等;二是社会救济制度,如对全社会的老、弱、病、残公民的基本生活保障制度;三是社会福利制度,如公共体育活动设施、休闲活动场所等建设制度。建立和完善利益补偿机制,有利于增进人与人之间的平等,维护社会公平,缓解利益矛盾,保持社会稳定,实现社会和谐。利益补偿并非是无条件的、无限的,它应该与经济发展的水平基本保持一致,与个人的劳动贡献、交纳金额等基本协调。否则的话,补偿过度,会产生新的不公平,重蹈平均主义的覆辙。

小　结

本章阐述了控制的概念、特点、目的与作用、类型,以及控制的原理、过程、方法等。在有效协调一节中,介绍了协调的含义、内容以及协调组织冲突的对策,在此基础上讲述了核心竞争力的培育和利益协调的机制与内容。

 思考与练习

一、名词解释

控制　　过程控制　　预算控制　　协调　　冲突　　核心竞争力

二、单项选择题

1.控制的最根本目的在于(　　　)。

A.寻找错误　　　　　　　　　　　B.衡量下属绩效

C.确保组织实现事先设定的目标　　D.约束下属

2.财务分析、成本分析、质量分析等都属于(　　　)。

A.反馈控制　　　　B.结果控制　　　　C.现场控制　　　　D.前馈控制

3.为了消除腐败,廉洁为政,某部门除了大力提倡工作人员严格自律之外,还一直实行着一种岗位轮换制度,规定处级以上干部在同一岗位工作不得超过五年。这种做法可以视为一种(　　　)。

A.反馈控制　　　　B.现场控制　　　　C.前馈控制　　　　D.间接控制

4.(　　　)是解决冲突最简单的一种方法。

A.强制解决　　　　B.回避　　　　C.妥协　　　　D.合作

三、多项选择题

1.管理控制的工作过程包括下列基本环节,即(　　　)。

A.发现问题　　B.确立标准　　C.衡量绩效　　D.纠正偏差　　E.寻找原因

2.纠正偏差(　　　)。

A.是控制的关键　　　　　　　　　B.将控制工作与其他职能结合在一起

C.体现了执行职能的目的　　　　　D.是计划的前提

E.是整个管理系统的一部分

3.下列属于控制方法的是(　　　)。

A.预算　　B.盈亏平衡分析　　C.比率分析　　D.网络计划技术　　E.审计

4.按照其作用领域,可以将利益协调机制区分为(　　　)等方式。

A.管理协调　　B.经济协调　　C.政治协调　　D.法律协调　　E.道德协调

四、判断题

1. 计划是控制的依据，没有计划就没有控制。 （ ）
2. 现场控制的主要作用是通过总结过去的经验和教训，为未来计划的制订和活动安排提供借鉴。 （ ）
3. 预算是一种计划工作，又是一种控制手段。 （ ）
4. 利益协调是指针对组织内部在各种利益，主要是物质利益分配方面可能出现或已经出现的问题而展开的协调。 （ ）

五、简答题

1. 控制与计划的关系是什么？
2. 控制过程一般有哪些步骤？
3. 协调组织冲突的对策有哪些？
4. 简述核心竞争力的组成部分。

思考题答案

戴尔公司对电脑显示屏供应商的管理

戴尔公司是由迈克尔·戴尔于1984年创建的，是美国一家以直销方式经销个人电脑的电子计算机制造商，其经营规模已迅速发展到近千亿美元销售额的水平。戴尔公司是以网络型组织形式来运作的企业，它联结有许多为其供应计算机硬件和软件的厂商。其中有一家供应厂商的电脑显示屏做得非常好。戴尔公司先是花很大的力气和投资使这家供应商做到每百万件产品中只能有1000件瑕疵品。通过绩效评估确信这家供应商达到要求的水准后，戴尔公司就完全放心地让他们的产品直接打上"Dell"的商标，并取消了对这种供应品的验收、库存。类似的做法也发生在戴尔其他外购零部件的供应中。

通常情况下，供应商将供应的零部件运送到买方那里，经过开箱、触摸、重新包装，经验收合格后，产品组装商便将其存放在仓库中备用。为确保供货不出现脱节，公司往往要贮备未来一段时间内可能需要的各种零部件，这是一般的商业惯例。因此，当戴尔公司对这家电脑显示屏供应商提出"这种显示屏我们今后会购买400万～500万台，贵公司为什么不干脆让我们的人随时需要、随时提货"的建议的时候，商界人士无不感到惊讶，甚至以为戴尔公司疯了。戴尔公司的经理们则认为开箱验货和库存零部件只是传统的做法，并不是现代企业运营所必要的步骤，遂将这些"多余的"环节给取消了。

戴尔公司的做法就是，当物流部门从电子数据库得知公司某日将从自己的组装厂提出某型号电脑××台时，便在早上向这家供应商发出配额多少数量显示屏的指令信息，这样等到当天傍晚时分，一台台电脑便可打包完毕分送到顾客手中。如此，不但节约了检验和库存成本，而且加快了发货速度，提高了服务质量。

（资料来源：新浪财经—明星公司网，http://www.finance.sina.com.cn，有删改）

案例思考题：

1.戴尔公司对电脑显示屏供应厂商是否采取了控制方式？这与传统的控制方式有何不同？

2.控制作为管理的一项基本职能，是管理的最后一道重要环节，它有何作用？

他山之石

第九章　激励与沟通

学习目标

1. 了解激励的含义、激励过程与激励模式；
2. 了解沟通的含义、沟通过程与沟通障碍；
3. 掌握激励的原则与各种激励方法；
4. 掌握沟通的类型及沟通的各种技巧与方法；
5. 了解中国古典激励思想对现代企业管理的实践意义。

能力目标

1. 熟悉激励机制在管理工作中的重要性；
2. 培养激励员工的能力；
3. 培养人际交往与沟通、倾听的能力。

引入案例

顺捷公司的激励措施

　　小张和两个伙伴合伙共同创立了贵阳顺捷公司，专门从事电线杆的生产。随着有利于西部发展的各项政策的出台，公司得到了快速发展，已经成长为拥有员工 42 名、人年均利润超过 10 万元的企业，公司的业务范围也得到扩展。公司从大学毕业生中招聘了几名员工充实各个岗位，以利于公司下一步的发展。小张非常重视公司的可持续发展问题，为充实自我，他经常参与各类管理培训课程的学习。最近，通过学习有关激励理论，小张受到很大启发，并准备着手付诸实践。他为此责令人力资源管理部门制订一系列的培训计划以及工作计划，希望通过赋予下属员工更多的工作和责任，并通过给予员工成长机会以及赞扬和赏识来激励下属员工。然而，当小张宣布该公司的各项工作安排后，结果事与愿违，员工的积极性非但没有提高，反而有很多员工对他的做法感到强烈不满，包括几名大学生在内的部分员工甚至提出要公司马上给他们购买养老和医疗保险以提高工资水平的要求。

（资料来源：华中科技大学网，http://www.hust.edu.cn/，有删改）

案例思考题：

1. 请根据有关激励理论分析小张的激励措施为什么遭到员工的抵制。
2. 管理者应该如何激励他的员工呢？请你给小张提出建议。

激励就是调动人的积极性。激励的目的在于充分发挥人的能动作用,提高组织的社会经济效益。激励正确能在组织中形成凝聚力、向心力、战斗力,激励错误则适得其反。

第一节 激励概述

一、激励的含义

激励是指人类活动的一种内心状态。它具有加强和激发动机,推动并引导行为朝向预定目标的作用。欲望、需要、希望、动力等都构成了对人的激励。

心理学家研究表明,人的一切行动都是由动机支配的,动机是由需要引起的,行为的方向是寻求目标、满足需要。动机是人们付出努力或精力去满足某一需求或达到某一目的的心理活动。动机的根源是人内心的紧张感,这种紧张感是因人的一种或多项需求没有得到满足而引起的。动机驱使人们向满足需求的目标前进,以消除或减轻内心的紧张感。

二、激励的过程

激励过程是由需要开始,到需要得到满足的一个连锁反应。当人们的需要未得到满足时,会产生一种心理紧张的状态,在遇到能够满足需要的目标时,这种心理紧张就转化为动机,并在动机的驱使下向目标努力,目标达到后,需要得到满足,心理紧张的状态就会消除。随后,又会产生新的需求,引起新的动机和行为。这就是激励过程。可见,激励实质上是以未满足的需要为基础,利用各种目标激发产生动机,驱使和诱导行为,促使实现目标,提高需要满足程度的连续心理和行为过程。激励的整个过程如图9-1所示。

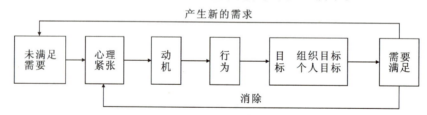

图9-1 激励的过程

人们在满足需要时,并非每次都能实现目标。在目标没有实现的情况下,人会产生挫折感。当一个人遇到挫折时,他可能会采取积极适应的态度;也可能采取消极防范的态度,如攻击、撤退等。人们在遇到挫折时,心理紧张是不能持续下去的,自身会采取某种防范措施,以缓解或减轻这种紧张状态。

三、激励的原则

激励的原则包括以下六个方面:

(一)目标结合原则

在激励机制中,设置目标是一个关键环节。目标设置必须同时体现组织目标和员工需要的要求。

(二)引导性原则

外激励措施只有转化为被激励者的自觉意愿,才能取得激励效果。因此,引导性原则是激励过程的内在要求。

(三)合理性原则

激励的合理性原则包括两层含义:其一,激励的措施要适度,要根据所实现目标本身的价值大小确定适当的激励量;其二,奖惩要公平。

(四)明确性原则

激励的明确性原则包括三层含义:其一,明确。要明确激励的目的是需要做什么和必须怎么做。其二,公开。特别是涉及奖金分配等大量员工关注的问题时,公开原则更为重要。其三,直观。实施物质奖励和精神奖励时都需要直观地表达它们的指标、授予奖励和惩罚的方式。直观性与激励影响的心理效应成正比。

(五)时效性原则

要把握激励的时机,激励越及时,越有利于将人们的激情推向高潮,使其创造力连续有效地发挥出来。

(六)按需激励原则

激励的起点是满足员工的需要,但员工的需要因人而异、因时而异,并且只有满足最迫切需要的措施,其效价才高,其激励强度才大。因此,领导者必须深入地进行调查研究,不断了解员工需要层次和需要结构的变化趋势,有针对性地采取激励措施,才能收到实效。

第二节 有效激励

一、激励理论

自 20 世纪 20 年代以来,国外许多管理学家、心理学家和社会学家从不同的角度对激励人的问题进行了研究,并提出了相应的激励理论。激励的理论分为三大类:内容型激励理论、过程型激励理论和行为改造型激励理论。

(一)内容型激励理论

内容型激励理论又称需要激励理论,研究的是究竟何种需要激励着人们努力工作。内容型激励理论主要包括需要层次理论、双因素理论和成就需要激励理论。

1. 需要层次理论

需要层次理论是美国著名心理学家和行为学家马斯洛提出的动机理论。该理论认为人的需要可以分为五个层次,如图 9-2 所示。

第一层:生理需要——人们最原始、最基本的需要,如空气、水、吃饭、穿衣、性欲、住宅、医疗等。如果得不到满足,人类的生存就成了问题。这就是说,它是最强烈的不可避免的最底层需要,也是推动人们行动的强大动力。

第二层:安全需要——要求劳动安全、职业安全、生活稳定、希望免于灾难、希望未来有保障等。安全需要比生理需要高一级,当生理需要得到满足以后就要保障这种需要。每一个在现实中生活的人,都会产生安全感的欲望、自由的欲望、防御实力的欲望。

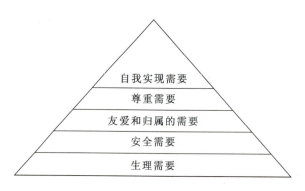

图 9-2 需要的层次性

第三层:社交(友爱和归属)需要——个人渴望得到家庭、团体、朋友、同事的关怀、爱护和理解,是对友情、信任、温暖、爱情的需要。社交需要比生理和安全需要更细微、更难捉摸。它与个人性格、经历、生活区域、民族、生活习惯、宗教信仰等都有关系,这种需要是难以察觉、无法度量的。

测试题

第四层:尊重需要——可分为自尊、他尊和权力欲三类,包括自我尊重、自我评价以及尊重别人。尊重的需要很少能够得到完全的满足,但基本上的满足就可产生推动力。

第五层:自我实现需要——最高等级的需要。满足这种需要就要求完成与自己能力相称的工作,最充分地发挥自己的潜在能力,成为所期望的人物。这是一种创造的需要。有自我实现需要的人,似乎在竭尽所能使自己趋于完美。自我实现意味着充分地、活跃地、忘我地、集中全力地、全神贯注地体验生活。

测试题

这五种需要层次愈来愈高级,当下一级需要在相当程度上得到满足时,高一级的需要便成为人们追求的目标。依据该原理,若要激励一个人的动机,就要知道他正在追求哪一层次需要的满足,设法为这一需要的满足提供条件。

马斯洛的需要层次理论指出了人的需要从低级向高级发展的过程,这是符合人类需要发展的一般规律的。这对管理工作的意义在于:了解员工的需要是应用需要层次论对员工进行激励的一个重要前提。在不同组织中,不同时期的员工以及组织中不同的员工的需要充满差异性,而且经常变化。因此,管理者应该经常性地用各种方式进行调研,弄清员工未得到满足的需要是什么,然后有针对性地进行激励。

需要层次理论的不足之处在于:它带有一定的机械主义色彩,把需要的层次看成是固定的程序;只注意了一个人各种需要之间的纵向联系,忽视了一个人在同一时间内存在的多种需要,而这些需要会互相矛盾,导致动机斗争。

2.双因素理论

双因素理论是美国心理学家赫兹伯格提出的理论。他从大量的调查中发现,造成员工非常不满意的原因,主要是组织政策和行政管理、监督、工作条件、薪水、职业安定和个人生活所需等方面的因素处理不当。这些因素改变了,只能消除员工的不满,不能使员工变得非常满意,也不能激发工作积极性,提高工作效率。赫兹伯格将此因素称为“保健因素”。

赫兹伯格从大量的调查中还发现,员工感到非常满意的因素主要有成就、被认可、工作自身、责任感、发展、成长等。这类因素的改善能够激励员工的积极性,会提高劳动生产率。如果处理不好,也能引起员工不满,但影响不是很大。赫兹伯格将这类因素称为"激励因素"。

双因素理论认为:作为管理者,必须满足员工保健因素方面的需要。但即使满足了此方面的需要,也不能产生激励方面的因素。因此,管理者必须充分利用激励方面的因素,为员工创造工作条件和机会,使其在工作中取得成就。

测试题

双因素理论的不足之处在于:测量满意感的尺度不够严谨。有时人们只是不满意工作中的某一方面,对整个工作还是可以接受的。

3.成就需要激励理论

成就需要激励理论是美国哈佛大学的心理学家麦克利兰提出的理论。他把人的高级需要分为三类,即权力需要、合群需要和成就需要。

(1)权力需要。具有较高权力需要的人对影响和控制别人表现出很大的兴趣。这种人追求领导地位,头脑冷静,善于提出问题和要求,喜欢教训别人,乐于演讲。

(2)合群需要。具有合群需要的人通常从友好的社交中得到欢乐和满足,他们喜欢与别人保持一种融洽关系,随时准备安慰和帮助危难中的伙伴。

(3)成就需要。具有高度成就需要的人对工作的成功有强烈的要求。他们热衷于富有挑战性的工作,树立较高的工作目标。他们很少休息,喜欢长时间地工作,喜欢表现自己。

麦克利兰认为:成就需要可以通过培养来提高,一个组织的成败,与其所具有高成就需要的人数多少有关。

(二)过程型激励理论

过程型激励理论是研究人们选择其所要进行的行为的过程,即研究人们的行为是怎样产生的,是怎样向一定方向发展的,如何能使这个行为保持下来,以及怎样结束行为的发展过程。它主要包括期望理论、波特-劳勒模式和公平理论。

1.期望理论

期望理论是美国心理学家佛鲁姆提出的理论。该理论认为,当人们有需要,又有达到目标的可能时,其积极性才会高。激励水平取决于期望值和效价的乘积:

$$激励水平＝期望值×效价$$

期望值是指员工对自己的行为能否导致所想得到的绩效和目标(奖酬)的主观概率,即主观上估计达到目标的可能性。

效价是指员工对某一目标(奖酬)的重视程度与评价高低,即员工在主观上认为奖酬的价值大小。

测试题

如果一个人对达到某一目标漠不关心,那么效价是零。同样,期望值如果为零时,一个人也就无任何动力去达到某一目标。因此,为了激励员工,管理者应当一方面提高员工对某一成果的偏好程度,另一方面帮助员工实现其期望值。

2.波特-劳勒模式

波特-劳勒模式是在期望理论的基础上建立的一种比较完善的激励模式,如图 9-3 所示。

努力的程度取决于报酬的价值和个人认为需做出努力和获得报酬的概率,但要受实际工作成绩的影响。如果人们知道他们能做某项工作或者已经做过这样的工作,他们就能评价所需做出的努力,并更好地知道得到报酬的可能性。

一项工作中的实际业绩,主要取决于所做的努力,在很大程度上也受一个人做该项工作

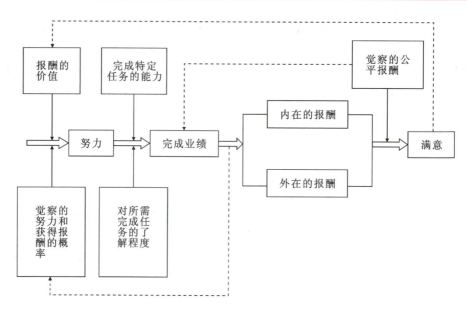

图9-3　波特-劳勒模式

的能力和他对所做工作的理解力的影响。这些又和个人对公平的报酬的理解有关,而工作成绩的大小又会影响到个人想取得的公平报酬。

　　从该理论的激励模式中可以看出,激励不是一种简单的因果关系。管理人员应该仔细、认真地评价它的报酬结构,并通过周密的规划、目标管理以及有良好的组织结构所明确规定的职位和责任,将努力—业绩—报酬—满意这一连锁关系融入整个管理系统中。

　　3.公平理论

测试题

　　公平理论又称社会比较理论,是美国心理学家亚当斯提出的理论。该理论的基本观点是:当一个人做出了成绩并取得了报酬以后,他不仅关心自己所得报酬的绝对量,而且关心自己所得报酬的相对量。因此,他要进行种种比较来确定自己所获报酬是否合理,比较的结果将直接影响今后工作的积极性。对公平的评判有两种比较方法:横向比较和纵向比较。

　　(1)横向比较是在同一时间内将自己的付出和回报与他人的付出和回报进行比较。包括:

　　①组织内他比。与本组织内其他人的工作和报酬相比。若认为付出的努力、取得的绩效与他人一样,但报酬少,或晋升机会小,便会感觉不公平。

　　②组织外他比。与其他组织中的人比较。若认为他人在其他组织中与你同样能干,成绩相当,但你在组织中得到的报酬较少,你也会觉得不公平。

测试题

　　(2)纵向比较是把自己目前投入的努力与目前所获得报偿的比值,同自己过去投入的努力与过去所获报偿的比值进行比较。包括:

　　①组织内自我比较。在同一组织内把自己现在与过去的工作和待遇进行比较。如果付出大于回报,便会感到不公平。

　　②组织外自我比较。把自己在不同组织中的工作和待遇进行比较,若在现组织中付出了更多努力,却没有得到更多回报,便会感觉不公平。

　　公平理论认为,每一个人不仅关心自己的工作能力所得到的绝对报酬,而且关心自己的报酬和他人的报酬的关系。如果发现自己的所得与付出与他人的不平衡,就会产生追求公平的动机与行为,结果会降低生产效率。因此,要调动人的工作积极性,不仅要实行按劳分配的原则,而且要进行同类型、相似性工作报酬的比较,尽量使分配公平合理,否则,将会挫伤员工的积极性。

（三）行为改造型激励理论

行为改造型激励理论是研究如何改造和修正人的行为,变消极为积极的一种理论。该理论认为:当行为的结果有利于个人时,行为会重复出现;反之,行为则会削弱或消退。行为改造型激励理论包括强化理论和归因理论。

1. 强化理论

强化理论是美国心理学家斯金纳提出的理论。他认为,无论是人还是动物,为了达到某种目的,都会采取一定的行为,这种行为将作用于环境。当行为的结果对他有利时,这种行为就会重复出现;当行为的结果不利时,这种行为就会减弱或消失。这就是环境对行为强化的结果。组织领导可以采用四种强化类型来改变下级的行为:

（1）正强化。奖励那些符合组织目标的行为,以便使这些行为得以进一步加强,重复出现,从而有利于组织目标的实现。正强化是用某种有吸引力的结果对某一行为进行奖励和肯定,以期在类似条件下重复出现这一行为。

（2）负强化。惩罚那些不符合组织目标的行为,以便使这些行为削弱,甚至消失,从而保证组织目标的实现。负强化是预先告知某种不合要求的行为和不良绩效可能引起的后果,从而减少和削弱不希望出现的行为。

（3）惩罚。在消极行为发生以后,管理者采取适当的惩罚措施,以减少或消除这种行为。

（4）自然消退。取消正常强化,对某种行为不予理睬。

正强化的科学方法是:应使强化的方式保持间断性,间断的时间和数量也不固定,即管理人员应根据组织的需要和职工的行为状况,不定期、不定量地实施强化。

测试题

负强化的科学方法是:要维持其连续性,对每一次不符合组织目标的行为都应及时地给予处罚。

2. 归因理论

归因理论最初是在研究社会知觉的实验中提出来的,后来随着归因问题研究的不断深入,逐渐被应用到管理领域中。归因理论侧重于研究个人用以解释其行为原因的认知过程。

归因理论的研究主要包括三个方面:

（1）心理活动的归因——人们的心理活动的产生应归结于什么原因;

（2）行为的归因——根据人的行为和外部表现对其心理活动的推论,是归因理论的主要内容;

测试题

（3）对人们未来行为的预测。

归因理论认为,人们把成功和失败归于何种因素,对以后的工作积极性影响很大。若把成功归因于内部原因（努力、能力）,会使人感到满意和自豪;把成功归结为外部原因（任务容易或机遇）,会使人产生惊奇和感激心情。把失败归于内因,会使人产生内疚和无助感;归于外因,会产生气愤和敌意。总之,利用归因理论可以很好地了解下属的归因倾向,以便正确地指导和训练职工的归因倾向,调动和提高下属的积极性。

二、激励方法

在现代管理中,管理者越来越重视对员工的激励,但怎样才能实现有效的激励,是管理者需要认真应对的一个重要问题。

(一)目标激励法

目标是一面旗帜,可以在思想和信念上激励员工,因此组织应该在激励机制基础上设置科学合理的目标。一方面,目标的设置必须体现组织目标的要求,否则激励将偏离正确的方向;另一方面,组织还必须能满足员工的需要,否则就无法提高员工的积极性,达到激励的效果。因此,目标的设置是一个关键环节。组织的目标要和员工的目标结合起来,使二者有机地融合为一体,而且目标应该科学,不能过高。此外,目标的设定还应该具有一定的挑战性,使员工通过自己的努力可以实现,这样才能达到满意的激励效果。

(二)参与激励法

参与激励就是管理者必须把员工摆在主人翁的位置,让他们参与本部门、本单位重大问题的决策与管理,并对管理者的行为进行监督。实行参与激励法,实际上就是实行民主管理化的过程。组织的管理要公开透明,集思广益,使管理能够代表绝大多数员工的利益。员工提出的建议,无论采纳与否,都应该认真对待。对员工好的建议应该重奖,只有这样,才能收到激励的实效。通过参与激励,管理者与员工之间可以增进相互之间的了解,加深理解,关系更加和谐,创造出一种良好的相互支持、相互信任的社会心理气氛,因而具有极大的激励作用。

(三)情感激励法

情感激励就是管理者必须加强与员工之间的感情沟通,尊重员工,关心员工,把员工当作真正的主人。管理者要和员工建立平等和亲切的感情联系,这样才能激发员工的积极性。现代管理者必须懂得人是世界上最富感情的群体,情感投资是管理者调动员工积极性的一种重要手段。管理者在实施情感激励时,必须抓住一个"心"字,与员工互相交心,真正关心员工,实行情感激励。

(四)奖罚激励法

奖励是对人的某种行为给予肯定与表彰,使其保持和发扬这种行为。惩罚是对人的某种行为予以否定和批判,使其消除这种行为。奖励只有得当,才能收到良好的激励效果。在实施奖励激励的过程中,要善于把物质奖励与精神奖励结合起来;奖励要及时,否则会削弱奖励的激励作用;奖励的方式要考虑到下属的需要,做到因人而异。惩罚要合理,达到化消极因素为积极因素的目的;惩罚要和帮教结合,掌握好惩罚的时机;对一般性错误,惩罚宜轻不宜重,对过失者进行惩罚时,应考虑到错误的性质,有针对性地进行惩罚。

(五)公平激励法

公平就是人们所创造的社会财富的合理分配。人们对公平是相当敏感的,有公平感时,会心情舒畅,努力工作;感到不公平时,则会怨气冲天,大发牢骚,影响工作的积极性。公平激励是强化积极性的重要手段。所以,在工作过程中,管理者对员工的分配、晋级、奖励、使用等方面要力求做到公平、合理。

第三节　沟通概述

一、沟通的含义

沟通也称为信息沟通，它广泛存在于组织的管理活动中。信息沟通就是信息的传递和理解。主要从以下几点来理解信息沟通：

（1）信息沟通首先是信息的传递，如果信息没有被传递到接收者那里，信息沟通就没有发生。在企业经营管理中，因信息不能传递到位而导致沟通失败的情况普遍存在。如基层的员工因对环境、条件不满而提出了一些意见或建议，这些意见或建议在向上传递的过程中经常被截留，导致一些问题久拖不能解决。

（2）成功的信息沟通，信息不仅需要被传递，而且需要被理解。如果主管人员拿给下属一份专业性很强的文件请他提出看法，而这个下属恰恰不懂这个专业的知识，那么主管人员也就很难从这个下属那里得到满意的回答。因此，成功的信息沟通应包括传递和理解两层含义。

（3）信息沟通的主体是人，即信息沟通主要发生在人与人之间。通常，信息沟通主要有三种类型，即人与人、人与"机"、"机"与"机"之间的沟通。从管理学角度看，人际沟通是最有意义的。

测试题

（4）由于管理过程中各种信息沟通相互关联、交错，所以管理者把各种信息沟通过程看成是一个整体，即管理信息系统。现代社会以信息技术为基础，以管理信息系统为主体，信息沟通进入一个更高、更新的阶段，其特点就是沟通更有效、更及时、更全面。

问题探讨

AC航班坠落的反思

AC航班正飞行在离目的地K市不远处的高空。由于机场出现了严重的交通问题，他们必须在机场上空盘旋待命。AC航班的副驾驶员向机场报告他们飞机的"燃料快用完了"。交通管理员收到了这一信息，飞机并没有被批准降落机场。在此之后，AC航班机组成员没有再向机场传递任何情况十分危急的信息，只是飞机座舱中的机组成员在相互紧张地通告说他们的燃料供给出现了危机。

耗尽燃料的飞机在9:34坠毁于K市，飞机上的73名人员全部遇难。

事故调查人员发现导致这场悲剧的原因实际上很简单：机场方面不知道AC航班的燃料会这么快耗尽。

首先，驾驶员报告了油料不足的情况，交通管理员却告诉调查者"油料不足"是驾驶员们经常使用的一句话。管理员认为，当因故出现降落延误时，每架飞机都不同程度地存在着燃料问题。但是，如果驾驶员发出"情况危急"的呼声，管理员有义务优先为其导航，并尽可能迅速地容许其着陆。事实上AC航班的驾驶员从未说过"情况危急"，由此导致K机场交通管理员未能理解驾驶员所面临的真正危难。

其次,AC航班驾驶员的语调也并未向交通管理员传递有关燃料紧急的严重程度。机场交通管理员受过专门训练,可以在多数情况下捕捉到驾驶员声音中极细微的语调变化。尽管AC航班的机组人员也对燃料问题非常忧虑,但他们向K机场传达信息时的语调是冷静而职业化的。

最后,AC航班的驾驶员不愿意声明"情况危急"是有一些客观原因的。如按条例规定,驾驶员在飞行中做了紧急情况报告之后,他们事后需要补写出长篇的、正式的书面汇报交给有关方面。紧急情况报告后,如果驾驶员被发现在估算飞机在飞行中需要多少油量方面存在严重的疏漏,那么,飞行管理局就有理由吊销其驾驶执照。这些消极的强化因素,在相当程度上阻碍着驾驶员发出紧急呼救。在这种情况下,驾驶员的专业技能和荣誉感便会变成一种"赌注"!

分析问题:

1. AC航班坠毁的根本原因是什么?

2. 应采取怎样的措施避免此类事故再次发生?

二、沟通的过程

沟通的过程是指信息交流的全过程,即信息的发送者(信息源)将信息按一定的程序进行编码后,通过信息沟通的渠道(通道)传递给信息接收者,信息接收者将接收的信息进行解码处理,然后再反馈给发送者的这样一个过程。图9-4描述了信息沟通的全过程。

图9-4 沟通过程模型

从图9-4中可以看出,沟通可以分为六个环节:

(1)信息源,即信息的发送者或信息来源;

(2)编码,指信息发送者将信息转化为可以传递的某种信号形式,即传递中信息存在的形式;

(3)通道,即信息沟通的渠道或媒介物;

(4)解码,指接收者将接收到的信号翻译成可以理解的形式,即接收者对信息的理解和解释;

(5)接收者,即接收信息的人;

(6)反馈,若接收者对收到的信息有异议或不理解,可以返回到发送者那里,进行核实或修正。

从中可以看出,每一次信息沟通至少包括三个基本因素——信息源、要传递的信息和信息接收者,而编码、通道和解码是沟通取得成效的关键环节。

三、沟通的类型

(一)按沟通的功能分类

按沟通的功能分类,沟通分为工具沟通和满足需要的沟通。

1. 工具沟通

工具沟通主要是指传递信息,同时也将发送者自己的知识、经验、意见和要求等告诉接收者,以影响接收者的知觉、思想和态度体系,进而改变其行为。

2.满足需要的沟通

满足需要的沟通是为了表达情绪状态,解除紧张心理,征得对方同情、支持和谅解等,从而满足个体心理上的需要和改善人际关系。

(二)按沟通的组织系统分类

按沟通的组织系统分类,沟通分为正式沟通和非正式沟通。

1.正式沟通

正式沟通是指通过组织明文规定的渠道进行信息的传递和交流,如组织与组织之间的公函来往等。在组织中,上级的命令、指示按系统逐级向下传送,下级的情况逐级向上报告。组织的正式沟通还包括组织内部规定的会议、汇报、请示、报告制度等。正式沟通的优点是:沟通效果较好,有较强的约束力,易于保密,一般重要的信息通常都采用这种沟通方式。缺点是:因为依靠组织系统层层传递,沟通速度比较慢,而且显得刻板。

2.非正式沟通

非正式沟通是指正式沟通渠道之外进行的信息传递和交流。如员工之间私下交换意见、背后议论别人、传递小道消息等,均属于非正式沟通。非正式沟通方式的优点是沟通方便,内容广泛,方式灵活,沟通速度快,可用以传播一些不便正式沟通的信息。而且由于在这种沟通中比较容易把真实的思想、情绪、动机表露出来,能提供一些正式沟通中难以获得的信息。因此,管理者要善于利用它。但是,一般来说,这种非正式沟通比较难以控制,传递的信息往往不确切,易于失真、曲解,容易传播流言飞语而混淆视听,应予重视,注意防止和克服其消极的方面。

测试题

(三)按沟通的方式分类

按沟通的方式分类,沟通分为口头沟通、书面沟通、语言沟通和非语言沟通。

1.口头沟通

口头沟通是指运用口头表达的方式来进行信息的传递和交流。这种沟通通常是指会议、会谈、对话、演说、报告、电话联系、市场访问、街头宣传等。口头沟通的优点在于:比较灵活,简便易行,速度快,有亲切感;双方可以自由交换意见,便于双向沟通;在交谈时可借助于手势、体态、表情来表达思想,有利于对方更好地理解信息。它的缺点在于:受空间限制,人数众多的大群体无法直接对话,口头沟通后保留的信息较少。

2.书面沟通

书面沟通是指用书面形式进行的信息传递和交流,如简报、文件、通信、刊物、调查报告、书面通知等。书面沟通的优点在于:具有准确性、权威性,比较正式,不受时间、地点限制;信息可以长期保存;便于查看、反复核对,倘有疑问可据以查阅,可减少因一再传递、解释所造成的失真。它的缺点在于:不易随时修改,有时文字冗长不便于阅读,形成书面也较为费时。

3.语言沟通

语言沟通是指借助于语言符号系统而进行的沟通,包括口头语言、文字语言和图表等。在面对面的直接交往中,通常所用的是口头语言。"说"和"听"构成了语言交流情境,因而双方心理上的交互作用表现得格外明显。

4.非语言沟通

非语言沟通是指用语言以外的即非语言符号系统进行的信息沟通,如视动符号系统(手势、表情动作、体态变化等非言语交往手段)、目光接触系统(如眼神、眼色)、辅助语言(如说话的语气、音调、音质、音量、快慢、节奏等),以及空间运用(身体距离)等。

(四)按沟通的信息传播方向分类

按沟通的信息传播方向分类,沟通分为上行沟通、下行沟通和平行沟通。

1.上行沟通

上行沟通是指自下而上的沟通,即下级向上级汇报情况,反映问题。这种沟通既可以是书面的,又可以是口头的。为了做出正确的决策,领导者应该采取措施(如开座谈会、设立意见箱和接待日制度等)鼓励下属尽可能多地进行上行沟通。

2.下行沟通

测试题

下行沟通是指自上而下的沟通,即领导者以命令或文件的方式向下级发布指示、传达政策、安排和布置工作等。下行沟通是传统组织内最主要的一种沟通方式。

3.平行沟通

平行沟通主要是指同层次、不同业务部门之间以及同级人员之间的沟通。它能协调组织横向之间的联系,在沟通体系中是不可缺少的一环。

(五)按沟通方向的可逆性分类

按沟通方向的可逆性分类,沟通分为单向沟通和双向沟通。

1.单向沟通

单向沟通是指信息的发送者和接收者的位置不变的沟通方式,如做报告、演讲、上课,一方只发送信息,另一方只接收信息。这种沟通方式的优点是信息传递速度快,并易保持传出信息的权威性,但准确性较差,并且较难把握沟通的实际效果,有时还容易使受讯者产生抗拒心理。当工作任务急需布置、工作性质简单,以及从事例行的工作时,多采用此种沟通方式。

2.双向沟通

测试题

双向沟通是指信息的发送者和接收者的位置不断变换的沟通方式,如讨论、协商、会谈、交谈等均属此类沟通。信息发送者发出信息后,还要及时听取反馈意见,直到双方对信息有共同的了解。双向沟通的优点是信息的传递有反馈,准确性较高。由于受讯者有反馈意见的机会,使他有参与感,易保持良好的气氛和人际关系,有助于意见沟通和建立双方的感情。但是,由于信息的发送者随时可能遭到受讯者的质询、批评或挑剔,发讯者的心理压力较大,对其要求也较高;同时,这种沟通方式比较费时,信息传递速度也较慢。

第四节 有 效 沟 通

一、沟通障碍

沟通障碍是指信息在传递和交换过程中,由于多方面因素的影响,往往被丢失或曲解,不能被有效地传递，造成沟通的障碍。

（一）影响信息有效沟通的因素

1.个人因素

（1）人们对人、对事的态度、观点和信念不同造成沟通的障碍。例如，人们在接收信息时，符合自己利益需要又与自己切身利益有关的内容很容易接收，而对自己不利或可能损害自己利益的则不容易接收。

（2）个人的个性特征差异引起沟通的障碍。在组织内部的信息沟通中，个人的性格、气质、态度、情绪、兴趣等方面的差别，都可能引起信息沟通的障碍。

（3）语言表达、交流和理解造成沟通的障碍。同样的词汇对不同的人来说含义是不一样的。在一个组织中，员工来自于不同的背景，有着不同的说话方式和风格，对同样的事物有着不一样的理解，这些都造成了沟通的障碍。

2.人际因素

人际因素主要包括沟通双方的相互信任程度和相似程度。

沟通是发送者与接收者之间"给"与"受"的过程。信息传递不是单方面的，而是双方的事情，因此，沟通双方的诚意和相互信任至关重要。在组织沟通中，当面对来源不同的同一信息时，员工最可能相信他们认为的最值得信任的那个来源的信息。上下级之间的猜疑只会增加抵触情绪，减少坦率交谈的机会，也就不可能进行有效的沟通。沟通的准确性与沟通双方间的相似性也有着直接的关系。沟通双方的特征，包括性别、年龄、智力、种族、社会地位、兴趣、价值观、能力等的相似性越大，沟通的效果也会越好。

3.结构因素

信息传递者在组织中的地位、信息传递链、团体规模等结构因素也都影响有效的沟通。许多研究表明，地位对沟通的方向和频率有很大的影响。例如，人们一般愿意与地位较高的人沟通，信息趋向于从地位高的流向地位低的。信息传递层次越多，它到达目的地的时间也就越长，信息失真率则越大，越不利于沟通。另外，组织机构庞大，层次太多，也影响信息沟通的及时性和真实性。

（二）有效沟通的障碍

有效沟通的障碍主要来自于组织的沟通障碍和个人的沟通障碍两个方面。

1.组织的沟通障碍

在管理中，合理的组织机构有利于信息沟通。但是，如果组织机构过于庞大，层次繁多，那么，信息从最高决策层传递到下属单位不仅容易产生信息的失真，而且还会浪费大量时间，影响信息的及时性。同时，自上而下的信息沟通，如果中间层次过多，同样也浪费时间，影响效率。因此，如果组织机构臃肿，机构设置不合理，各部门之间职责不清、分工不明，形成多头领导，或因人设事、人浮于事，就会给沟通双方造成一定的心理压力，影响沟通的进行。

2.个人的沟通障碍

（1）个性因素所引起的障碍。信息沟通在很大程度上受个人心理因素的制约。个体的气质、态度、情绪等的差别，都会成为信息沟通的障碍。

（2）知识、经验水平的差距所导致的障碍。在信息沟通中，如果双方的经验水平和知识水平差距过大，就会产生沟通障碍。此外，个体经验差异对信息沟通也有影响。在现实生活中,人们往往会凭经验办事。一个经验丰富的人往往会对信息沟通做通盘考虑,谨慎细心;一个初出茅庐者往往会不知所措。

(3)个体记忆不佳所造成的障碍。在管理中,信息沟通往往是依据组织系统分层次逐次传递的,然而,在按层次传递同一条信息时往往会受到个体素质的影响,从而降低信息沟通的效率。

(4)对信息的态度不同所造成的障碍。这又可分为不同的层次来考虑。一是认识差异。在管理活动中,不少员工和管理者忽视信息的作用的现象还很普遍,这就为正常的信息沟通造成了很大的障碍。二是利益观念。在团体中,不同的成员对信息有不同的看法,所选择的侧重点也不相同。很多员工只关心与他们的物质利益有关的信息,而不关心组织目标、管理决策等方面的信息,这也成了信息沟通的障碍。

(5)相互不信任所产生的障碍。有效的信息沟通要以相互信任为前提,这样才能使向上反映的情况得到重视,向下传达的决策迅速实施。管理者在进行信息沟通时,应该不带成见地听取意见,鼓励下级充分阐明自己的见解,这样才能做到思想和感情上的真正沟通,才能接收到全面可靠的情报,才能做出明智的判断与决策。

(6)沟通者的畏惧感以及个人心理品质也会造成沟通障碍。在管理实践中,信息沟通的成功主要取决于上级与下级、领导与员工之间的全面有效的合作。但在很多情况下,这些合作往往会因下属的恐惧心理以及沟通双方的个人心理品质而形成障碍。一方面,如果主管过分威严,给人造成难以接近的印象,或者管理人员缺乏必要的同情心,不愿体恤下属,都容易造成下级人员的恐惧心理,影响信息沟通的正常进行。另一方面,不良的心理品质也是造成沟通障碍的因素。

(三)沟通障碍的排除

要实现有效沟通,必须排除沟通障碍。在实际工作中可以通过以下几个方面来努力:

1.提高沟通的心理水平

要克服沟通的障碍必须注意以下心理因素的作用:

(1)在沟通过程中要认真感知,集中注意力,以便信息准确而又及时地传递和接收,避免传递错误的信息,减少接收时信息的损失。

(2)增强记忆的准确性是消除沟通障碍的有效心理措施。记忆准确性水平高的人,传递信息可靠,接收信息也准确。

(3)提高思维能力和水平是提高沟通效果的重要心理因素。高的思维能力和水平对于正确地传递、接收和理解信息,起着重要的作用。

(4)培养镇定的情绪和良好的心理气氛。创造一个相互信任、有利于沟通的小环境,有助于人们真实地传递信息和正确地判断信息,避免因偏激而歪曲信息。

2.正确地使用语言文字

语言文字的运用直接影响沟通的效果。使用语言文字时要简洁、明确,叙事说理要言之有据、条理清楚,富于逻辑性;措辞得当,通俗易懂,不要滥用辞藻,不要讲空话、套话。进行非专业性沟通时少用专业性术语。可以借助手势语言和表情动作,以增强沟通的生动性和形象性,使对方容易接收。

3.学会有效的倾听

有效的倾听能增加信息交流双方的信任感,是克服沟通障碍的重要条件。要提高倾听

的技能,可以从以下几方面去努力:

(1)使用目光接触;

(2)展现赞许性的点头和恰当的面部表情;

(3)避免分心的举动或手势;

(4)要提出意见,以显示自己充分聆听对方的谈话:

(5)用自己的话重述对方所说的内容;

(6)要有耐心,不要随意插话:

(7)不要妄加批评和争论。

4.缩短信息传递链,拓宽沟通渠道,保证信息的双向沟通

信息传递链过长,会减慢流通速度并造成信息失真。因此,要减少组织机构重叠,拓宽信息渠道。另外,管理者应激发员工自下而上地沟通,允许员工提出问题,并得到高层领导者的解答。在公司内部刊物设立有问必答栏目,鼓励员工提出自己的疑问。此外,在利用正式沟通渠道的同时,可以开辟非正式的沟通渠道,让领导者走出办公室,亲自和员工们交流信息。坦诚、开放、面对面的沟通会使员工觉得领导者理解自己的需要和关注,取得事半功倍的效果。

二、有效沟通的技巧与方法

(一)有效沟通的技巧

1.清晰、简洁地发送信息

沟通过程包括三个方面的内容:信息、思想和情感。在沟通中,发送的不仅仅是信息,还有思想和情感。因此,在发送信息的时候要注意以下几个问题:

(1)选择有效的信息发送方式。有效的信息发送方式在沟通中十分重要,这就要求我们要针对沟通对象和目的的不同选择不同的发送方式。信息发送方式很多,比如会议、电话、亲笔信件、电子邮件、面谈等。如果是一般的说明情况的信息沟通,通过信件、电话、邮件就可以解决;如果是为了交流感情和增加信任,则应该在合适的时间、地点面谈为好。

(2)何时发送信息。选择恰当的时间发送信息是非常重要的,如何时发出致谢函、何时与下属谈心。要讲究"天时、地利、人和",这一点非常重要。

(3)确定信息内容。在沟通开始前,应该对信息的内容做一些适当准备,如哪些该说,说到什么程度,哪些不该说。信息的内容应该清晰、简洁,用词准确,避免容易引起误解的表述。在基本确认对方能够理解的情况下方可使用专业术语。同时还应该注意信息的载体,比如语音、语调、肢体语言的不同运用,会给对方形成不同的感受,进而影响沟通质量。

(4)谁该接收信息。了解谁是信息的接收对象;了解接收者的需要等。

(5)何处发送信息。选择合适的地点发送信息,如与客户前期洽谈阶段,不一定要在办公室这样的正式场合,在休闲的茶社、咖啡厅等地方则比较合适。

2.积极倾听

沟通应该把倾听别人和了解别人列为第一目标。如果你能做到认真倾听,对方便会向你袒露心迹。掌握别人内心世界的第一步就是认真倾听。在陈述自己的主张说服对方之前,先让对方畅所欲言并认真聆听是解决问题的捷径。倾听的十个技巧:

(1)倾听是一种主动的过程。在倾听时要保持心理高度的警觉性,随时注意对方倾谈的

重点,必须站在对方的立场,仔细地倾听他所说的每一句话,不要用自己的价值观去指责或评断对方的想法,要与对方保持共同理解的态度。

(2)鼓励对方先开口。倾听别人说话是一种礼貌,愿意听表示想考虑别人的看法,这会让说话的人觉得他很受尊重,有助于建立融洽的关系,彼此接纳。对方先提出他的看法,你就有机会在表达自己的意见之前掌握双方意见一致之处。倾听可以使对方更加愿意接纳你的意见,让你在说话的时候,更容易说服对方。

(3)保持视线接触。聆听时,必须看着对方的眼睛,从而表示你在聆听他说话的内容。

(4)全神贯注并表示赞同。避免心不在焉的举动与表现,并不时点头或者微笑以表示赞同对方。人们需要有这种感觉。

(5)不要打断对方的说话,先听别人怎么说。应该在确定知道别人完整的意见后再做出反应,别人停下来并不表示他们已经说完想说的话。让人把话说完整并且不插话,这表明很看重沟通的内容。人们总是把打断别人说话解释为对自己思想的尊重,但这是对对方的不尊重。

(6)鼓励别人多说。对出现精辟的见解、有意义的陈述,或有价值的信息,要以诚心的赞美来夸奖说话的人。例如,"这个故事真棒!"或"这个想法真好!""您的意见很有见地。"因此,如果有人做了你欣赏的事请,你应该伺机奖励他。仅仅是良好的回应就可以激发很多有用而且有意义的谈话。

(7)让别人知道你在听。偶尔说"是""我了解"或"是这样吗?"告诉说话的人你在听,你对他的话有兴趣。

(8)使用并观察肢体语言,注意非语言性的暗示。当我们在和人谈话的时候,即使还没开口,内心的感觉就已经透过肢体语言清清楚楚地表现出来了。听话者如果态度封闭或冷淡,说话者很自然地就会特别在意自己的一举一动,比较不愿意敞开心胸。如果听话的人态度开放、很感兴趣,那就表示他愿意接纳对方,很想了解对方的想法,说话的人就会受到鼓舞。

(9)接受并提出回应。要能确认自己所理解的是否就是对方所讲的。必须重点式地复述对方所讲过的内容,以确认自己所理解的意思和对方一致,如"您刚才所讲的意思是不是指……"、"我不知道我听得对不对,您的意思是……"。

(10)暗中回顾,整理出重点,并提出自己的结论。当我们和人谈话的时候,通常都会有几秒钟的间隙,可以在心里回顾一下对方的话,整理出其中的重点所在。必须删去无关紧要的细节,把注意力集中在对方想说的重点和对方主要的想法上,在心中熟记这些重点和想法,并在适当的情形下给对方以清晰的反馈。

3.积极反馈

沟通过程是:首先信息的发送者通过"表达"发出信息,其次是信息的接收者通过"倾听"接收信息。对于一个完整的、有效的沟通来说,仅仅这两个环节是不够的,还必须有反馈,即信息的接收者在接收信息的过程中或过程后,及时地回应对方,以便澄清"表达"和"倾听"过程中可能的误解和失真。

(1)反馈的类别。反馈有两种:一种是正面的反馈,另一种是建设性的反馈。正面的反馈就是对对方做得好的事情予以表扬,希望好的行为再次出现。建设性的反馈就是对对方做得不足的地方提出改进的意见和建议。

（2）如何给予反馈。

①针对对方的需求。反馈要站在对方的立场和角度上，针对对方最为需要的方面给予反馈。

②对事不对人。积极的反馈应就事论事，切忌损害别人的面子和人格尊严，带有侮辱别人的话语千万不要说，比如"你是猪脑子啊，没吃过猪肉还没有看过猪跑？"之类的言语，只能加深双方的敌对和对抗情绪，与最初的沟通愿望背道而驰。

（3）如何接受反馈。接受反馈是反馈过程中一个十分重要的环节，在接受反馈时应该做到以下几点：

①耐心倾听，不打断。接受反馈时，一定要抱着谦虚的态度，以真诚的姿态倾听他人反馈意见。无论这些意见在你看来是否正确和是否中听，在对方反馈时都要暂时友好地接纳，不能打断别人的反馈或拒绝接受反馈。打断反馈包括语言直接打断，比如："不要说了，我知道了！"也包括肢体语言打断，比如不耐烦的表情、姿势等。如果你粗鲁地打断别人对你的反馈，其实就表示着沟通的中断和失败，你了解不到对方更多甚至更重要的信息。

②避免自卫。自卫心理是每一个人本能的反应。对方在向你反馈时，如果仅仅站在自己的立场，挑肥拣瘦地选择是否接受，一旦听到对自己不利、不好或不想听的东西，就急忙脸红脖子粗地去辩解和辩论，明智的另一方会马上终止反馈。

③表明态度。别人对你反馈之后，自己要有一个明确的态度，比如理解、同意、赞成、支持、不同意、保留意见、怎么行动等。不明确表示自己对反馈的态度与意见，对方会误解你没有听懂或内心对抗，这样就会增加沟通成本，影响沟通质量。

（二）沟通的方法

1.投其所好

通过投其所好，制造和谐气氛，尽可能与沟通对象保持一致，对方习惯用什么方式，你就用什么方式配合。

2.换位思考

在沟通时一定要注意从对方的利益以及感受出发，这样才能吸引对方的注意力。

3.虚心请教

好为人师是人的共性。一般情况下没有人会拒绝你向他请教问题。当你请教他人时，他人会感受到一种尊敬，可以激发其自尊和满足感，恢复热情，有利于沟通。

4.认真倾听

认真倾听有利于沟通。

5.肯定与鼓励

对于精辟的见解、有意义的问题，或有价值的信息，要以诚心夸奖说话的人。

小 结

本章通过讲述激励的含义、过程及其原则，要求理解管理的激励功能就是要研究如何根据人的行为规律来提高人的积极性；阐述了沟通的含义、过程及其类型，并进一步分析了各种激励模式。通过阐述和研究组织的沟通障碍和个人的沟通障碍，要求管理者掌握有效的沟通技巧与方法。决策需要沟通，组织内的冲突同样需要沟通加以协调。

 **思考与练习**

一、名词解释

激励　　沟通　　正式沟通　　非正式沟通　　沟通障碍

二、单项选择题

1. 心理学家研究表明,人的一切行动都是由动机支配的,动机是由(　　)引起的。

A. 目标　　　　　　　B. 行为　　　　　　　C. 需要　　　　　　　D. 心理

2. 成功完成一项主要任务后的满足感比获得较多的金钱更重要,这是人们的(　　)。

A. 生理需要　　　　　B. 安全需要　　　　　C. 社交需要　　　　　D. 自我实现需要

3. 从期望理论中,我们得到的最重要的启示是(　　)。

A. 应把目标绩效和期望值进行优化组合　　　B. 期望值的高低是激励是否有效的关键

C. 存在着负绩效,应引起领导者注意　　　　D. 目标绩效的高低是激励是否有效的关键

4. 某企业规定,员工上班迟到一次,扣发当月20%的奖金,自此规定出台之后,员工迟到现象基本消除,这是一种(　　)方式。

A. 正强化　　　　　　B. 负强化　　　　　　C. 惩罚　　　　　　　D. 忽视

三、多项选择题

1. 下列因素中属于保健因素的有(　　)。

A. 工资　　　　　　　　　　　　　　B. 工作条件

C. 地位　　　　　　　　　　　　　　D. 工作上的责任感

E. 工作环境

2. 下列因素中属于激励因素的有(　　)。

A. 工作成就感　　　　　　　　　　　B. 工作条件

C. 个人的发展前途　　　　　　　　　D. 职务上的责任感

E. 培训机会

3. 麦克利兰提出的成就需要激励理论认为人的高级需要有(　　)。

A. 生理需要　　　　　B. 成就需要　　　　　C. 安全需要　　　　　D. 合群需要

E. 权力需要

4. 以下关于非正式沟通说法正确的是(　　)。

A. 有较强的约束力,易于保密

B. 可以弥补正式渠道传递信息的不足

C. 管理者可以利用它来了解员工的心理倾向与需要

D. 容易传播流言飞语而混淆视听

E. 沟通方便,内容广泛,方式灵活,沟通速度快

四、判断题

1.双因素理论认为,工资、政策等因素具有强大的激励功能。　　　　　（　　）

2.麦克利兰认为人们建立友好和亲密的人际关系的愿望是成就需要。　（　　）

3.根据公平理论,当获得相同报酬时,员工会感到他们是被公平对待的。（　　）

4.非正式沟通是重要的沟通方式,对组织必不可少。　　　　　　　　（　　）

五、简答题

1.简述激励的过程。

2.激励应该遵循哪些原则?

3.马斯洛需要层次理论在管理中有何应用?

4.简述"双因素理论"及其在管理实践中的应用。

5.简述沟通的类型。

6.正式沟通有哪些优缺点?

思考题答案

 案例分析

日本出光兴产株式会社的内部激励

日本出光兴产株式会社(Idemitsu Kosan)是日本的大型石油公司。1985年以来,公司的"工作改进活动系统"设立了奖励机制。该奖励机制规定,每个递交创意的员工都可获得5美元的证书。一段时间以后,公司发现这种奖励制度实行起来难度很大,因为提案数太多,于是取消了该项奖励。令人感到意外的是,提案的数目并没有像预期的那样因取消证书而大大减少,相反,提案数目反而成倍增加。

人们在分析这一现象时发现,公司在取消了上述提案的奖励后,更加注重内部激励和精神激励了。公司让每一个员工都感到自己在被倾听,而且受到重视。

(资料来源:施晓红,《把新概念变成生产力》,民主与建设出版社,2003年1月版)

案例思考题:

1.公司取消提案的奖励是否正确?

2.公司通过什么机制来调动员工的积极性?

3.激励机制有哪些方法?

经典解读

第三单元　方法艺术熟练运用

第十章　管理方法

引入案例

所长的更换让科研所重现生机

有一个实力较强的应用科学研究所,其所长是一位有较大贡献的专家,他是在"让科技人员走上领导岗位"的背景下被委任为所长的,没有领导工作的经验。他上任后,在科研经费划分、职称评定、干部提升等问题上实行"论资排辈"的政策;在成果及物质奖励等问题上则搞平均主义;科研项目及经费只等上级安排和下拨。广大的中青年科技人员由于收入低且无事可做纷纷到外面从事第二职业,利用研究所里的设备和技术捞私利,研究所里人心涣散。

上级部门了解情况后,聘任了一位成绩显著的家用电器厂厂长当所长。该厂长是一位转业军人,是当地号称整治落后单位的铁腕人物。新所长一上任,立即实施一系列新的规章制度,包括"坐班制",并把中青年科技人员集中起来进行"军训",以提高其纪律性;在提升干部、奖励等问题上,向"老实、听话、遵守规章制度"的人倾斜。这样一来,人心涣散的状况有所改变,但大家还是无事可做,在办公室看看报纸,谈谈天,要求调离的人不断增加,员工与所长之间也经常出现矛盾。一年后,该所长便辞职而去,并留下了"知识分子太难管"的感叹。

上级部门进行仔细的分析和研究后,又派市科委副主任前来担任所长。该所长上任后,首先进行周密的调查,然后在上级的支持下进行了一系列有针对性的改革,把一批有才能、思想好、有开拓精神的人提升到管理工作岗位,将权力下放到科室、课题组;奖励、评职称实行按贡献大小排序的原则;提倡"求实、创新"的工作作风;在完成指定科研任务的同时,大搞横向联合,制定优惠政策,面向市场。从此,研究所的面貌焕然一新,原来的一些不正常现象自然消失,科研成果、经济效益成倍增长,该研究所也成为远近闻名的科研先进单位。

（资料来源:考研论坛,http://bbs.kaoyan.com/thread-1802913-1-1.html,有删改）

案例思考题:

同一个研究所,为什么不同的人来当所长会有大不相同的结果?

管理方法是一个方法体系,是在管理中运用的所有方法的总称。对于管理方法,从理论上可以进行各种分类,但在实际中则一般要综合运用。本章主要介绍经济方法、行政方法、法律方法、社会心理方法的一些基本原理和主要特点。

第一节 经 济 方 法

一、经济方法的概念与特征

（一）概念

经济方法是指管理者按照经济规律的客观要求,运用各种经济手段(包括各种经济杠杆、经济政策),通过调节各种经济利益关系,以引导组织和个人的行为,保证管理目标顺利实现的方法。

（二）特征

与其他方法相比较而言的,经济方法具有如下特征。

1.利益性

经济方法是以确认个人和组织对经济利益有追求为前提,并且只有在涉及经济利益时,才能发挥作用。否则,这种方法就会失灵。为此,经济方法既有广泛性,又有局限性。广泛性是指经济利益是人们所普遍关心的,而在社会生活中,涉及人们经济利益的领域又非常广泛,因而经济方法可以在管理的广泛领域中运用。局限性是指经济方法在那些不涉及经济利益,或不以追求经济利益为主的范围,就不能发挥作用,因而也就不能运用。

2.间接性

经济方法的间接性是指调节作用的间接性,主要表现在两个方面:第一,它不直接干预和控制被管理者(也即个人与组织)的行为,不直接干预人们应当怎么做,而是通过调节经济利益来引导被管理者的行为,以达到管理目标的实现。第二,经济方法是以市场调节为媒介,借助于市场机制来发挥调节作用。经济方法的间接性,在宏观经济管理中的表现比较明显。宏观经济管理并不直接干预和控制企业和广大消费者的行为,不直接规定企业应当生产什么、生产多少,也不直接告诉消费者在什么时候购买什么东西,而是主要运用财政政策、货币政策、投资政策、收入政策等经济手段,在市场调节的基础上,通过各种利益关系的调节来引导企业和消费者的行为。所以,宏观经济管理是一种以间接管理为主要方式的管理。

3.灵活性

灵活性主要表现在经济方法多种多样的调节手段,而这些手段可以在不同条件和角度下发挥同样的作用,因而可以根据不同情况灵活选择。例如,就市场经济条件下对社会总供给与社会总需求平衡的宏观调控来说,可以采取多种经济政策和经济手段。在社会总需求过大于社会总供给,即出现严重的通货膨胀时,可以采取"紧"的财政政策,也可以采取"紧"的货币政策,还可以同时采取"双紧"的财政政策和货币政策。实行上述各种政策时,在具体采取的手段上也可以多种多样。如实行"紧"的财政政策,国家可以通过增税,也可以通过减少预算支出,还可以采取向个人或单位借债(发行国库券)等多种形式。实行"紧"的货币政策,中央银行可以通过提高存款准备金率以收缩货币供应量,也可以通过提高再贴现率以减少各专业银行的贷款,还可以采取在有价证券市场上卖出有价证券以减少货币供应量。上述各种政策及政策手段,究竟采取哪一种为好,要根据通货膨胀形成的原因及各种政策的作用特点而相机抉择,灵活运用。

二、经济方法的表现形式

(一)经济方法的分类

管理中的经济方法是多种多样的,但主要表现为两个方面:一是经济政策,二是政策工具或经济杠杆。经济政策是指在一定的经济形势下所制定的刺激或抑制经济增长的策略。经济杠杆则是经济政策的具体调节工具。

(二)经济政策的分类

在实际中,经济政策可分为宏观经济政策和微观经济政策。宏观经济政策主要包括财政政策、货币政策、投资政策、产业政策、对外经济政策等。其常用的政策工具或经济杠杆主要有税收、国债、信贷、税率、利率、汇率、存款准备金、再贴现率、公开市场业务等。微观经济政策可划分为生产政策、收入分配政策和其他各种经营政策等。其主要工具有工资、奖金、罚款及各种福利等。

(三)价格在经济政策中的作用

一般来说,宏观经济政策是国家政府部门制定和使用的政策,它的主要作用是调节宏观经济的运行,使其快速、健康、稳定地发展。微观经济政策是企业所有者和经营管理者所运用的政策,它的主要作用是保证企业的经营目标实现并不断在市场竞争中取胜。在市场经济条件下,各种产品或服务的价格主要在市场竞争中形成,是由价值规律和市场的供求关系所决定的。但也不排除国家政府和企业都可以在市场调节的基础上,制定一定的价格政策或价格策略,对宏观经济或微观经营进行一定的调节和控制。因此,从这个意义上说,价格既可以作为宏观经济政策的工具,又可以作为微观经济政策的工具。

三、经济方法的运用

经济方法是各项管理中的重要方法。对于经济管理来说,经济方法则可以说是主要方法。但是,任何方法都有其特定的功能、特定的使用范围和特定的使用限度,因此在实际运用中都要进行具体分析,做到合理使用。

1.掌握运用的范围和限度

经济方法的运用必须要以经济利益关系的存在和人们对物质利益的追求为前提,否则就会失效。不但如此,即使上述情况存在,经济方法的运用也有一定的限度。例如,利用奖金作为刺激人们积极性的杠杆,虽然从理论上说高额奖金有利于调动人的积极性,但在实际运用中总要有一个限度,超过了一定的限度,就可能产生副作用。又如,运用罚款作为对某些不良行为进行制止的杠杆,就要有一定的强度,否则罚款额不足以触动其一定的经济利益,那么这种杠杆也起不到应有的作用。再如,在某些政治活动和精神文明建设活动中,虽然不能完全脱离经济利益,但过分地使用经济手段,就可能使之偏离方向,甚至走上邪路。

2. 把握调节的方向

各种经济手段对于经济利益和供给、需求的调节都有一定的方向性,因此在对种种经济手段的运用中,既要把握准它的调节方向,又要注意在综合运用时使各种经济手段发挥同向作用。例如,从理论上说,增税和提高银行贷款利息有利于抑制社会总需求,但如果在政府增加税收、银行却降低贷款利息时,就有可能使其综合调节作用相互抵消,因此在运用时要做好同向的协调。

3. 注意调节的时间

经济方法是通过利益调节的一种间接管理方法,它从政策的制定、执行到产生作用有一个较长的时间。通常把这种现象称为"时滞性"。为此,运用经济方法一定要做好经济预测,准确地把握经济发展趋势,同时也要把握好政策和杠杆运用的适度性,以防产生时过境迁、政策失效或调节过度等副作用。

4. 要与其他方法结合使用

经济方法是一种重要的管理方法,但是这种方法毕竟不是万能的。同时,由于它自身的一些局限性,在实际管理中经济方法还要与其他管理方法,如行政方法、法律方法、社会心理方法等结合使用,才能发挥更加有效的作用。例如,经济方法与行政方法结合使用,有利于增强经济手段的权威性;经济方法与法律方法结合使用,有利于增强经济规范性和法律效力;经济方法与社会心理方法结合使用,则有利于增强经济方法的准确性和对运用时机的把握。

问题探讨

20 世纪初,我国各类居民储蓄存款达 10 万亿元,国家为了刺激消费、拉动 GDP 增长,一方面降低储蓄利率,另一方面大力推广消费信贷政策;但是,从 2007 年下半年开始,物价普遍上涨,国家为了控制物价上涨、减轻通货膨胀带来的负面影响,采取了宏观调控的有效手段,来控制这一现象蔓延。

分析问题:

国家从哪些方面采取了有效措施?

管理范式

第二节　行政方法

一、行政方法的概念和特征

（一）概念

行政方法是指管理者运用行政权力,按照行政层次,通过下达各种行政命令、指示、决议、规定,制定指令性计划和规章制度等手段,直接控制组织和个人的行为,以保证管理目标实现的方法。

（二）特征

1.权威性

行政方法的运用要以行政组织或行政领导具有一定的权力和威信,下级行政组织对上级行政组织的无条件服从为前提,否则就不能发挥作用。行政方法的这种权威性是任何管理所必需的。但是,这种权威必须要建立在法制和民主的基础上,建立在科学施行的基础上,否则就不能进行有效的管理。

2.直接性

行政方法的运用虽然也要考虑经济利益和必要的思想政治工作,但是它不像经济方法那样,通过对经济利益的调节来间接地引导组织和个人的行为,而是借助于行政权威和个人的行为,即直接告诉人们要做什么、不要做什么。行政方法的这种直接性,有利于一些问题的迅速解决,但如果使用过度也会产生管得过多、过死的弊病。

3.垂直性

行政方法是凭上级行政组织的权威和下级行政组织的服从进行的管理,这就决定了这种方法只有在垂直隶属的管理关系上发挥作用,而对于平级或横向的管理关系则不起作用。行政方法这一垂直性的作用特点,要求在行政方法的运用中,必须明确严格的行政层次和行政级别,其作用的方式也只是自上而下的下达命令、指示、决议或自下而上的请求、报告等。

二、运用行政方法的优越性

1.行政方法可以使被管理者形成服从与服务的自觉性

从一定意义上说,管理是管理权限的行使过程。在整个管理过程中,不管是决策方案的决定,还是计划指标的下达,不管是组织实施,还是监督控制,都需要有一定的权威作保证,以一定的服从为前提。

2.利用行政方法提高管理效率的幅度最大

行政方法采用的是垂直性的管理方式,依靠的是权威性和强制性,上级组织和领导下达的命令、指示要求下级无条件服从和不折不扣地贯彻执行,起着令行禁止的效用。为此,当行政机构设置合理、行政层次划分清楚、行政岗位安排得当、行政手段运用科学、行政指令下达适当时,运用行政方法便有着很高的工作效率。因此,行政方法对提高管理效率起着重要的作用。

3.行政方法对一些特殊例外问题的解决最有效

行政方法的优点很多,如纵向传递信息速度较快,各项管理措施发挥作用快,有利于上下级之间迅速保持行动上的一致性;能在短期内集中统一使用和灵活调动人力、物力、财力和技术力量,等等。这就使得行政方法能解决一些特殊的例外问题。在管理过程中,管理者经常会遇到一些特殊而重要的例外问题,如重大自然灾害的发生、市场风云的突变、严重质量事故的出现等。这时管理者往往需要借助于行政手段,当机立断,果断及时地采取得力的管理措施,来解决这些重要的特殊问题。

三、运用行政方法的原则与弊端

行政方法在管理中的运用有其必要性,也有其自身的局限性,如果运用不当会产生种种弊病。为此,在运用中必须坚持正确的原则,注意扬长避短,尽量使其发挥积极方面的作用。

(一)运用行政方法必须坚持的原则

1.尊重客观规律

只有充分地尊重客观规律,真正地按照客观规律的要求办事,才能减少和避免主观唯心主义的产生,才能增强行政方法运用的科学性和合理性。

2.实行民主集中

只有充分发扬民主,广泛听取群众的意见,坚持从群众中来、到群众中去的思想路线,才能在行政方法的运用中减少和避免官僚主义的产生,减少和避免重大决策的失误。

3.综合运用行政方法

如经济方法、法律方法、社会心理方法等要综合运用,相互配套,取长补短,充分发挥其自身的优越性。

(二)运用行政方法应注意的问题

1.不能过分强调和依赖运用行政方法

运用行政方法进行管理,一般不是侧重从经济利益的要求出发,也不完全讲究等价交换的原则。而在实际中,满足人们的物质利益要求和考虑价值补偿问题是调动人们积极性和使组织产生活力的重要因素。因此,过分地强调和依赖行政管理方法,就容易忽视组织及其成员的物质利益要求和价值补偿的问题,从而容易导致管理系统的动力和活力不足。

2.避免主观主义的产生及决策和计划的失误

由于行政方法主要是依靠上级的权威和下级的服从进行管理,过分强调和依赖行政方法必然要建立高度集中的管理体制。在高度集中的管理体制下,权力过于集中,同时领导者很难全面掌握决策信息并体察民情,因此容易产生官僚主义和主观主义。官僚主义和主观主义发展到一定的程度,就会导致权力的滥用和决策、计划的失误。过去我国实行高度集中的计划经济体制,其弊病不仅在于过分强调计划管理的作用而忽视市场调节的作用,而且在于容易产生官僚主义和主观主义,并常常导致重大决策的失误。因此,建立社会主义市场经济体制并不是否定计划管理的必要性,而在于把过去的行政本位、长官本位的资源配置方式,改变为以市场为主的资源配置方式。

3.要适应市场经济和社会化大生产的发展

市场经济和社会化大生产的发展,要求国民经济各部门、各行业、各单位之间既有明确分工,又有密切合作;地区之间要打破行政管辖界限建立统一的市场,进行平等竞争。而行政方法强调垂直性的领导和行政区域内的集中。因此,过分强调和依赖行政方法容易形成条条专政和地区封锁。这样既不利于国民经济各部门、各行业、各单位之间的分工协作和横向联合,又不利于地区间的商品流通和商品交换,从而也就不利于市场经济和社会化大生产的发展。

第三节 法律方法

一、法律方法的概念和特征

(一)概念

法律方法是指运用立法、司法和遵法守法教育等手段,规范和监督组织及其成员的行为,以达到管理目的,使管理目标顺利实现的方法。

(二)特征

1.规范性

法律是拥有立法权的国家机关依照法定程序制定和颁布的规范性文件。这些规范性的文件,从国家统治阶级的意志和利益出发,有准确、严密、简洁的法律语言,明确规定什么是应该做的,什么是不应该做的。应该做而没有做,或不应该做而做了,就要受到一定的惩罚。这样,法律就为组织和个人规定了行为准则,并要求人们必须遵守。这种具有法律效力的行为规则在法学上叫作法律规范。管理中的法律方法就是利用这些法律规范来约束人们的行为,从而达到管理的目的。由此可见,规范性是法律方法的主要特点。

2.强制性

法律不仅是国家统治阶级意志的反映,而且还要由国家强制力保证执行,否则法律就只是一纸空文。所以,国家法律一经颁布,就要用军队、警察、法庭、监督机关等国家机器作为实施的保证,违法犯罪就要受到应有的制裁。

管理中的法律方法,既然是以法律为手段,必然也要有同样的强制性。这种强制性一方面表现为对于违法犯法者要给予一定制裁,另一方面也表现为对于人们行为的强制约束。

3.预防性

国家制定法律规范的目的,不仅仅在于事后对于违法犯罪分子进行应有的惩罚,更重要的还在于事前对人们起到指导和教育的作用,使人们自觉遵法、守法,从而预防违法犯罪行为的发生。法律方法的这种指导性、教育性和预防性具有普遍的意义,而且要做到法律面前人人平等。也就是说,任何人,不管他权力多大、地位多高,只要是不依法办事,不遵守法律规范,都要受到应有的惩罚。

二、掌握与运用法律方法

法律方法的主要形式如下:

(一)立法

立法,即法的制定,主要是解决有法可依的问题,因此它是法律方法首要的运用形式。
做好立法工作应主要解决好以下几个问题:

1.明确立法机构与权限

为了保证立法的科学性、有效性和权威性，必须首先要严格确立立法机构、立法权限和立法程序。对此，各个国家由于社会制度和政治体制的不同而各有不同规定。例如，我国《宪法》规定："全国人民代表大会和全国人民代表大会常务委员会行使国家立法权。"其中，全国人民代表大会的立法权表现在下列三个方面：①修改宪法；②监督宪法的实施；③制定和修改刑事、民事和其他基本法律。全国人民代表大会常务委员会的立法职权表现在解释宪法、法律，制定除由全国人民代表大会制定的法律以外的其他法律等六个方面。此外，为了更好地保证宪法和法律的实施，充分发挥最高国家行政机关管理国家的作用，使省、市、自治区能因地制宜贯彻宪法和法律，宪法还赋予有关国家机关有制定行政法规、地方性法规和自治条例等的权力。

2.严格确定立法程序

立法是个复杂的过程，因此除了要明确规定立法机构和立法权限以外，还必须要严格确定立法程序。一般来说，立法要先后经过以下四个阶段：

(1)法律草案的提出。包括认为对某种社会关系需要进行法律调整，提出立法倡议，调查研究，总结经验，起草法律草案等工作。这一阶段的工作可以由立法部门去做，也可以由立法部门委托或授权其他专业部门去做。

(2)对法律草案进行审议讨论。包括立法工作部门和组织有关部门的有关人员进行审议讨论。在我国，对于根本法和部分基本法的审议，除由全国人大常委会法制委员会等有关部门讨论外，还要由全国人大常委会审议，有的还要交全国人民代表大会讨论，广泛听取意见。

(3)法律草案的通过。这是立法的决定阶段，也是立法的基本完成阶段。在这一阶段，要由立法机构根据法定程序对法律草案进行审议通过，并决定公布实施。

(4)法律的公布。法律的公布也要有法定程序。在我国，法律草案由全国人大及其常委会审议通过，由国家主席根据全国人大及其常委会的决定公布实施。

3.建立健全法律体系

一个国家的法律，实际上是由各种不同的法律组成的一个完整、统一的法律体系。所以，为了使社会各行各业、各个方面都能有法可依、按法办事，必须要通过各种立法建立健全法律体系。一般来说，一个国家的法律体系由以下几个层次组成：

(1)宪法。这是一个国家的根本大法。所有其他法律形式都要服从这一根本大法。

(2)基本法律。如民法、刑法、经济法、商法、行政法、组织法等。

(3)法律。一般是指针对某些方面或某些部门、行业所制定的配套法律。如在计划方面所制定的基本建设法、统计法、计量法、质量法等；在资源环境管理方面所制定的能源法、森林法、土地法、环境保护法等。

测试题

(4)行政法规、指示、规章、条例、决定、命令等。

(5)地方性法规、条例等。

应当强调指出的是，我国目前实行社会主义市场经济体制。从一定意义上来说，市场经济就是法制经济，没有法律保证，不运用法律手段进行管理，市场经济就不能健康、有序地发展。为此，建立社会主义市场经济，必须完备与发展市场经济有关的法律体系，其中主要包括以下几个方面：

(1)市场主体法，即关于市场主体组织形式和地位的法律规范。其中主要包括公司法、合作社法、合伙企业法、国有企业法、集体企业法、合资企业法、独资企业法以及破产法等。

(2)市场主体行为规则法，即关于市场主体交易行为的法律规范。其中主要包括物权法、债权法、票据法、证券交易法、海商法、专利法、商标法、著作权法等。

(3)市场管理规则法，即规定市场平等竞争条件，维护公平竞争秩序的具有普遍性的法律规范。其中主要包括反不正当竞争法、反垄断法、消费者权益保护法和质量法等。

(4)市场体系法，即确认不同市场，规定个别市场规则的法律规范。其中主要包括货物买卖法、期货交易法、信贷法、劳动力市场管理法、技术贸易法、信息法、建筑工程招标投标法等。

(5)市场宏观调控法，即关于政府对市场实施宏观调控的法律规范。其中主要包括预算法、银行法、物价法、税法、投资法、产业政策法、计划法等。

(6)社会保障法，即关于对劳动者提供社会保障的法律规范。其中主要包括劳动法、社会保险法等。

(二)司法

司法，亦即执法，主要是解决有法必依、执法必严的问题。

司法工作主要是由国家司法机关来担负，这些机关主要有：

1.公安机关

公安机关是各级政府的组成部分，主要担负维护社会治安和社会秩序的任务。在刑事诉讼活动中，公安机关有侦查、拘留、预审和执行逮捕的权力。

2.审判机关

审判机关也称法院。依照法律规定，法院独立行使审判权，不受行政机关、社会团体和个人的干涉。此外，最高审判机关还有监督下级审判机关审判工作的职能。

3.检察机关

检察机关也称检察院。依照法律规定，检察院独立行使检察权，也不受行政机关、社会团体和个人的干涉。此外，最高检察机关还有领导下级检察机关的职能。

4.司法行政机关

司法行政机关是各级政府的组成部分，在我国称为司法部。它主要担负司法管理、司法宣传、法制教育和司法干部训练等任务，同时也开展调解、律师、公证、司法外事等工作。

做好司法工作应当坚持以下原则：

1.以事实为根据，以法律为准绳

以事实为根据，以法律为准绳是司法工作的基本原则。以事实为根据，即要求司法机关和司法人员在诉讼活动中要以事实为基础，在决定起诉、免予起诉或不起诉，以及定罪量刑时，根据事实用法律这个尺度去衡量和确定被告人有罪或无罪，犯的什么罪，该判什么刑。只有以法律为准绳，才能做到不枉不纵，不畸轻畸重，保证国家法律正确实施。其次，要求司法机关和司法人员在整个诉讼过程中都要依法办事。立案、侦查、拘留、逮捕、检察、起诉、审判、执行都要依法定程序进行，以保证准确、及时地查明犯罪事实，正确使用法律。

2.坚持公民在法律面前一律平等

坚持公民在法律面前一律平等主要是指司法机关在司法活动中，对于一切公民，不分民族、性别、职业、出身、宗教信仰、教育程度、财产状况、地位高低，在运用法律上一律平等，不允许有任何特权。其中包括：①任何公民都享有宪法和法律规定的权利，同时又必须履行宪法和法律规定的义务；②任何公民的合法权益都受法律保护；③任何公民犯罪都必须受到法律追究；④任何公民在适用法律上都不能有任何特权。

3.依靠群众，调查研究

这是做好司法工作的重要保证。其中包括司法机关办案要虚心听取群众意见，接受群众监督；审判活动要吸收人民群众直接参加等。

（三）仲裁

1.仲裁的含义

仲裁，也称公断，是指双方当事人在某一问题上争执不休，自身不能解决时，同意选定第三者（具有中立地位的机关）对争论的事项依法进行审理，并做出对双方当事人都具有约束力的、一般带有终局性的裁决的过程。仲裁虽然是在国家司法权以外解决民事争议的一种形式，但它也要依法办事。仲裁的结果具有法律效力，因此从广义上说，仲裁具有司法的性质，从而也属于法律方法的运用形式。

2.仲裁的类型

仲裁一般可分为三种类型：

一是行政仲裁或称国家机关仲裁，其仲裁的内容主要是当事人之间的合同纠纷；

二是社会团体仲裁，其经常开展的业务是涉外经济仲裁；

三是个人仲裁，主要进行个人之间纠纷的仲裁。

各种不同类型的仲裁都要依据所担负的仲裁任务，制定严密的仲裁程序和规则，包括争议案件的受理、仲裁员的产生及仲裁庭的组成、仲裁所拥有的权限、仲裁审理方式、申诉人和被诉人及其他参加者在仲裁活动中的权利义务、仲裁裁决的组成及其执行等内容。

仲裁既区别于司法机关的审判，又区别于一般的民间调解，它具有依法解决那些不必一定由司法机关审判的纠纷案件的功能。实行仲裁制度，可以减轻法院的办案压力，同时又有利于纠纷的及时、妥善解决，有利于促进争执双方的团结、和解，有利于各种社会关系和经济关系的及时疏通。仲裁的上述特殊优越性，就决定了它应是管理中常用的一种法律方法形式。

（四）法律教育

对于法律进行广泛的宣传教育，是法律方法所采取的一种重要形式。进行广泛深入的法律宣传教育的主要目的在于强化广大人民群众的遵法、守法、执法的自觉性。为此，它不但有利于充分发挥法律的事前引导和预防的功能，而且还有利于及时揭露违法犯罪行为，做好司法工作。进行法律的宣传教育可以采取多种多样的形式，要力争做到家喻户晓、人人皆知。这样，法律方法在管理中才能发挥更大的作用。

第四节　社会心理方法

一、社会心理方法的概念及管理对象的心理特征

（一）社会心理方法的概念

社会心理方法是指在管理过程中运用社会心理学知识，对人们的社会心理进行详细了

解和科学分析,按照人们的社会心理活动特点和规律性,进行有效管理的一系列方法的总称。

(二)管理对象的心理特征

要正确运用社会心理方法,首先就要了解管理活动中的团体和个人的社会心理特征,然后按其所表现的不同特征以及社会心理活动的一般规律有的放矢地开展工作。

1.团体的社会心理特征

团体的社会心理特征主要包括:团体因知识文化、职业、职能地位、年龄、性别等不同所产生的心理特征差异;团体成员对组织目标、职业地位、工作条件的期望、理解和满意程度;团体成员对其领导的期望和满意程度;团体中的风气习惯、不成文的规定、相互关系(包括团结和冲突的状况);团体中的正式组织和非正式组织的结构特点等。

2.个人的社会心理特征

个人的社会心理特征主要包括:个人的性别、习惯、兴趣、爱好及意志力等个性心理特征;个人的文化程度、职业地位、家庭背景等;个人世界观、人生观、道德观的基本倾向;个人对工作条件和职业地位的满意程度等。

社会心理活动的一般规律,是指存在于各种社会心理现象中的一些稳定、必然的内在联系,它表现为大量社会心理现象的可重复性,主要包括需要—动机—行为规律、期望规律、被社会所认同的规律、非正式组织发展规律等。

二、社会心理方法的运用领域

社会心理方法的内容极为丰富,可按不同的内容运用于不同的领域。

1.用于组织管理

用于组织管理是主要用于研究领导者个人的社会心理特点及其所形成的领导作风和领导方法的社会心理方法。根据其不同的心理特点安排适当的领导岗位,评价领导者的管理风格对管理工作所产生的有利和不利影响,研究如何改进领导作风及领导方法等方面,以取得好的领导效果。同时还要研究被领导者的社会心理特点,分析其工作的动机和由此产生的各种不同的社会心理需要,以便有的放矢、因势利导地采取各种激励和引导措施,更好地发挥职工的聪明才智和工作积极性。此外,还要研究如何发挥正式组织和非正式组织的作用,以更好地完成组织目标和满足组织成员的社会心理需要等。

2.用于工程管理

用于工程管理是主要研究生产过程中人与机器、环境相互作用过程中的心理活动特点和规律,并利用其心理特点及其规律性,实现人—机—环境的最佳配合,以达到安全生产和提高劳动生产率的目的的社会心理方法。它主要用于以下方面:工程设计中的人机匹配心理问题,如大型电子计算机系统的设计、大型水电站中央控制室的设计、大型飞机的仪表设计和显示、铁路枢纽的信号控制等工程设计方面;生产操作中的心理问题,如操作动作与心理的协调性,操作方法的合理化,劳动定额的生理、心理测定,流水线运行过程中操作者的心理问题,废品心理分析,工作事故心理分析等生产操作心理方面;环境心理问题,包括工作环境和生活环境中的照明、气温、颜色、音响等因素和心理的协调性问题。

3.用于人事管理

用于人事管理是主要用于解决工作人员的选择和安排、工作人员的评价、工作人员的训练三个方面的问题的社会心理方法。对于工作人员的选择和安排,要根据工作的性质,调查了解可供选择安排人员的社会心理特点,来挑选合适的人员担任合适的工作,使工作人员的能力、气质、兴趣、爱好等心理特点和工作要求相一致。根据不同工作岗位的要求选择具有相应社会心理特点的人,就会既发挥人的积极性、创造性,又事得其人,极大地提高管理工作的有效性。同时,对于工作人员的评价,则要从社会心理学的角度予以考虑,如怎样进行评价最有利于调动职工的积极性,怎样进行职工的评定、升级、奖惩最有利于管理有效性的提高等。此外,对于工作人员的训练,则要根据学习技能的心理活动规律性以及每个人不同的社会心理特点,进行因人而异、灵活多样的讲授、示范和训练,使职工尽快地学到必要的知识和技能。

4.用于产品销售管理

用于产品销售管理是主要从研究消费者的社会心理特点和购买行为特点着手,来进行销售策略的谋划、销售方式的改进以及产品的设计造型等,使其能更好地迎合顾客的社会心理需要,从而取得好的销售效果的社会心理方法。实践证明,在产品销售管理中注重研究市场的社会消费心理以及科学地把握市场的社会心理需要,对做好产品销售管理起着举足轻重的作用。

三、运用社会心理方法应注意的问题

(1)运用社会心理方法只局限于人们的社会心理意识部分,并不能起到对职工进行全面的政治思想教育的作用,因而不能用其来代替思想政治工作。

(2)通过运用社会心理方法满足人们的各种社会心理需要,激励和引导人们的工作、学习方面的积极性,不要直接控制和干涉人们的工作行为,不要强迫、命令人们按管理的旨意和要求去办,不要直接左右人们的工作和学习活动,否则难以保证管理活动如愿进行和实现。

(3)要知道运用社会心理方法有一定的难度。一方面,人们的社会心理活动千差万别、千变万化,具有多样性和易变性的特点,这就使得社会心理活动领域成为复杂多变、难以捉摸的领域;另一方面,社会心理方法的运用具有很强的针对性,即"一把钥匙开一把锁",这就使得运用社会心理方法具有一定的难度。运用得当、恰到好处,则能起到较好的效果;运用不当、过分滥用,则可能导致社会心理方法的失灵,给管理工作带来不利的影响和后果。因此,这就要求管理者要善于审时度势,注意琢磨和把握人们的社会心理活动特点,根据不同的管理者和被管理者、不同的环境条件和不同的管理目标,有针对性地采取不同的方法。

在管理中正确地运用社会心理方法,需要管理者具备一定的社会心理学方面的知识,并要善于在实际运用中不断积累经验。此外,社会心理方法也必须与其他方法,如经济方法、法律方法、行政方法等结合使用,才能有效地发挥作用。

 小 结

在经济方法中阐述了经济方法的概念、特征、表现形式及运用;在行政方法中阐述了行政方法的概念和特征、运用行政方法的优越性、原则与弊端;在法律方法中阐述了法律方法的概念和特征、掌握和运用(包括立法、司法、仲裁、法律教育等);在社会心理方法中阐述了

社会心理方法的概念、管理对象的心理特征、运用社会心理方法的领域及应注意的问题等。

思考题答案

思考与练习

一、名词解释

经济方法　行政方法　法律方法　仲裁　社会心理方法

二、单项选择题

1.经济方法的间接性是指( )的间接性。

A.控制作用　　　B.引导作用　　　C.调节作用　　　D.促进作用

2.( )是法律方法的主要特点。

A.直接性　　　B.规范性　　　C.预防性　　　D.强制性

3.( )是法律方法首要的运用形式。

A.立法　　　B.司法　　　C.执法　　　D.仲裁

4.仲裁的结果( )。

A.对当事人没有约束力　　　B.不是终局性的裁决

C.具有法律效力　　　D.不具有法律效力

三、多项选择题

1.与其他方法相比较,经济方法具有如下特征( )。

A.垂直性　　　B.间接性　　　C.灵活性　　　D.预防性

E.利益性

2.运用行政方法必须坚持( )原则。

A.以经济利益为前提　　　B.尊重客观规律

C.高度集权　　　D.实行民主集中

E.综合运用行政方法

3.一般来说,一个国家的法律体系由以下几个层次组成( )(按层次顺序)。

A.法律　　B.行政法规、指示、规章、条例、决定、命令等　　C.宪法

D.基本法律　　　E.地方性法规、条例等

4.社会心理方法可按不同的内容运用于( )领域。

A.计划管理　　　B.组织管理　　　C.工程管理　　　D.人事管理

E.产品销售管理

四、判断题

1.只有在涉及经济利益时,经济方法才能发挥作用。　　　　　　　　　　( )

2.行政方法的权威性是建立在行政权力基础上的。　　　　　　　　　　( )

3.从广义上说,仲裁具有司法的性质,从而也属于法律方法的运用形式。　( )

4.运用社会心理方法只局限于人们的社会心理意识部分,并不能起到对职工进行全面

的政治思想教育的作用,因而不能用其来代替思想政治工作。 （　　）

五、简答题

1.为什么说价格既可以作为宏观经济政策的工具,又可以作为微观经济政策的工具?

2.阐述社会心理方法的主要运用领域。

3.建立社会主义市场经济,必须完备与发展哪些市场经济法律体系?

4.运用行政方法有哪些优越性与弊端?

 案例分析

助理为什么受到攻击?

鉴于公司在发展中所出现的成本失控问题,X公司的总经理请获得了注册会计师资格的年轻助理帮助解决。这位助理又请了一些高明的财务分析专家、本地大学工商管理学院的著名教授组成一个诊断小组。在知晓了公司的问题之后,诊断小组去调查成本问题和公司的生产、采购、销售等各部门的管理方法问题。经多次研究之后,诊断小组发现了各部门中效率低的许多根源,于是,该助理把诊断小组所发现的效率低的详情和拟予以纠正的措施总结出提要,向总经理提出了诊断报告,并说明诊断小组所建议的行动会给公司节约上百万元。

总经理采纳了这些建议,并付诸实施。但实施不久,负责生产、销售、采购的几位副总经理就一起找总经理,坚决要求撤掉那位助理。

案例思考题:

1.为什么这位助理工作做得那么好,却受到副总经理们的憎恨?

2.若诊断小组的调查结果是准确的,那么总经理、助理、副总经理及其他人应怎样做才能使这些调查结果有助于解决问题?

经典解读

第十一章 管理艺术

学习目标

1. 了解管理艺术的概念与特征；
2. 掌握管理艺术的作用与形式；
3. 掌握管理艺术的运用与技巧；
4. 了解中国古代的管理艺术及其对现代企业管理的实践意义。

能力目标

1. 懂得运用管理艺术的场合；
2. 学会运用管理艺术解决现实问题。

引入案例

新闻舆论的影响

张华是某市城乡建设委员会主任，最近他陷入一个难堪的境地。由于在长期的计划经济体制下，城市基础建设如水、环卫、公交、道路等都是垄断经营、福利性供应，该市的城市建设系统不可避免地存在着服务质量低下、设施落后等问题。城市基础建设的管理涉及千家万户的利益，随着人民群众对生活质量要求的日益提高，人们对城市基础设施和相应的服务也提出了更高的要求。在这种情况下，新闻舆论纷纷采用新闻热点、读者来函等方式报道群众对不符合质量要求的城市基础设施和不良服务的批评意见。最近一段时间，报纸、电视、电台经常报道哪儿道路堵塞了，哪儿自来水压上不去了，哪儿环境卫生差、垃圾没人管，等等。新闻舆论传递信息快、辐射面广，有关的报道给城市建设系统带来了很大的压力。市委、市政府、市人大纷纷来电，要求城市建设系统解决这些问题，张华这段时间整天带领有关人员去处理这些热点、难点。但是，精力花了不少，收效不大。张华为此感到非常苦恼。

（资料来源：http://www.xici.net/b271642/d20786524.htm，有删改）

案例思考题：

面对这种情况，请你为张华想想办法，如何才能摆脱这一困境？

管理者要想进行卓有成效的管理活动，必须既有丰富的管理科学知识，又有高超的管理艺术。管理艺术的内容十分丰富,涉及面极为广泛;各种不同的管理任务需要各种具体的管理艺术来助其完成,就是同一个人处理类似的事,也需要多种处理的办法和技巧。这就要求管理者必须悉心研究管理艺术,才能得其要旨,运用自如。

经典解读

第一节　管理艺术概述

一、管理艺术的概念及其分类

(一)概念

管理既是一门科学又是一门艺术。管理艺术指的是:管理者根据自己的知识、经验、智慧和直觉,迅速及时、随机应变而又准确有效地认识和解决问题的技巧和能力。

(二)分类

对于管理艺术,可以从多种角度进行分类比较,以利于正确运用。

(1)从管理的职能角度,可以分为决策的艺术、计划的艺术、组织的艺术、协调的艺术、激励的艺术等。

(2)从管理的内容角度,可以分为用人的艺术、处理的艺术、运筹时间的艺术等。

(3)从管理的日常具体活动角度,可以分为决断艺术、宣传鼓励艺术、语言艺术、行为艺术等。

二、管理艺术的特征

管理艺术是一种客观存在的技巧和能力,但它又是一种只能意会、难以言传的技巧和能力。综观各种管理艺术的表现,其特征大致概括如下:

(一)灵活性

管理是一门科学,因此它要遵循一定的原则、程序和模式。但是,任何管理活动如果仅仅固守某种原则和模式,仅仅死板地按固定程序办事,又可能得不到良好的效果,甚至可能犯教条主义的错误。这是因为不同的管理都有不同的特点,同样的管理还可能遇到复杂多变的情况。为此,任何管理还必须要有灵活性。这种灵活性就体现为艺术性。如果在管理活动中,既能遵循一定的原则,又能随机灵活地处理问题,其管理的艺术性就高,否则就缺乏艺术性。为此,管理艺术总是给人一种严肃活泼、丰富多彩、千姿百态之感。"运用之妙,存乎一心",其中的"妙"就是在原则基础上灵活性和随机性的体现。

(二)创造性

任何管理活动都不免有一些常规。常规就是办事要遵循的一般程序、规则等。从行政层次来说,下级服从上级,上级尊重下级也是一种常规。在管理中按常规办事当然是必要的。但是仅仅局限于此,只是一种被动应付,也可称是消极管理。其结果充其量是"完成任务"。强调得过分,还可能是墨守成规。积极的管理,则要充分发挥人的主观能动性和创造性,不机械地照抄书本知识、上级的指示和文件,不生硬模仿别人的经验,不局限于按常规办事,有时甚至还要打破常规,方能取得更好的效果。这就表现为一定的艺术性。管理中只有具备这种艺术性,才能有所发明、有所创造、有所开拓,才能不断增强组织活力,并在竞争中立于不败之地。

(三)应变性

在管理中有时会遇到一些非常情况,如突发事件、危险时刻、重大变故、紧急任务等。如何处理这些非常情况,没有现成的经验,这就需要较强的应变性。这种应变性,也是艺术性的一种表现。艺术性较高,应变性较强,就会处险不惊、化险为夷,否则就惊慌失措、畏葸不前。

(四)号召性

从本质上说,艺术是一种美。管理艺术就是要给人一种美感,具有一种美的感召性。具体说,就是说话使人爱听,办事使人信服,做人使人向往,思想使人共鸣。总之,言谈举止,用人处事,能动之以情,晓之以理,有强大的感染力、吸引人的魅力。这样,才能在管理中形成强大的感召力和凝聚力。

管理者要形成一种美感基础上的号召力、凝聚力,一般要做到以下几点:一是有情,即有朴实而丰富的感情;二是有理,即说话办事说理、讲理、在理;三是有信,即有信心、有信誉,给人一种信任感;四是有德,即有高尚的道德情操和人格;五是有识,即有知识、有见识、有胆识、有思路、有能力;六是有趣,即说话处事要有幽默感,使人喜闻乐见,欣然接受。

在实际中,同样的话,同样的事,不同的人去说、去办,往往会有不同的效果,这里的关键就在于艺术性,在于是否给人以美感。管理艺术妙不可言,就妙在这一点上。要做到这一点,没有具体的诀窍,而是人的知识、经验、品格、才能等综合素质的反映和升华。

第二节　起用人才艺术

一、选人的标准与方法

(一)选人的标准

选拔任用人才首先要解决一个路线问题,这既是一个根本原则问题,又是一个方法艺术问题。在管理中选拔任用人才应坚持"任人唯贤"的标准,只要是贤才,不管亲不亲都应选用。

人才有高低之分,也有真伪之别,这就需要有一个正确的标准来选拔人才。我国历来坚持德才兼备的选拔人才标准。"德"一般是指人的思想品质和行为表现,作为一种意识形态,则主要是指人的世界观、人生观、政治观和道德观。"才"是指人的知识、经验和能力。德与才是对立统一的,是一个完整的统一体。在选拔人才时,必须德才兼顾,以德为主。因为离开了德,才就失去了正确的方向;没有才,德就成为空的东西。一个人很有"德",如果他没有本领为人民造福,为发展生产力、为国家的事业做贡献,必然得不到群众的拥护和爱戴;反之,一个人很有"才",但他不能用"才"为人民谋利益,而是为个人或小集团谋私利,那么他最终将与群众相脱离,而被群众所唾弃。

(二)选人的途径和方法

选拔人才的具体途径和方法很多,但最根本的是要坚持群众路线。在选拔人才中必须树立牢固的群众观点,充分发扬民主,保证方方面面群众有充分的发言权。只有这样才有利于扩大视野,广开才路,充分发掘人才潜力;有利于全面、准确地了解人才情况,避免发生任人唯亲、主观片面等弊端;有利于激发被选拔对象的事业心和责任感。

选拔人才的具体途径和方法有面向社会,实行公开、平等竞争,择优录用的招聘、招考方式;有民主推荐、群众评议的方式;有民主选举的方式;有通过定期考核、测评,根据考核、测评结果选人的方式;还有通过鼓励人才自荐,管理者加以考察决定选用与否的方式等。上述方式的具体运用要依据选人的目的,选人的对象、时间、环境等具体情况决定。无论采用哪种方式都应当注意群众意见,注重调查研究,同时进行必要的考试、考核,有的还可以进行试用后再决定选用与否。

二、用人标准与方法

(一)用人的标准

选拔了好的人才,如果使用不当,或者使用中不能充分调动其积极性,那么人才的作用是不能很好地发挥的。为此,管理者必须讲究用人之道。

经典解读

管理者在用人中一定要用人之长,扬长避短。唐太宗李世民说:"人之行能,不能兼备,朕常弃其所短,取其所长。"魏征也说:"因其材以取之,审其能以任之,用其所长,掩其所短。"清代诗人顾嗣协的《杂兴》诗云:"骏马能历险,犁田不如牛;坚车能载重,渡河不如舟。舍长以求短,智者难为谋。生材贵适用,慎勿多苛求。"古人尚且如此,作为管理者更应当胸怀宽广,用人之长,容人之短,扬长避短。

(二)用人的方法

为很好地用人之长,管理者应对每一个职工最能做什么,在哪些方面最有发展潜力有一个清楚的认识。有的职工对自己的长处并不十分了解,特别是对潜在的长处更难看到。对此,管理者应帮助他们认识自己的长处,使他们充满信心,同时给他们学习、锻炼和发挥长处的机会。

有些人有一定长处,但缺乏勇气,不敢大胆发挥自己的长处,管理者应设法帮助他们打消顾虑。通常可以先分配给他们比较容易完成的任务,并帮助他们做好;在他们取得成就后,及时加以肯定和鼓励,使其逐渐克服自卑感,鼓起发挥长处、做好工作的勇气。对有些因工作遇到困难,曾受到挫折,有思想包袱或是工作不顺心而情绪消沉、不能很好地发挥自己长处的人,管理者更应及时从思想上有针对性地给予帮助,使其克服消极情绪,振作精神发挥长处,做好工作。

(三)用人的思考

世界上没有短处的人是难找的,关键在于管理者如何对待职工的短处。下面几点值得我们注意:

(1)对不影响工作任务的完成,不影响其长处发挥的短处,不必苛求。特别是在现代分工比较细的情况下,一些人的短处并不影响其工作,不影响其长处的发挥,对此,只要注意用其长处,避其短处就行了。

(2)对影响人长处发挥的短处,要采取措施,防止反作用的产生。比如,有的人虽然工作责任心和业务能力都较强,但心胸较狭窄,看问题有片面性,工作方法生硬,因而影响团结,影响工作。对这类短处,就应明确指出,给予批评,帮助他分析产生问题的原因,提高认识,加以克服。

（3）对严重影响工作的致命短处,要采取果断措施避免其给工作和生活带来危害。

民营企业老板的尴尬

某民营企业的老板通过学习有关激励理论,受到很大启发,并着手付诸实践。他赋予下属员工更多的工作和责任,并通过赞扬和赏识来激励下属员工。结果事与愿违,员工的积极性非但没有提高,反而对老板的做法感到强烈不满,认为他是在利用诡计来剥削员工。

分析问题:

请根据所学习的有关激励等理论,分析该老板做法失败的原因并提出建议。

三、用人的原则与技巧

(一)充分信任,尊重关心

要使各种人才充分发挥积极性、主动性和创造性,管理者必须给他们以充分的信任、尊重和关心。"疑人不用,用人不疑"这是古人早就说过的。在用人问题上,最忌讳的是既让人工作,又对人不放心,把着手不敢放。为此,管理者应注意克服下列不良现象:对下属不放心,包办下属工作,经常越级指挥,轻信对下属的谗言。克服上述不良现象,给下属以充分的信任,可以使人受到巨大的精神鼓舞,激发其自尊心和责任感,充分调动人的积极性和创造性;上级信任下级,下级也会信任上级,就会产生一种向心力、凝聚力,从而和谐一致地行动。

每一个人都有自尊心,当自尊心得到尊重时,就会产生一种向心力,与人们保持和谐一致的行动;当人的自尊心受到侵犯时,就会产生一种离心力,对社会和群体可能产生不利的后果。因此,在管理中要用好人,发挥每个人的积极性,就一定要尊重职工,在人格上要与下级平等相处,绝不损害他们的自尊心。

当人们得到别人的关心时,心里会感到一种极大的温暖;当得到的是上级的关心时,这种温暖的感受会激发更大的工作热情。因此,管理者在用人的同时要关心人、体贴人。关心包括生活上的问寒问暖,解决困难,更包括政治上的关心爱护。在人才遇到困难和挫折时给予支持和鼓励就是对人才最大的关心。在人才遭到不公正待遇和闲言碎语中伤时,管理者要有护才之勇,挺身而出,伸张正义是对人才最好的关心。

(二)善于激励,赏罚分明

人的行动是受思想支配的,人的行为是受动机制约的,而思想和动机又来源于人们的思想觉悟和对社会的要求,这就有一个在用人中如何给人以激励的问题。激励的方式方法很多,前面有关章节已有所阐述,这里着重强调的是在用人中要注意考核人们的实绩,根据实绩进行分明的赏罚。克勤尽职、完成任务好、成绩卓著者奖;玩忽职守、工作失误者罚。在奖罚问题上,一定要注意"赏不可不平,罚不可不均","领导者不可虚施,罚不可妄加",做到实事求是,公开合理。管理者切不能在赏罚问题上徇私情,凭个人恩怨办事。赏罚分明、公平对待是用人中一种重要的激励方法,管理者应当很好地加以利用。

(三)合理搭配,整体效能

现代理想的组织就在于能把平凡的人组织起来做出不平凡的事。因而管理者重视发挥人的作用,不能孤立地强调某些个人的作用,而应发挥组织中每一个人的作用,使单个人的作用经过整体组合产生出新的更大的能量。这要求在用人时要从整体出发,在合理设置机构、精心设计工作规范的基础上合理搭配人才。人才的整体结构是一个多序列、多层次、多要素的动态综合体,通常可从专业、年龄、能力、知识、心理素质等方面加以考虑,力求专业、知识结构合理,年龄结构形成梯形,能力结构可以互相补充,心理素质比较协调。为充分发挥人的最大作用,管理者必须从结构概念出发,抓住重点,顾及其余,全面考虑,妥善安排。任何形式的一刀切都是不行的,任何只从单向目标思考问题的方法都会造成结构的失调,并为日后的震荡种下潜因。如果管理者能按照合理的整体结构,对组织各个部门、各个层次进行设计、调整,在现有人员素质的基础上通过结构调整使之达到最佳组合,尽量减少内耗,使原有的"摩擦部"转化为"动力站",那么整个组织就会焕发出意想不到的活力。同是碳元素,由于内部结构不同,可以组成石墨,也可以组成金刚石;高明的管理者应学会"点石成金"的用人术。

第三节　宣传鼓动艺术

榜样人物

一、宣传鼓动的作用及形式

(一)宣传鼓动的作用

管理中的宣传鼓动是指管理者通过宣布、传播一定的思想和主张,以激发被管理者积极行动的一种手段。

在管理中,宣传鼓动的作用主要表现在以下几个方面:

1.宣传鼓动在管理中起先行作用

人总是要有一点精神的,气可鼓而不可泄。人们要办好一件事总要有一股热情和干劲。宣传鼓动就是管理中鼓劲、提神的东西。它在管理中起着先行作用和保证作用。思想领先,这是人的行为规律的具体反映。解决了思想认识问题,事情就好办,工作就能顺利进行。宣传鼓动一个重要作用就是能提高人们的认识,解决思想问题。因此,任何一项管理活动都必须从鼓动开始,进行思想动员,使人知道要做什么事,为什么要做这件事,怎样才能做好这件事。

2.宣传鼓动在管理中起保证作用

毛泽东指出:"军队的基础在士兵,没有进步的政治精神贯注于军队之中,没有进步的政治工作去执行这种贯注,就不能达到真正的官长和士兵的一致,就不能激发官兵最大限度的抗战热忱,一切技术和战术就不能得到最好的基础去发挥它们应有的效力。"在管理中一切活动都离不开人。人的思想状况对一切管理活动都有直接的影响。加强宣传鼓动工作,始终使人保持高度的工作热情,无疑是保证管理活动顺利进行的需要。

3.宣传鼓动起加强管理者和群众联系的作用

管理是众人参加的管理。它要求在整个管理过程中,管理者和被管理者同甘共苦,保持最密切的联系,不允许任何管理者脱离群众,凌驾于群众之上。宣传鼓动是加强和巩固管理者和群众联系的重要手段。因为管理者通过宣传鼓动能将决策意图、行动计划告诉群众,能够唤起被管理者的觉悟,振作起他们的精神,使他们组织起来,行动起来。群众知道了管理者的意图、计划,群众的觉悟提高了,意见集中了,经验推广了,管理者与群众的联系自然也就更加密切了。

(二)宣传鼓动的形式

宣传鼓动工作总是通过一定形式和手段进行的,没有一定的形式和手段就不能表达内容,就无从鼓动。要想宣传鼓动发挥较好的作用就必须采用多种多样的形式和手段。管理活动中通常采用的宣传鼓动形式和手段有:演讲、报告会、座谈、个别谈话,读书、读报活动,黑板报、墙报、宣传栏、宣传橱窗,报刊、书籍,音乐、广播、电视、电影、戏剧,标语、口号等。这些形式和手段的运用在宣传鼓动中的效果如何,在很大程度上取决于运用它们的艺术水平。

二、宣传鼓动的艺术与技巧

(一)运用报告与演讲

召开大会亲自做报告、演讲,这是各级管理者用得最多的宣传鼓动方式。这种方式运用得好,其宣传鼓动作用的效果是非常大的。试想,在重大任务会战前夕,谁不想听听自己上级那铿锵有力的动员,那振奋人心的激励与鼓动?正是因为台上的鼓动与台下的心声融合在一起,群众才能够摩拳擦掌、跃跃欲试。也正是在这种情形下,一个崭新的工作局面将被迅速打开。但是,在现实的管理生活中,并不是每一个人的每一次报告、演讲都能起这种良好的作用。有的缺乏艺术性的报告、演讲甚至变成了群众的一种负担,对于这样的报告、演讲,人们心不在焉,也就起不到宣传鼓动的作用。因此,管理者在宣传鼓动中必须讲究报告、演讲的艺术性。

1.要回答听众最关心的问题

可以说,能回答听众最关心的问题是报告、演讲成功的第一要素。要获得这第一要素,需要演讲者在台下花大量的时间和精力进行调查研究和分析,认真准备讲稿。毛泽东同志有一次在延安讲哲学课,讲得头头是道,听众听得津津有味,不时爆发雷鸣般的掌声。有人请教他有什么诀窍,他幽默地回答说:“我折本了。我花了四夜三天的时间,才准备好了讲课提纲,讲矛盾统一法则,哪知只半天就讲完了。”经验丰富、知识渊博的伟人准备讲稿尚且如此,可见,作为一个普通的管理者要想准备一份能打动听众的讲稿,不付出巨大的努力是不行的。

2.要根据对象选择演讲的内容、方式及词句

俗话说“看菜吃饭、量体裁衣”,对于报告、演讲来说就是要看对象,根据对象选择演讲的内容、方式及词句;尽可能选择听众熟悉或感兴趣的话题、能够理解和接受的词句。只有这样,才能使人听得入耳,乐意接受,从中受到启发和鼓舞。

3.要注意口才、态势的和谐

报告、演讲是说话的艺术,对口才和态势有较高的要求。口才上,要求字正腔圆,口齿清楚、响亮、准确,声音圆润清晰、婉转甜美、悦耳动听;语调好,不平板,富于变化,抑扬有致,顿挫适当;速度掌握好,宜快则快、宜慢则慢;语态善变,以深沉的语言引人思考,慷慨激昂的语

言鼓舞人的斗志,幽默的语言给人愉快。除了口才好外,报告、演讲的成功还必须有好的态势相配合。态势指的是演讲时的姿态、动作、服饰、表情和手势。这方面应当做到:服饰整洁、举止端庄、表情自然;目光要与听众交流,眼神不呆滞,有神采,成为心灵的"窗户";手势要自然、得体、优雅、恰到好处;要庄重,有仪表美;上台要沉着,落落大方,这样就能给人好的第一印象。另外,演讲的风度也很重要:翩翩风度,给人以潇洒之感;大将风度,使人感到你见过大场面。这些都能吸引听众,影响听众的情绪。

4.要哲理性、知识性、趣味性相统一

报告、演讲如果是纯政治性的说教,易使人感到枯燥;纯笑料性的演讲则只能博得听众一时的笑声。哲理性、知识性、趣味性相统一的报告、演讲,才能给人启迪,催人奋进。要达到这样的效果,管理者在选准要讲的内容、充分准备的基础上,要注意在报告、演讲开始时有一定的幽默感和吸引力;在演讲过程中有较强的逻辑叙述;讲到高潮时,要真正能起到鼓舞斗志、催人奋进的作用。

5.恰当运用实物或图表

报告、演讲中运用恰当的实物或图表,总是能增加报告、演讲的生动性和说服力。因为听众边听报告边看实物或图表,其感觉器官不仅只是听觉器官耳朵在发挥作用,而且视觉器官眼睛也在发挥作用,这就增加了听众直接的感性认识。同时,人的思维特点之一就是见物往往会引起很多与此物有关的联想。

(二)运用标语、口号

标语、口号是用得比较多的鼓动形式,二者没有本质区别,日常生活中常将它们连在一起讲。标语、口号对人们的思想影响是相当大的。高明的管理者总是能根据不同时期、不同情况,提出恰如其分的标语、口号以鼓舞群众的斗志。为使标语、口号发挥最大的作用,应当在运用标语、口号时注意以下几点:

1.标语、口号应既有鼓动性又有科学性

标语、口号应使人受到教育、鼓舞,能激起积极的情绪,这就是标语、口号的鼓动性作用。标语、口号是否有鼓动性与标语、口号的用词、造句,提出的时期、提出的人等有密切的联系,但是影响最大的还是标语、口号是否反映群众的利益,代表群众的意见和要求,体现群众的意志。只有用这样的标语、口号向群众做宣传,群众才容易接受,才能调动群众的积极情绪,起到鼓舞群众、组织群众的作用。

标语、口号要有鼓动性还必须具有科学性,没有科学性的标语、口号最终是不能给人以鼓舞和教育的,而只会把人们的思想搞乱。科学性就是要采取严肃科学的态度,尊重科学、尊重客观规律,坚持从实际出发,坚持实事求是。

2.标语、口号必须提得适时

标语、口号提得适时,就是指既不能超越当时的形势,又不能落后于形势。刘少奇曾经指出:"各种行动口号,应该恰如其时地提出。不可过早,过早了,群众不能接受或产生惊疑,甚至将群众吓退。不可过迟,过迟了,群众的气势会低落,或群众自动干起来使行动不能一致而致紊乱。有时,甚至只有十分钟是转变旧口号及提出新口号的最好时机。"可见,根据形势的发展要求,适时地提出口号是很重要的。

3.标语、口号的提出要有的放矢,看准对象

标语、口号无的放矢,不看对象,就毫无指导意义,也就起不到鼓动的作用。因此,管理

者一定要在调查研究的基础上,有的放矢地提出标语、口号,切不能不看对象随心所欲。

4.标语、口号要严肃而通俗,简明具体而又生动活泼

严肃就是标语、口号不能带有低级趣味的油腔滑调。通俗就是句子简短不复杂,文字不深奥。简明就是既简单又明确,不含混不清、模棱两可;具体就是不空洞无物。生动活泼,主要是要注意运用群众语言,讲究用词的选择、平仄的搭配等,使其读起来朗朗上口,有一定的文采。

第四节 人际关系艺术

一、人际关系的概念和作用

人际关系,就是人们在共同的实践活动中结成的相互尊重、和谐相处关系的总称。在人的生活、学习和工作中,必然要遇到各种各样的人和事,结成各种各样的人际交往关系。管理者在管理活动中应处理的人际交往关系主要有:与上级的关系;与下级的关系;与同事的关系;与系统外部(包括同行业和不同行业)的关系;被管理者之间的关系。这些关系又可以从不同的角度分为正式关系、非正式关系、友好的关系、协调的关系、不协调的关系、紧张的关系等。

现代社会高度的分工协作,使人们在社会上结成了一张巨大的关系网,管理者则是这张网上的结。无论从事何种管理工作,都离不开别人的支持、配合、帮助;管理者必须处理好上下左右之间的关系,方能进行卓有成效的管理。良好的和谐关系在管理中的作用是多方面的:①能促进工作的顺利开展,有助于提高工作效率;②对精神文明建设有良好的促进作用;③对改变人的不良行为有着重大的促进作用;④有利于人的身心健康。

二、人际交往的艺术

(一)出以公心,以诚相待

作为管理者,在与人交往中能否出以公心,从国家和集体的整体利益出发考虑和处理问题,是影响人际关系的重要问题。因为利益问题是影响人际关系的根本问题,所以在与人交往中出以公心,既是管理者处理人际关系的根本原则,又是讲究人际关系艺术的基点。离开了这一基点,一切人际关系艺术都将毫无意义。这就要求管理者在与人交往中要摆正各种利益关系。当本人利益和他人利益发生矛盾时,首先想到他人的利益。当然,这并不是说不要个人和本单位的利益。相反,管理者在现实生活中恰恰应当注意,在优先考虑和服从国家、集体、他人利益的同时,寻求各方共同利益。这也正是人际交往的重要艺术之所在。

以诚相待是指在人际交往中对上级、对同事、对下级都要说老实话,办老实事,无虚假成分。这方面有两点应当特别注意:第一,要将自己的有关情况(包括思想上的想法)对外公开,使人对自己有所了解;切不要"逢人且说三分话,未可全抛一片心"。你不对人敞开胸怀,人家不了解你,又怎么会与你交朋友呢?第二,要信任别人,不要对人总是持怀疑的眼光,眼睛老盯住别人的短处。怀疑一切,到头来只会孤立自己。

(二)讲究语言,注意形象

世界上无论任何人,在任何情况下,要和别人交往是绝对离不开语言的。语言的艺术水

平直接影响着人们交往的效果。对于管理者来说，人际交往中的语言艺术显得更为重要。因为它不仅影响个人的关系，更重要的是影响工作、影响事业。因此，管理者在与人交往中应当十分讲究语言艺术。要使语言具有艺术性富有感染力，应当特别注意：①语言的分量，包括词意的深浅、态度的强弱以及讲话的时机和内容的多少；②语言的逻辑性，即把话讲得有条有理，无懈可击，令人信服；③语言的幽默感，幽默感最能增添语言的艺术光彩。如果是用口头语言对话，则还应恰如其分地使用形体语言和副语言。

与人交往，语言重要，形象也不可忽视。对交往形象影响较大的主要是举止、服饰和目光。举止应当稳重大方、文明得体，既不可缩头缩脑，又不可过分放肆，不拘小节。"衣裳是文化的象征，衣裳是思想的形象"，管理者与人交往应注意自己的衣着打扮。衣着打扮在管理工作中并不是越考究、越高档、越时髦越好，而是要注意时代和民族特点。"眼睛是心灵的窗口"，与人交往时目光要自然、得体。

（三）平等宽容，礼貌热情

人都有感情，都有自己的人格尊严。因此，管理者在人际交往中绝不可用等级观念待人处事，自以为高人一等，或者企图从与他人的相处中占些便宜，而应与人平等相待，互相尊重，同时能容忍别人一些非原则问题的过失和不足。

管理者与人交往应当礼貌待人，这样有利于促进人与人之间的融洽、和睦，造成一种轻松愉快而又文明的气氛。管理者有必要学习一些必要的礼貌常识。礼貌应当是真挚感情的流露，不要过分繁多的礼节，过分了就显得虚伪。热情既是礼貌的表现，又是使人产生好感的重要因素。管理者无论从哪个角度讲都应当热情待人。当然，热情也有一个"度"，达不到度会使人感到冷淡，过了度会让人感到虚假，弄不好还会产生误解。艺术性就在于掌握好这个度。

（四）信守诺言，注重信誉

一个人如果讲话不算数是交不到真正的朋友的。一个单位如果没有信誉是办不成任何事的。因此，与人交往一定要信守诺言，注重信誉。这就要求：一要对自己的言辞负责，不信口开河。二要信守契约，不论是与人约会，还是合作，或者是答应别人的事，只要有约在先，必须遵守，有言在先，必须做到。如有特殊困难不能履约，也应事先通知；事发突然，来不及告诉的，事后定要恳切说明，表示歉意。

三、处理冲突的艺术

在管理活动中人际纠纷和冲突的产生是难免的，也不是什么十分可怕的事，处理得当还能进一步改善人际关系，当然，处理不当就会严重影响人际关系的正常发展。因此，处理好人际纠纷和冲突是和谐艺术的一个重要方面。作为管理者，要善于处理自己和别人的人际纠纷和冲突，更要善于处理被管理者之间的人际纠纷和冲突。

处理冲突的人际关系艺术技巧有：

（一）严于律己，宽以待人

管理者和别人发生了纠纷，怎么办？总体上说，应该严于律己，宽以待人。纠纷发生后，管理者应冷静、理智地进行思考，切忌感情用事。如果问题出在自己身上，就要勇于做自我批评，主动承担责任。即使对方应负主要责任，也要有广阔的胸怀，检查自己有哪些不对的地方。

(二)审时度势,讲究策略

管理者无论处理何种纠纷都要根据具体情况,采用不同的方式、方法,有针对性地开展工作。具体应着重注意三个方面的问题:

(1)要认真调查、分析,弄清纠纷的真实情况。包括弄清纠纷的真正当事人。

(2)要注意选择时机、地点和道理。通常应在纠纷当事人思想斗争激烈,外界环境有利的时机去处理纠纷。选择的地点一般是安静、轻松的场所较为有利。应因纠纷当事人的经历、阅历、知识水平、性格、价值观不同,而采用不同的道理。

(3)要讲究处理方式。各人的情况不同,产生纠纷的具体原因不同,因此处理纠纷的方式也应不同。通常的方式有:热处理与冷处理;"一边倒"与"和稀泥";正面交锋与迂回侧击等。具体用哪种方式,要因人、因事、因时、因地而定。

(三)选准时机,巧送"梯子"

现实生活中常常有这样的情况:经过做工作,纠纷当事人对实质问题没有多大争执,只是碍于面子,不好下台。这时只要给当事人一个下台的梯子,纠纷就彻底解决了。这就有一个选准时机,巧送"梯子"的问题。选准时机就是送早、送晚都不行,要送在他正想下台的时候。巧送就是不能太露,不能很明显看出是给的"梯子";太露了,会伤人自尊心,当事人不会要这个"梯子"。

问题探讨

"邮件门"事件

2006年4月7日晚,EMC(全球最大的网络信息存储商,总部在美国)大中华区总裁陆纯初回办公室取东西,到门口才发现自己没带钥匙。此时,他的私人秘书瑞贝卡已经下班。陆纯初试图与秘书联系,未果。数小时后,陆纯初还是难抑怒火,于是在凌晨1时13分通过内部电子邮件系统给瑞贝卡发了一封措辞严厉且语气生硬的"谴责信"。

陆纯初在用英文写就的邮件中说:"瑞贝卡,我曾告诉过你,想东西、做事情不要想当然!结果今天晚上你就把我锁在门外,我要取的东西都还在办公室里。问题在于你自以为是地认为我随身带了钥匙。从现在起,无论是午餐时段还是晚上下班后,你要跟你服务的每一名经理都确认无事后才能离开办公室,明白了吗?"陆纯初在发送这封邮件的时候,同时转发给了公司几位高层管理人员。

瑞贝卡的做法出人意料,最终为她在网络上赢得了"史上最牛女秘书"的称号。两天后,她在邮件中回复说:"第一,我做这件事是完全正确的,我锁门是从安全角度上考虑的,一旦丢了东西,我无法承担这个责任。第二,你有钥匙,你自己忘了带,还要责怪别人,这不对。造成这件事的主要原因是你自己,不要把自己的错误转移到别人的身上。第三,你无权干涉和控制我的私人时间,我一天就8小时的工作时间,请你记住中午和晚上下班的时间都是我的私人时间。第四,从到EMC的第一天到现在为止,我工作尽职尽责,也加过很多次班,我没有任何怨言,但是如果你们要求我加班是为了工作以外的事情,我无法做到。第五,虽然咱们是上下级的关系,也请你注意一下你说话的语气,这是做人最基本的礼貌问题。第六,我要在这强调一下,我并没有猜想或者假定什么,因为我没有这个时间也没有这个必要。"

本来这封咄咄逼人的回信已经够令人吃惊了,但是瑞贝卡选择了更加过火的做法:她回信的对象选择了"EMC(北京)、EMC(成都)、EMC(广州)、EMC(上海)"。这样一来,EMC中国公司的所有人都收到了这封邮件。

邮件开始在 EMC、Microsoft、MIC、HP、SAMSUNG、Honeywell、Thomson、Motorola、Nokia、GE 等大名鼎鼎的 IT 或电子类相关外企之间转发、流传,并且很快成了社会热点。事情发生的一周内,该邮件被数千外企白领接收和转发,很多人还在邮件上留下诸如"真牛""解气""骂得好"之类的点评。

"邮件门"事件发生以后,瑞贝卡辞了职,陆纯初更换了女秘书。后来,陆纯初离开了EMC 公司,官方解释是业绩原因。这一事件甚至惊动了美国总部。这就是 EMC、陆纯初、瑞贝卡三方尽输的"邮件门"事件。

分析问题:

1. 为什么简单的"忘带钥匙"会让 EMC、陆纯初、瑞贝卡三方尽输?
2. 从人际关系的艺术角度考虑,怎样处理会让三方共赢?

第五节　公共关系艺术

一、公共关系的概念与作用

公共关系是指现代组织与有关公众之间相处的社会关系状态以及现代组织为了保持和发展它与公众的良好社会关系而采取的一系列科学的政策和合情、合理、合法的行动。

任何一个社会组织都处在复杂的社会关系网络中,都必须与这样或那样的公众打交道,都存在公共关系问题。社会组织作为这一关系的主体,为了与公众建立起良好的社会关系,必须充分发挥自己的主体性,按照组织的既定目标积极地、主动地、有创造性地策划和组织各种旨在影响和引导公众的公共关系活动,从而使组织得到公众的认同、理解、支持与合作,求得生存和发展。因此,公共关系已成为管理的一种独特职能,它主要通过塑造组织的良好形象来赢得公众,实现组织内求团结、外求发展的经营管理目标。管理者必须掌握处理公共关系的艺术。

二、公共关系艺术的运用形式

(一)借用媒体的艺术

在公共关系中,借用媒体能够对广泛的公众施加影响,形成有利于组织的社会舆论,加速与公众之间的信息沟通,并与他们保持紧密的联系与合作关系,有效地塑造组织在公众中的良好形象。

1. 写好新闻稿,提高稿件采用率

写好新闻稿是提高稿件采用率的基础。写好新闻稿要求:第一,选好材料。新闻材料的选择要考虑材料的新闻价值与是否有利于实现本组织所确定的公共关系目标。第二,讲究写作形式、技巧。新闻稿的写作形式多采用以重要性递减的顺序来安排事实的倒金字塔形式。文章的标题要具有概括性、新颖性。文章主体要力求完整,尽可能完整地说明报道事件发生的时间、地点、内容、缘由、过程和参与者。结尾要简短,做到言尽而意未尽,发人深思。用词造句要准确精练,语言要生动活泼、通俗易懂。同时,要对与新闻事件有密切联系的环境条件做交代,以利公众了解事件的全过程。

2.尊重新闻界,主动与其保持良好关系

尊重新闻界,主动与其保持良好关系,有助于提高稿件采用率。首先,要尊重新闻界的自主权,信任新闻界人士;其次,要熟悉各类新闻媒介的背景特点和风格;最后,及时向新闻界提供新闻,主动配合新闻界开展新闻传播工作。必要时,可邀请新闻界参观访问。

3.举办好记者招待会,增加新闻发布渠道

举办记者招待会,可邀请有关各方记者,多渠道发布新闻。这种手段在组织顺利时使用,可扩大组织的声望;在危机时使用,可以挽回对组织的不利影响,扭转公众视听。举办记者招待会首先要有充足的理由,即既要有较高的新闻价值,又要有发布新闻的最好时机。其次要做好会前准备。会前准备包括会议内容准备、材料准备、组织准备、会场布置准备等。再次要搞好会中主持。主持人要简明扼要地进行演讲与答问,维持好会议秩序,始终把握好会议主题,并严格遵守会议程序。最后,会后要及时总结经验。

4.善于制造新闻,吸引公众视听

制造新闻是指由组织以健康正当的手段,有意识地采取既对自己有利,又使社会、公众受惠的正当行动,去引起社会公众和新闻界的注意,从而提高组织的知名度和美誉度。制造新闻,第一要抓新、奇、特;第二要抓热门话题;第三可利用传统的盛大节日或纪念日;第四可采用与报社、电台、电视台等新闻机构联合举办各种活动的方式来增加在新闻媒介中报道的机会。

(二)广告艺术

在现代社会,广告不仅是推销商品的工具和商业竞争的途径,而且是公共关系中树立组织形象的有效手段,对宣传组织形象造成"振荡放大"的效应。

1.搞好广告制作

一是讲究广告的语言艺术。广告标题的语言应是精练与含蓄的高度统一,使其或"暗中有明,露中有隐",增强鼓动性;或"一语双关,意在其中",增强广告的注意价值和记忆价值;或"幽默诙谐,意寓言外",使人在轻松愉悦中接受劝说;或"亲切感人,富于人情",以情感与公众沟通。广告正文的语言要注意简明与重复、真实与夸张的灵活运用。要求:以简单明了的词汇传递尽可能多的信息,引起公众的注意,并巧妙地运用语言的重复艺术,强化和巩固正文中主要信息的印象痕迹;以事实为依据,使广告真实准确,并适度运用夸张手法,使广告生动活泼、充满情趣。

二是注意广告的图画艺术。广告的画面要注意虚(画面的空白部分)与实(广告的文字、图画、照片等)的适当安排;广告图画的色彩要注意冷暖色调的选择与色彩的搭配、对比;广告图画的字体粗细要根据广告的不同目的与主题来灵活选用。

此外,广告的标题、正文、结尾三个部分也需要根据具体情况灵活处理。

2.选好广告媒介

广告媒介的种类很多,报纸、杂志、电视、广播、信函、招贴等各种媒介,各有所长,又各有所短。选择何种媒介要综合考虑以下几点:第一,媒介的传播范围、选择性要讲求效果与可信度;第二,不同的广告内容特色要选择不同的广告媒介;第三,注意宣传的范围和宣传对象的特点。同时,要尽可能用较少的费用取得最大的宣传效果。

3.处理好一贯性与创意性的关系

每一个广告必有自己的主题,这种主题在一定时期内要保持稳定性,变换过频难以让公众形成深刻印象,特别是公关广告,其主题变换过频会给人造成组织形象捉摸不定的感觉。正因为如此,广告还需要保持必要的重复率,以求造成连续刺激,强化公众的已有印象。但对一个主题的宣传方式、表现手法,则要力求具有创意性,以增强其吸引力和说服力。

三、巧用其他公共关系手段

其他公共关系手段主要有以下几种:

1.自办刊物、编写宣传资料

组织自办刊物、编写宣传资料,可以根据组织自身需要决定其内容、发行对象、时间等,针对所要沟通的公众,有计划、有步骤地进行宣传。这种宣传手段比新闻与广告宣传的选择性强,命中率高。

宣传资料的编写要有明确的主题,各部分的内容要围绕主题安排,形式上最好以照片为主,加以必要的图案、画面,辅之以必要的文字说明。文字说明要讲究贴切逼真。反映本单位概况,可用有内在联系的小标题作系列专题的标题,在扉页或其他醒目的地方写上向公众、来宾表示感谢和祝福的话,可利用附页、空白为公众提供车船时刻表等有用信息,在适当的地方印上本单位地址、各有关部门的电话号码等。

2.进行社会交往,开展友好往来

有计划地进行社会交往,开展友好往来,是组织与公众进行双向沟通的有效手段。这种人际沟通手段较之大众传播手段带有更强的感情色彩与人情味,及时的信息反馈易于与公众产生感情的共鸣与关系上的融洽。如组织参观活动、庆典活动;举办有特色的纪念会、联欢会、电影招待会、舞会、业务洽谈会、座谈讨论会,以及以组织名称或企业名牌产品命名的体育比赛、文艺演出、智力竞赛等活动都可提高组织知名度,扩大组织的影响,增强公众与组织的亲近感。无论举办何种社交活动,首先,要明确所有活动的主要目标是为了建立同公众的友好关系,每个社交活动都要有具体的主题、周密的计划,并有明确的目的;其次,要组织一支精干的队伍;最后,确定好邀请参加活动的人员,安排好时间、地点、交通。同时,要制订报道计划,使社交活动与宣传报道结合起来。

3.积极参与社会公益活动,有计划地赞助公益事业

参与社会公益活动,如社区爱国卫生活动、植树造林、创文明单位等,是每个组织应尽的义务与职责。积极主动地参与社会公益活动,有条件的单位有计划、有重点地赞助社会公益事业,表明组织是热心社会公益事业的成员,有助于树立组织的良好形象,赢得公众的好感。社会赞助要从分析社会需求与组织需要入手,把社会效益与组织的经济效益结合起来,在此基础上确定赞助方向与政策,有计划地进行效果好的赞助。如优先对各种慈善事业、社会福利事业、公共设施、教育事业等的赞助,既可以表明组织对社会的责任和义务,又较容易获得社会各界的好感。同时要注意有策略地拒绝各种不合理的摊派、各种超出本组织职权和资金实力的过高要求,着力于赢得多数公众的理解与支持。

4.慎重处理公众投诉

现代社会关系纷繁复杂多变,组织与公众在具体利益上存在着差别,组织内各项工作发展也会出现不平衡,各环节人员素质不一,在处理与各种公众的关系时,可能产生不当与失误,引起公共关系纠纷,导致出现投诉。公众投诉一旦产生,就必须慎重、妥善处理,否则将影响组织形象,甚至危及组织的存亡。因此,每个组织都应有专人负责处理公众投诉。对于主动登门投诉的公众,要热情接待、耐心倾听、表示同情,争取在感情上与公众保持一致;对于批评性的投诉,应致以衷心的感谢;对于电话、信函投诉,能及时答复的要及时答复,不能及时答复的要登记造册,日后妥善处理。对于问题的处理,表态要明确而灵活。

小 结

本章阐述了管理艺术的概念、分类及特征;选人与用人的标准与方法及用人的原则与技巧;鼓动的作用、形式、艺术与技巧;人际关系的概念和作用、交往和处理冲突的艺术;公共关系的概念与作用、公共关系艺术的运用形式、巧用其他公共关系手段等。

 思考与练习

一、名词解释

管理艺术   人际关系   公共关系

思考题答案

二、多项选择题

1.从管理的职能角度,管理艺术可以分为(   )。

A.决策的艺术   B.计划的艺术   C.组织的艺术   D.协调的艺术

E.激励的艺术

2.管理艺术的特征有(   )。

A.灵活性   B.创造性   C.随机性   D.应变性

E.号召性

3.管理活动中通常采用的宣传鼓动形式和手段有(   )。

A.演讲   B.报告会   C.座谈   D.个别谈话

E.读书和读报活动

4.管理者在管理活动中应处理的人际交往关系主要有(   )。

A.与上级的关系   B.与下级的关系

C.与同事的关系   D.与系统外部的关系

E.与被管理者之间的关系

三、简答题

1.管理艺术的特征有哪些?

2.阐述用人的原则与技巧。

3.在管理中鼓励的作用主要表现在哪几个方面？

4.你怎么掌握处理冲突的艺术技巧？

5.简述公共关系艺术的主要运用形式。

 案例分析

"PPA"事件中走出的中美史克

中美史克公司是一家著名的制药公司,它生产的"康泰克"和"康得"占有很大的市场份额。2000 年 11 月 6 日,美国食品与药品管理局发出通知,要求全美药厂停止任何含有 PPA 成分的药品在市场上的销售。紧接着,2000 年 11 月 15 日,中国国家药品管理局也发出了同样的通知。通知附件是国内 15 种含 PPA 成分的药品名称,中美史克公司的"康泰克"和"康得"不幸被列为首位和第二位。

这难以置信的打击使中美史克公司面临一场前所未有的危机。中美史克公司在这场危机面前表现出了现代化国际大公司的成熟与稳健。在禁令下发的第二天,中美史克公司危机管理体系正式启动,采取了一系列措施,并召开新闻发布会公布两种药品召回的决定。为了不使客户受到损失,他们从客户处召回了价值 2 亿多元、总计 8 万多箱的"康泰克""康得"。同时做好内部的稳定工作,并保证做到无论遇到多大困难,公司一人不减,加速正在试制的新产品的上市进度。

与此同时,所有的史克人都明确了一个共同的目标——要用最短的时间、最快的速度拿出让人们更信赖、疗效更显著的新感冒药。为了使"新康泰克"尽快问世,中美史克公司投资 1.45 亿元人民币用于购买生产设备,进行厂房改造及相应的配套工程,应用了世界上新的缓释技术以保证"新康泰克"的疗效。在沉寂了 292 天之后,不含 PPA 的"新康泰克"终于问世。在不到 1 个月的时间里,中美史克公司就收到大量订单。

案例思考题:

1.中美史克公司的危机为什么能顺利消除？

2.如何运用公共关系艺术？

参考文献

[1]辛健.管理学基础[M].上海:上海财经大学出版社,2007.

[2]王绪君.管理学基础[M].3版.北京:中央广播电视大学出版社,2016.

[3]施晓红.把新概念变成生产力[M].北京:民主与建设出版社,2003.

[4]车洪波.领导科学[M].北京:对外经济贸易大学出版社,2007.

[5]余凯成.人力资源管理[M].大连:大连理工大学出版社,2002.

[6]徐哲.人事管理10堂课[M].广州:广东经济出版社,2004.

[7]邓荣霖.工商管理专业知识与实务[M].北京:经济管理出版社,2001.

[8]郑美群.管理学——原理、方法与前沿理论[M].长春:吉林人民出版社,2005.

[9]李峰.管理学基础[M].北京:中国纺织出版社,2007.

[10]卜军,姜英来.管理学基础[M].大连:大连理工大学出版社,2006.

[11]刘兴倍.管理学原理教学案例库[M].北京:清华大学出版社,2005.

[12]杨明刚.现代实用管理学——知识.技能.案例.实训[M].上海:华东理工大学出版社,2005.

[13]孙凤芝,赵善伦.管理学原理[M].青岛:中国海洋大学出版社,2004.

[14]季辉.管理学基础[M].重庆:重庆大学出版社,2004.

[15]王春利,李大伟.管理学基础[M].3版.北京:首都经济贸易大学出版社,2009.

[16]孙炳堃,周刚.管理学基础[M].天津:天津大学出版社,2001.

[17]沈波,李岩.管理学基础[M].北京:企业管理出版社,2001.

[18]张康之,李传军.一般管理学原理[M].修订版.北京:中国人民大学出版社,2008.

[19]李兴山.现代管理学[M].北京:现代出版社,2000.

[20]蒋永忠,张颖.管理学基础[M].北京:清华大学出版社,2007.

[21]李兴山,刘潮.西方管理理论的产生与发展[M].北京:现代出版社,2001.

[22]郭咸纲.西方管理思想史[M].北京:经济管理出版社,2002.

[23]黄煜峰,荣晓华.管理学原理[M].大连:东北财经大学出版社,2007.

[24]仲岩,卢海涛.管理学基础[M].武汉:武汉理工大学出版社,2007.

[25]陈世艳,徐银富.管理学实训教程[M].广州:暨南大学出版社,2006.

[26]袁雪峰.管理学基础[M].北京:机械工业出版社,2011.

[27]王龙.管理学基础[M].北京:机械工业出版社,2011.

[28]王栓军.管理学基础[M].北京:北京邮电大学出版社,2012.

[29]周三多.管理学[M].3版.北京:高等教育出版社,2014.

[30]单凤儒.管理学基础[M].5版.北京:高等教育出版社,2014.

[31]王丽静.管理学基础[M].北京:中国轻工业出版社,2017.

[32]毛杰,郭琰.管理学基础[M].南京:南京大学出版社,2015.

[33]徐爱军.管理学基础[M].2版.北京:中国中医药出版社,2016.

[34]王丽静.管理学基础[M].北京:中国轻工业出版社,2017.

[35]牛艳莉.管理学基础[M].北京:机械工业出版社,2018.

[36]吴戈,关秋燕.管理学基础[M].2版.北京:中国人民大学出版社,2019.

[37]陈文汉.管理学基础[M].3版.北京:中国人民大学出版社,2020.

[38]张金成.管理学基础[M].3版.北京:人民邮电出版社,2021.